W0290125

sylvie campario
roselyne le prud'homme
patricia mazoyer

hélène carré
morgane carré
grégory chevignon
nathalie deroche
dienaba dia
céline douvre-joblot
delphine froehly
fabrice just
laurent le berre
catherine mignot
christelle renault
martine silvain

FRANÇAIS

PREMIÈRE & TERMINALE

BAC PRO

enseignement agricole

séquences et activités

Vuibert educagri éditions

Dans la même collection, pour le Bac professionnel de l'enseignement agricole, en Première & Terminale :

Français Première & Terminale BAC PRO AGRICOLE
Sylvie Campario, Roselyne Le Prud'homme, Patricia Mazoyer, Hélène Carré, Morgane Carré, Grégory Chevignon, Nathalie Deroche, Dienaba Dia, Céline Douvre-Joblot, Delphine Froehly, Fabrice Just, Laurent Le Berre, Catherine Mignot, Christelle Renault & Martine Silvain

Mathématiques Première & Terminale BAC PRO AGRICOLE
Olivier Duhappart

Physique/Chimie Première & Terminale BAC PRO AGRICOLE
Jacques Lefebvre & François Mugnier

Biologie/Écologie Première & Terminale BAC PRO AGRICOLE
Marie Houdiard, Dominique Galiana, Monique Ébrard & Armelle Renard

BAC PRO SMR Module MP3
Dominique Galiana, Marie Houdiard, Jacques Lefebvre & François Mugnier

Pour retrouver toute la collection d'enseignement agricole ainsi que tous les livres des éditions Vuibert, consulter :
www.vuibert.fr
Pour retrouver toutes les publications d'Educagri éditions, consulter :
www.editions.educagri.fr

Ouvrage coordonné par Patricia Mazoyer (IEA de Lettres) avec Sylvie Campario (IEA de Lettres) et Roselyne Le Prud'homme (IEA de Lettres).
Hélène Carré (PCEA) ENFA, Morgane Carré (PLPA) École secondaire privée d'agriculture La Ville-Davy à Quessoy, Grégory Chevignon (PLPA) LPA de Montravel à Villars, Nathalie Deroche (PCEA) LEGTA de Beaune, Dienaba Dia (PLPA) Lycée des Calanques à Marseille, Céline Douvre-Joblot (PCEA) LEGTA de Fontaines, Delphine Froehly (PLPA) LEGTA de Wintzenheim, Fabrice Just (PLPA) LEGTA de Montbrison-Précieux, Laurent Le Berre (PLPA) École secondaire privée d'agriculture La Ville-Davy à Quessoy, Catherine Mignot (PCEA) LEGTA Munier à Vesoul, Christelle Renault (PCEA) LEGTA du Morvan à Château-Chinon, Martine Silvain (PCEA) LEGTA Munier à Vesoul.

En couverture : Bibliothèque nationale de France à la tombée du jour. © Peet Simard/Corbis

Couverture : Linda Skoropad/Prescricom
Composition & mise en page : Isabelle Paisant
Coordination éditoriale : Sophie Godefroy/Archipel 21

ISBN Educagri éditions 978-2-84444-832-3
ISBN Vuibert 978-2-311-00438-0

Registre de l'éditeur : 574

Sommaire

NB. Les supports visuels des différents préludes sont surlignés en vert dans le sommaire.

Avant-propos

Dans la continuité de celui de Seconde professionnelle, ce manuel de français est spécialement adapté aux classes de **Première et de Terminale du Baccalauréat professionnel de l'enseignement agricole.** Il suit précisément l'objectif 1 du Référentiel de formation et de certification du Module MG1 : ***Analyser, comparer, produire des discours écrits et oraux, développer sa culture littéraire et son esprit critique*** ; il s'appuie fidèlement sur les documents d'accompagnement qui le concernent.

L'organisation

Le manuel *Séquences et activités en 1re et Terminale Professionnelle* se divise en **douze séquences** qui déclinent un même mode d'organisation en **cinq parties** successives.

- **Prélude :** les activités écrites et orales favorisent la mobilisation des prérequis et conduisent vers les notions à acquérir. Une iconographie choisie en contrepoint de la thématique ou de la problématique s'accompagne d'une analyse de l'image et suggère des liens entre la littérature et d'autres domaines.

- **Lire, comparer, analyser, écrire :** cette section s'appuie sur un groupement de textes qui met en place les notions et les outils nécessaires à la compréhension des œuvres et prépare l'étude de l'œuvre intégrale.

- **Parcours d'une œuvre intégrale :** il ne s'agit pas d'étudier l'intégralité de l'œuvre mais de mettre en perspective des extraits significatifs du genre qui institue le contrat de lecture, pour le plaisir du lecteur.

- **Bilan** : illustré de nombreux exemples tirés des textes étudiés, il récapitule les acquis de chaque séquence.

- **Vers le bac :** chaque séquence est ponctuée par un exercice d'entraînement au baccalauréat. Ce devoir *E1 Langue française* est construit en conformité avec sa définition (cf. note de service DGER/SDPOFE/N2010-2118 du 6 septembre 2010). Cet exercice permet au professeur d'évaluer les acquis de la séquence. Il s'appuie sur un texte littéraire ; des questions de lecture vérifient que l'apprenant a saisi le sens et les enjeux du texte ; un écrit d'invention à visée argumentative vérifie qu'il sait s'impliquer et prendre position, au moyen d'arguments et de procédés d'expression adaptés, dans un contexte de communication défini, en confrontant des expériences et des valeurs.

Un **répertoire de l'élève**, qui reprend les notions étudiées, complète ce manuel.

La démarche

La succession des séquences ne constitue pas une progression, même si elle en favorise l'élaboration : chaque séquence est liée aux autres mais reste indépendante, condition essentielle d'une liberté de mise en œuvre pédagogique et didactique, en particulier dans le cadre de la formation par alternance.

Les travaux proposés, recherches, activités écrites ou orales, permettent de faire travailler les apprenants en groupes ou individuellement.

La confrontation des textes – extraits et parcours d'œuvres intégrales – effectuée dans une perspective thématique, générique et discursive favorise l'élaboration progressive de l'interprétation. Un ensemble cohérent de textes littéraires place élèves et apprentis en situation de recherche ou de production ; il facilite la construction des savoirs et des savoir-faire nécessaires à la lecture des œuvres. Des textes de la littérature française ou étrangère, aisément accessibles, trouvent ici leur place ; ils en côtoient d'autres, moins attendus mais également mobilisateurs. L'hétérogénéité des apprenants impose la variété de ces choix et la volonté d'affronter des pages nouvelles.

Par la diversité des activités et la qualité littéraire des textes proposés, nous avons souhaité donner aux élèves et aux apprentis matière à penser et à débattre et participer ainsi à la formation de citoyens ouverts sur le monde.

Nous espérons que ce manuel constituera une aide efficace pour les enseignants et les formateurs des différentes filières professionnelles, qu'il contribuera à l'enrichissement culturel des apprenants et à leur réussite à l'épreuve terminale de français du Baccalauréat professionnel agricole.

Les auteurs

N.B. Le livre du professeur, réservé exclusivement aux enseignants, est disponible au choix sur :

www.francais.agricole.lycee.vuibert.fr

ou

www.editions.educagri.fr/accesreserve/

Module MG1

Langue française, langages, éléments d'une culture humaniste et compréhension du monde

Objectif général du module

Mobiliser des éléments d'une culture humaniste pour se situer et s'impliquer dans son environnement social et culturel.

Objectif 1 : Analyser, comparer, produire des discours écrits et oraux, développer sa culture littéraire et son esprit critique.

L'enseignement du **français** en Baccalauréat professionnel vise à atteindre les trois objectifs suivants :
- entrer dans l'échange oral : écouter, réagir, s'exprimer ;
- entrer dans l'échange écrit : lire, analyser, écrire ;
- devenir un lecteur compétent et critique : confronter des savoirs et des valeurs.

1.1 **Écrire pour soi et pour les autres**

1.1-1 Résumer, rendre compte, expliquer, justifier
1.1-2 Produire des écrits à finalité professionnelle
1.1-3 Rédiger un discours argumentatif, prendre en compte la thèse adverse, énoncer un point de vue, le soutenir par des arguments, conclure (sujets de société, d'actualité, confontation de valeurs)
1.1-4 Pratiquer l'écriture d'invention
1.1-5 Respecter les codes de la langue écrite, utiliser des procédés stylistiques

1.2 **Échanger à l'oral : s'exprimer, écouter, réagir**

1.2-1 Mettre en voix (théâtre, poésie)
1.2-2 Reformuler, exposer, débattre
1.2-3 Exprimer un point de vue nuancé (les valeurs d'aujourd'hui et d'autrefois)
1.2-4 Maîtriser les procédés de la parole efficace (éloquence, rhétorique)

1.3 **Devenir un lecteur actif et critique**

1.3-1 Mettre des œuvres en relation avec leur contexte historique (combats et engagements des XVIIIe, XIXe et XXe siècles)
1.3-2 Confronter sur une question de société des débats d'époques différentes
1.3-3 Analyser la dimension symbolique d'un personnage, d'une situation, d'une œuvre (mythes…)
1.3-4 S'interroger à partir de textes, d'œuvres, sur soi-même et son rapport au monde
1.3-5 Repérer, identifier et apprécier des procédés d'écriture

Extrait de la note de service DGER/SDPOFE/N2010-2118 du 6 septembre 2010 définissant l'épreuve E1

Cette épreuve s'appuie sur un texte littéraire d'une cinquantaine de lignes. Ce texte peut être accompagné d'une annexe qui contribue à sa compréhension ou qui enrichit sa signification. Le sujet de l'épreuve vise :

- d'une part, l'analyse d'un texte littéraire qui permet d'évaluer la lecture et la compréhension d'un texte. Deux ou trois questions permettent de vérifier que le candidat comprend le sens et les enjeux du texte, en dégage la construction, en caractérise la visée, en apprécie les procédés d'écriture.
- d'autre part, la production d'un texte qui permet d'évaluer l'argumentation et l'expression.

L'exercice permet de vérifier que le candidat sait s'impliquer et prendre position en confrontant des expériences et des valeurs, dans un contexte de communication précis, au moyen d'arguments et de procédés d'expression adaptés. Le type d'écrit attendu s'inscrit dans une situation de communication définie par l'énoncé : récit à visée argumentative, dialogue, lettre, discussion, discours devant un public. Le nombre de lignes ou d'autres consignes sont précisés selon la nature de la production écrite attendue.

La correction est effectuée par un professeur de français, à l'aide d'une grille d'évaluation critériée et des indications de correction. (Cf. annexe 2 de la note de service et livre du professeur).

Séquence 1

Les récits de voyage

En voyageant, en écrivant

On croit qu'on va faire un voyage, mais bientôt c'est le voyage qui vous fait ou vous défait.

Nicolas Bouvier, *L'Usage du monde*, Librairie Droz, 1963.

Objectifs du référentiel

1.1 **Écrire pour soi et pour les autres**
- 1.1-1 Résumer, rendre compte, expliquer, justifier
- 1.1-2 Produire des écrits à finalité professionnelle
- 1.1-4 Pratiquer l'écriture d'invention
- 1.1-5 Respecter les codes de la langue écrite, utiliser des procédés stylistiques

1.2 **Échanger à l'oral : s'exprimer, écouter, réagir**
- 1.2-2 Reformuler, exposer, débattre
- 1.2-3 Exprimer un point de vue nuancé

1.3 **Devenir un lecteur actif et critique**
- 1.3-1 Mettre des œuvres en relation avec leur contexte historique
- 1.3-2 Confronter sur une question de société des débats d'époques différentes

Couverture du catalogue Babel
© Actes Sud, 1995.

Prélude

I – Observer et analyser des documents

1. Recherche et débat oral

Recherchez au CDI et sur Internet des récits de voyage divers (livres de bord de marine, carnets ou impressions de voyage, lettres, récits romancés… illustrés ou non). Apportez-les en classe et comparez-les (présentation, titre, paratexte, forme).

- Comment expliquez-vous leur succès ?

2. Analyse d'image

Observez et décrivez le dessin de la première page de couverture du catalogue de la maison d'édition Babel page 9.

- Quels sont les éléments qui le composent ?
- Expliquez la métaphore*.

II – Réfléchir et confronter des idées

Texte 1 René Descartes, *Discours de la méthode*, 1637.

René Descartes (1596-1650) est un philosophe français dont l'œuvre a considérablement bouleversé les raisonnements de l'époque. Il évoque ici son désir de quitter l'étude théorique pour se tourner vers l'expérience personnelle et, notamment, celle du voyage.

C'est pourquoi, sitôt que l'âge me permit de sortir de la sujétion de mes précepteurs, je quittai entièrement l'étude des lettres. Et me résolvant de ne chercher plus d'autre science que celle qui se trouvait en moi-même, ou bien dans le grand livre du monde, j'employai le reste de ma jeunesse à voyager, à voir des cours et des armées, à fréquenter des gens de diverses humeurs et conditions, à recueillir diverses expériences, à m'éprouver moi-même dans les rencontres que la fortune me proposait, et partout à faire telle réflexion sur les choses qui se présentaient, que j'en pusse tirer quelque profit. Car il me semblait que je pourrais rencontrer beaucoup plus de vérité dans les raisonnements que chacun fait touchant les affaires qui lui importent, et dont l'événement le doit punir bientôt après, s'il a mal jugé, que dans ceux que fait un homme de lettres dans son cabinet. […] Et j'avais toujours un extrême désir d'apprendre à distinguer le vrai d'avec le faux, pour voir clair en mes actions, et marcher avec assurance en cette vie.

Texte 2 Michel de Montaigne, « De l'institution des enfants », *Essais, livre 1, chapitre XXVI*, 1580-1592.

Il se tire une merveilleuse clarté, pour le jugement humain, de la fréquentation du monde. [...] Ce grand monde, que les uns multiplient encore comme espèces sous un genre, c'est le miroir où il nous faut regarder pour nous connaître de bon biais. En somme, je veux que ce soit le livre de mon écolier.

Tant d'humeurs, de sectes, de jugements, d'opinions, de lois et de coutumes nous apprennent à juger sûrement des nôtres, et apprennent notre jugement à reconnaître son imperfection et sa naturelle faiblesse : qui n'est pas un léger apprentissage.

Questions

1. Quels sont les objectifs du voyage entrepris par Descartes ? En quoi diffèrent-ils d'un simple périple touristique ? Comment comprenez-vous l'expression « le grand livre du monde » (l. 3 et 4) ?
2. **Intertextualité.** En quoi le texte de Descartes fait-il écho à celui de Montaigne ?
3. **Débat oral.** Reformulez le point de vue de Montaigne et de Descartes sur les voyages. Partagez-vous cet avis ? Pourquoi ? Appuyez-vous sur des exemples tirés de votre expérience personnelle.

Ce que nous avons vu

Voyager est pour la majorité d'entre nous un loisir, synonyme de dépaysement et d'exotisme. Mais le voyage est aussi une aventure qui permet d'aller à la découverte du monde, de porter un regard sur l'autre et de réfléchir sur nous-mêmes, nos valeurs*, nos croyances. La littérature de voyage, dans ses formes multiples, rend compte de toutes ces expériences.

Lire, comparer, analyser, écrire

Texte 1 Nicolas Bouvier, *L'Usage du monde*, Librairie Droz, Genève, 1963.

Dans L'Usage du monde, *Nicolas Bouvier (1929-1998) livre ses souvenirs d'un voyage effectué avec un ami entre juin 1953 et décembre 1954, de Belgrade jusqu'à l'Afghanistan. L'épisode qui suit a lieu à Prilep, ville de Macédoine, au nord de la Grèce.*

Le voyage fournit des occasions de s'ébrouer mais pas – comme on le croyait – la liberté. Il fait plutôt éprouver une sorte de réduction ; privé de son cadre habituel, dépouillé de ses habitudes comme d'un volumineux emballage, le voyageur se trouve ramené à de plus humbles proportions. Plus ouvert aussi à la curiosité, à l'intuition, au coup de foudre.

Ainsi, un matin, sans savoir pourquoi, nous emboîtâmes le pas à une pouliche qu'un paysan venait d'aller laver à la rivière. Une pouliche haute sur jambes, les yeux comme des marrons dans leur coque entrouverte, et une robe sans défaut sous laquelle les muscles jouaient avec une coquetterie souveraine. Ce que j'avais vu de plus femme en Yougoslavie. Dans la rue, les boutiquiers se retournaient sur elle. Les pieds au frais dans la poussière nous l'avons suivie en silence, comme deux vieux « marcheurs » éperdus, le cœur entre les dents. Nous nous étions littéralement rincé l'œil. Parce que l'œil a besoin de ces choses intactes et neuves qu'on trouve seulement dans la nature : les pousses gonflées du tabac, l'oreille soyeuse des ânes, la carapace des jeunes tortues.

Ici la nature se renouvelle avec tant de force que l'homme, à côté, paraît sans âge. Les visages durcissent et s'altèrent tout de suite, comme des coins enfoncés au cœur de la bagarre : tannés, cicatrisés, labourés par la barbe, la variole, la fatigue ou le souci. Les plus tranchants, les plus beaux, même ceux des gosses, sont comme si une armée de bottes avait passé dessus. Jamais on ne voit, comme chez nous, de ces visages lisses, ruminants, inexistants à force de santé et sur lesquels tout reste à inscrire.

Seuls les vieux ont de la fraîcheur, une fraîcheur au second degré, conquise sur la vie.

Questions

1 **a.** Quelle est la thèse* du narrateur sur le voyage ? Quelles sont vos premières impressions sur ce texte ?
b. « Il [le voyage] fait plutôt éprouver une sorte de réduction [...] proportions. » (l. 2 à 4) : aidez-vous du champ lexical* qui se déploie dans cette phrase pour expliquer la façon dont Nicolas Bouvier conçoit le voyage. Que gagne finalement le voyageur en perdant son « emballage » ?

2 Quelle est la valeur du présent de l'indicatif employé dans le 1er paragraphe ? En quoi l'objectif de ce paragraphe diffère-t-il des suivants ?

3 Dans le 2e paragraphe, le narrateur et son compagnon de route décident de suivre « une pouliche ».
a. Recherchez le sens de ce mot dans le dictionnaire.
b. Quels sentiments éprouvent les voyageurs pour cette pouliche ? Relevez les mots et les expressions du texte qui justifient votre réponse.
c. Montrez comment l'auteur joue sur la polysémie* du mot.
d. Que signifie l'expression métaphorique* « se rincer l'œil » dans le langage familier ? Dans quel sens le narrateur l'emploie-t-il lorsqu'il affirme « Nous nous étions littéralement rincé l'œil » (l. 12 et 13) ?

4 À la fin du passage, le narrateur compare les visages de son pays, la France, à ceux de la Yougoslavie.
a. Comment oppose-t-il les visages des uns et des autres ? Quels sont, selon lui, les visages les plus beaux ?
b. Relevez les deux comparaisons* de ce passage : quel champ lexical exploitent-elles ? S'agit-il de comparaisons attendues lorsqu'on évoque la beauté ?

Texte 2 Charles Baudelaire, « Les Projets », *Petits Poèmes en prose,* 1869.

Il se disait, en se promenant dans un grand parc solitaire : « Comme elle serait belle dans un costume de cour, compliqué et fastueux, descendant, à travers l'atmosphère d'un beau soir, les degrés de marbre d'un palais, en face des grandes pelouses et des bassins ! Car elle a naturellement l'air d'une princesse. »

En passant plus tard dans une rue, il s'arrêta devant une boutique de gravures, et, trouvant dans un carton une estampe représentant un paysage tropical, il se dit : « Non ! ce n'est pas dans un palais que je voudrais posséder sa chère vie. Nous n'y serions pas *chez nous*. D'ailleurs ces murs criblés d'or ne laisseraient pas une place pour accrocher son image ; dans ces solennelles galeries, il n'y a pas un coin pour l'intimité. Décidément, c'est *là* qu'il faudrait demeurer pour cultiver le rêve de ma vie. »

Et, tout en analysant des yeux les détails de la gravure, il continuait mentalement : « Au bord de la mer, une belle case en bois, enveloppée de tous ces arbres bizarres et luisants dont j'ai oublié les noms…, dans l'atmosphère, une odeur enivrante, indéfinissable…, dans la case un puissant parfum de rose et de musc…, plus loin, derrière notre petit domaine, des bouts de mâts balancés par la houle…, autour de nous, au-delà de la chambre éclairée d'une lumière rose tamisée par les stores, décorée de nattes fraîches et de fleurs capiteuses, avec de rares sièges d'un rococo portugais, d'un bois lourd et ténébreux (où elle reposerait si calme, si bien éventée, fumant le tabac légèrement opiacé !), au-delà de la varangue, le tapage des oiseaux ivres de lumière, et le jacassement des petites négresses…, et, la nuit, pour servir d'accompagnement à mes songes, le chant plaintif des arbres à musique, des mélancoliques filaos ! Oui, en vérité, c'est bien là le décor que je cherchais. Qu'ai-je à faire de palais ? »

Et plus loin, comme il suivait une grande avenue, il aperçut une auberge proprette, où d'une fenêtre égayée par des rideaux d'indienne bariolée se penchaient deux têtes rieuses. Et tout de suite : « Il faut, – se dit-il, – que ma pensée soit une grande vagabonde pour aller chercher si loin ce qui est si près de moi. Le plaisir et le bonheur sont dans la première auberge venue, dans l'auberge du hasard, si féconde en voluptés. Un grand feu, des faïences voyantes, un souper passable, un vin rude, et un lit très large avec des draps un peu âpres, mais frais ; quoi de mieux ? »

Et en rentrant seul chez lui, à cette heure où les conseils de la Sagesse ne sont plus étouffés par les bourdonnements de la vie extérieure, il se dit : « J'ai eu aujourd'hui, en rêve, trois domiciles où j'ai trouvé un égal plaisir. Pourquoi contraindre mon corps à changer de place, puisque mon âme voyage si lestement ? Et à quoi bon exécuter des projets, puisque le projet est en lui-même une jouissance suffisante ? »

Questions

1. Quels sont les trois lieux « visités » dans ce poème ? Quelle évocation préférez-vous ? Pourquoi ?
2. Montrez, en vous appuyant avec précision sur le texte, comment la vue permet l'évasion dans un lieu imaginaire où tous les sens sont sollicités.
3. En quoi la conception du voyage de Charles Baudelaire s'oppose-t-elle à celle de Descartes présentée dans l'extrait du *Discours de la méthode* (p. 10) ?
4. « J'ai eu aujourd'hui, en rêve, trois domiciles [...] une jouissance suffisante ? » (l. 33 à 36) : pensez-vous, comme Baudelaire, que les voyages imaginaires suffisent à nous contenter ?
5. **Exercice d'écriture.** Décrivez un paysage comme Baudelaire ou un personnage comme Nicolas Bouvier, vu en rêve ou en réalité. Votre intention sera double : susciter le plaisir de lire chez vos camarades et témoigner avec précision de ce que vous avez vu. Les productions seront lues et affichées en classe.

Texte 3 Arthur Rimbaud, « Ma bohème », *Poésies*, 1870.

Rimbaud (1854-1891) est un adolescent fugueur qui étouffe dans sa famille et dans sa province. Il part en quête de nouveaux horizons qui le conduiront de Paris en Abyssinie. L'un de ses plus fidèles amis, Ernest Delahaye, le surnommera « l'homme aux semelles de vent ». Il a seize ans lorsqu'il écrit « Ma bohème ».

Je m'en allais, les poings dans mes poches crevées ;
Mon paletot aussi devenait idéal ;
J'allais sous le ciel, Muse, et j'étais ton féal[1] ;
Oh ! là ! là ! que d'amours splendides j'ai rêvées !

Mon unique culotte avait un large trou.
Petit-Poucet rêveur, j'égrenais dans ma course
Des rimes. Mon auberge était à la Grande-Ourse.
Mes étoiles au ciel avaient un doux frou-frou

Et je les écoutais, assis au bord des routes,
Ces bons soirs de septembre où je sentais des gouttes
De rosée à mon front, comme un vin de vigueur ;

Où, rimant au milieu des ombres fantastiques,
Comme des lyres, je tirais les élastiques
De mes souliers blessés, un pied près de mon cœur !

1. **Féal** : fidèle.

Questions

1. Comment comprenez-vous le titre « Ma bohème » ?
2. Quel portrait le poète fait-il de lui-même ?
3. « J'allais sous le ciel, Muse, et j'étais ton féal ; » (v. 3) : quel rôle joue le voyage dans la création poétique pour Rimbaud ? Appuyez-vous sur l'ensemble du poème.
4. **Mise en voix.** Préparez une lecture expressive de ce poème. Quelles remarques faites-vous sur le rythme de l'alexandrin : en quoi imite-t-il le vagabondage du poète ?

Texte 4 Claude Lévi-Strauss, *Tristes Tropiques*, Plon, 1955.

Pour commencer

Claude Lévi-Strauss.

Claude Lévi-Strauss (1908-2009) est un ethnologue et anthropologue français célèbre. Écoutez l'interview qu'il a accordée à Bernard Pivot en 1984 sur le site de l'Ina :
http://www.ina.fr/video/I06292950/claude-levi-strauss-definit-l-ethnologie.fr.html

- Quelles sont, selon lui, les trois attitudes possibles pour comprendre l'homme ?
- Quel est l'intérêt de se confronter à des cultures très différentes ?

Dans Tristes Tropiques, *Claude Lévi-Strauss mêle des souvenirs de voyage au Brésil, aux Antilles et en Asie à des méditations philosophiques sur le temps, la solitude, la place de l'homme dans la nature… L'extrait qui suit constitue l'incipit* du livre.*

Je hais les voyages et les explorateurs. Et voici que je m'apprête à raconter mes expéditions. Mais que de temps pour m'y résoudre ! Quinze ans ont passé depuis que j'ai quitté pour la dernière fois le Brésil et, pendant toutes ces années, j'ai souvent projeté d'entreprendre ce livre ; chaque fois, une sorte de honte et de dégoût m'en ont empêché. Eh quoi ? Faut-il narrer par le menu tant de détails insipides[1], d'événements insignifiants ? L'aventure n'a pas de place dans la profession d'ethnographe ; elle en est seulement une servitude[2], elle pèse sur le travail efficace du poids des semaines ou des mois perdus en chemin ; des heures oisives[3] pendant que l'informateur se dérobe ; de la faim, de la fatigue, parfois de la maladie ; et toujours, de ces mille corvées qui rongent les jours en pure perte et réduisent la vie dangereuse au cœur de la forêt vierge à une imitation du service militaire… Qu'il faille tant d'efforts, et de vaines dépenses pour atteindre l'objet de nos études ne confère aucun prix à ce qu'il faudrait plutôt considérer comme l'aspect négatif de notre métier. Les vérités que nous allons chercher si loin n'ont de valeur que dépouillées de cette gangue[4]. On peut, certes, consacrer six mois de voyage, de privations et d'écœurante lassitude à la collecte (qui prendra quelques jours, parfois quelques heures) d'un mythe inédit, d'une règle de mariage nouvelle, d'une liste complète de noms claniques[5] mais cette

1. **Insipide** : sans saveur, sans intérêt.
2. **Servitude** : charge, contrainte.
3. **Heures oisives** : heures inoccupées, inactives.
4. **Gangue** : substance qui enveloppe quelque chose.
5. **Noms claniques** : noms de clans.

scorie de la mémoire : « À 5 h 30 du matin, nous entrions en rade de Recife tandis que piaillaient les mouettes et qu'une flottille de marchands de fruits exotiques se pressait le long de la coque », un si pauvre souvenir mérite-t-il que je lève la plume pour le fixer ?

Pourtant, ce genre de récit rencontre une faveur qui reste pour moi inexplicable. L'Amazonie, le Tibet et l'Afrique envahissent les boutiques sous forme de livres de voyage, comptes rendus d'expédition et albums de photographies où le souci de l'effet domine trop pour que le lecteur puisse apprécier la valeur du témoignage qu'on apporte. Loin que son esprit critique s'éveille, il demande toujours davantage de cette pâture, il en engloutit des quantités prodigieuses. C'est un métier, maintenant, que d'être explorateur ; métier qui consiste, non pas, comme on pourrait le croire, à découvrir au terme d'années studieuses des faits restés inconnus, mais à parcourir un nombre élevé de kilomètres et à rassembler des projections fixes ou animées, de préférence en couleurs, grâce à quoi on remplira une salle, plusieurs jours de suite, d'une foule d'auditeurs auxquels des platitudes et des banalités sembleront miraculeusement transmutées en révélations pour la seule raison qu'au lieu de les démarquer sur place, leur auteur les aura sanctifiées par un parcours de vingt mille kilomètres.

Questions

1. En vous aidant du paratexte, expliquez en quoi l'affirmation initiale : « Je hais les voyages et les explorateurs » (l. 1) peut sembler surprenante.
2. Repérez les différents types de phrases : quelles informations sont données sur l'état d'esprit de l'auteur ?
3. Deux parties composent ce texte : qu'est-ce qui les distingue ? Pour répondre à cette question, observez la façon contrastée dont Lévi-Strauss évoque son métier d'ethnologue.
4. Pourquoi l'auteur considère-t-il la phrase « À 5 h 30 du matin, nous entrions en rade de Recife tandis que piaillaient les mouettes et qu'une flottille de marchands de fruits exotiques se pressait le long de la coque » (l. 18 à 20) comme un « pauvre souvenir » (l. 20) ?
5. « …ce genre de récit rencontre une faveur qui reste pour moi inexplicable » (l. 22). Partagez-vous cet avis ? Pourquoi ?

Pour aller plus loin

1. Recherchez dans un dictionnaire l'origine des mots « ethnologue » et « anthropologue ». Quel est le sujet d'étude commun à ces deux métiers ?
2. Lisez le premier texte de la page suivante. Selon vous, quelles sont les qualités requises pour exercer ces métiers ?

Le travail de l'ethnologue (ou anthropologue) : rendre compte de la diversité des cultures du monde. Il n'a pas forcément besoin pour cela d'étudier une peuplade reculée : son terrain d'étude peut être plus proche (population rurale française, secte, maison de retraite…). Mais pour mener à bien sa mission, ce scientifique base tout son travail sur une enquête de terrain, une véritable immersion dans la vie de la population ou du phénomène qu'il étudie. Pendant plusieurs mois ou plusieurs années, il va vivre le quotidien de sa population d'étude, se rendre dans les mêmes lieux, s'intégrer en observant ses coutumes, en adoptant sa langue ou son dialecte. S'ensuit une longue période d'analyse et de rédaction. […] Un ethnologue ne travaillera pas tout au long de sa vie sur la même problématique, mais il s'intéressera de manière générale toujours à la même région géographique.

http://www.phosphore.com/metier/205/nom/Ethnologue

3. Lisez ce texte de Marc Augé dans lequel il analyse son métier. Quelles sont, selon lui, les trois questions majeures que se pose un ethnologue ou un anthropologue dans sa quête d'objectivité* ?

Le métier d'anthropologue est un métier du face à face et du présent. Pas d'anthropologue, au sens plein du terme, qui ne se coltine l'actualité de ses interlocuteurs. Mais cela n'ôte rien à l'historicité de son objet, bien au contraire. Cette première question, la question du temps, est un préalable à toute réflexion sur le métier d'anthropologue. Mais il y en a d'autres, au moins deux autres, qui en sont inséparables. La deuxième question est celle de savoir de quel homme nous prétendons traiter lorsque nous nous disons ethnologues ou anthropologues. Nos interlocuteurs sont des individus. Nous sommes des individus. Mais nous nous intéressons à des systèmes, à des cultures, multiples et variés comme chacun sait. […] La troisième question, enfin, est celle de l'écriture. Les ethnologues écrivent. Un peu ou beaucoup, c'est selon. Mais enfin ils écrivent. Pourquoi, comment, pour qui ? C'est toute la question.

Marc Augé, *Le Métier d'anthropologue*, Conférences Marc Bloch, 2006.

Parcours d'une œuvre intégrale

Robert Louis Stevenson, *Voyages avec un âne dans les Cévennes*, 1879, traduction de Léon Bocquet, Éditions de Borée.

Robert Louis Stevenson (1850-1894) est un écrivain écossais. De santé fragile et attristé par une déception sentimentale, il décide, afin de recouvrer la santé, d'effectuer un périple de 195 kilomètres à pied dans les Cévennes, en compagnie d'une ânesse : Modestine. Stevenson effectue son voyage en automne, du dimanche 22 septembre 1878, jour du départ de Monastier, au vendredi 4 octobre, jour d'arrivée à Saint-Jean du Gard et à Alès, autrefois Alais.

Afin de consigner émotions et découvertes, il tient un journal qui sera la base du récit : *Voyages avec un âne dans les Cévennes.*

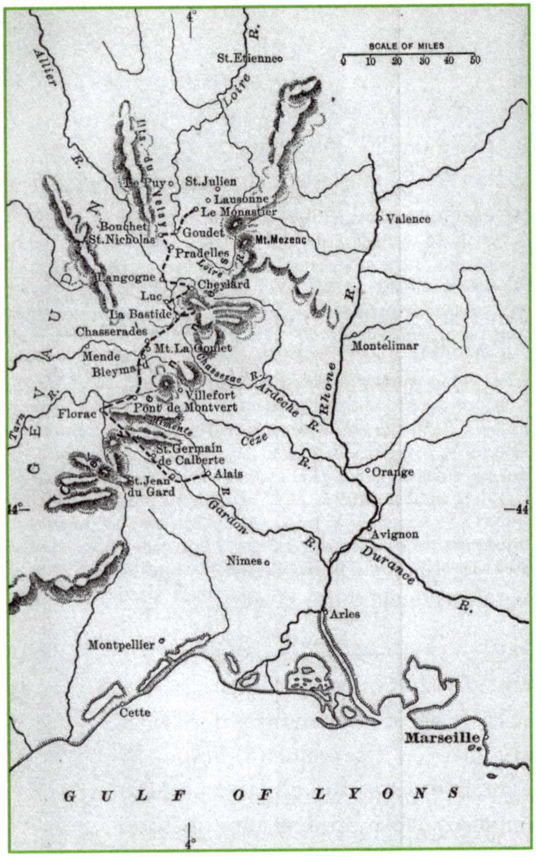

La carte ci-contre retrace le trajet emprunté par l'auteur de Voyages avec un âne dans les Cévennes. Intégré aujourd'hui au réseau de grande randonnée, le GR 70 est aussi connu sous le nom de « chemin de Stevenson ».

Le projet

Le narrateur fait une première halte dans l'auberge du Bouchet-Saint-Nicolas. Il est interrogé par la propriétaire sur son périple.

Je fus minutieusement contre-questionné au sujet de mon voyage et la dame comprit en un instant. Elle esquissa ce que j'écrirais dans mon livre à mon retour : « si les gens moissonnent ou non en tel ou tel endroit ; s'il y a des forêts ; des traits de mœurs, ce que, par exemple, moi-même et le maître de maison nous vous disons ; les beautés de la nature et tout ça ». Et elle m'interrogea du regard.

— C'est précisément ça, répondis-je.

Velay, Chapitre III, *J'ai un aiguillon.*

Quant à moi, je voyage non pour aller quelque part, mais pour marcher. Je voyage pour le plaisir de voyager. L'important est de bouger, d'éprouver de plus près les nécessités et les embarras de la vie, de quitter le lit douillet de la civilisation, de sentir sous mes pieds le granit terrestre et les silex épars avec leurs coupants. Hélas ! Tandis que nous avançons dans l'existence et sommes plus préoccupés de nos petits égoïsmes, même un jour de congé est une chose qui requiert de la peine. Toutefois, un ballot à maintenir sur un bât contre un coup de vent venu du nord glacial n'est point une activité de qualité, mais elle n'en contribue pas moins à occuper et à former le caractère. Et lorsque le présent montre tant d'exigence, qui peut se soucier du futur ?

Le Haut Gévaudan, Chapitre II, *Cheylard et Luc.*

Questions

1. Quels sont les objectifs du voyage entrepris par le narrateur ?

2. Partagez-vous sa conception du voyage ? Y a-t-il, selon vous, d'autres intérêts à voyager ?

Les préparatifs

On était déjà à la veille d'octobre que je n'étais pas encore prêt à partir. Pourtant aux altitudes où conduisait ma route, il n'y avait pas lieu d'escompter un été indien. J'avais résolu, sinon de camper dehors, du moins d'avoir à ma disposition les moyens de le faire. Rien n'est, en effet, plus fastidieux pour un type débonnaire, que la nécessité d'atteindre un refuge dès que vient la brune. Au surplus, l'hospitalité d'une auberge de village n'est pas toujours une infaillible recommandation à qui chemine péniblement à pied.

Une tente surtout, pour un touriste solitaire, ne laisse point d'être ennuyeuse à dresser, ennuyeuse encore à démonter et même durant la marche, elle fournit un évident aspect particulier au bagage. Un sac de couchage, par contre, est toujours prêt : il suffit de s'y insinuer. Il sert à double fin : de lit pendant la nuit, de valise pendant le jour et il ne dénonce pas à tout passant curieux vos intentions de coucher dehors. C'est là un point important. Si un campement n'est pas secret, ce n'est qu'un endroit de repos illusoire. On devient un homme public. [...]

On comprendra sans peine que je ne pouvais porter cet énorme attirail sur mes propres épaules – simplement humaines. Restait à choisir une bête de somme. Or, un cheval est, d'entre les animaux, comme une jolie femme, capricieux, peureux, difficile sur la nourriture et de santé fragile. Il est de trop grande valeur et trop indocile pour être abandonné à lui-même, en sorte que vous voilà rivé à votre monture comme un compagnon de chaîne sur une galère. Un chemin difficultueux affole le cheval, bref c'est un allié exigeant et incertain qui ajoute cent complications aux embarras du voyageur. Ce qu'il me fallait c'était un être peu coûteux, point encombrant, endurci d'un tempérament calme et placide. Toutes ces conditions requises désignaient un baudet.

Velay, Chapitre I, *Le bourriquet, la charge et le bât.*

Questions

1. Si vous deviez marcher sur les traces de Stevenson aujourd'hui, qu'emporteriez-vous ?
2. Pourquoi le périple entrepris par le narrateur paraît-il extraordinaire à son époque ? Justifiez votre réponse par des éléments précis tirés du texte.
3. Analysez la démarche argumentative suivie par le narrateur pour convaincre* et persuader* le lecteur de la nécessité d'être accompagné par un âne.

Le départ

Le jour de mon départ, j'étais debout un peu après cinq heures. Vers six heures, nous commençâmes à charger le baudet et dix minutes plus tard mes espérances gisaient dans la poussière. Le bât ne prétendait pas tenir sur le dos de Modestine, même une demi-minute. Je le renvoyai à son fabriquant avec lequel j'eus une prise de bec tellement injurieuse que le trottoir de la rue était garni, de vous à nous, d'une foule de badauds qui regardaient et écoutaient. Le bât changea de mains avec beaucoup de vivacité. Peut-être serait-il plus exact de dire que nous nous le jetâmes réciproquement à la tête. En tout cas, étions-nous fort échauffés et inamicaux et parlions-nous avec une excessive liberté.

J'obtins une banale selle de bât – une *barde* comme on dit – qui convenait à Modestine et une fois de plus je la chargeai de mon attirail. Le sac replié, mon paletot marin (car il faisait chaud et j'allais marcher en vareuse), une longue miche de pain noir et un panier sans couvercle qui renfermait le pain blanc, le gigot de mouton et les bouteilles furent accrochés ensemble par une série de nœuds fort perfectionnés et j'en examinai le résultat avec une vaine satisfaction. Dans un monstrueux chargement de ce genre, le fardeau entier portait sur l'encolure du baudet et rien en-dessous ne faisant contrepoids, [...] même le touriste le plus insoucieux aurait pressenti une catastrophe imminente. Ce système perfectionné de nœuds, au surplus, était l'œuvre de trop nombreux sympathisants pour être réalisé fort habilement. Il est vrai qu'ils avaient serré les cordes énergiquement. Pas moins de trois à la fois, un pied sur l'arrière-train de Modestine, ils tirèrent là-dessus grinçant des dents. Or, j'appris par la suite qu'une seule personne entendue, sans le moindre déploiement de force, pouvait faire une plus efficace besogne qu'une demi-douzaine de domestiques enthousiastes et en transpiration. Mais je n'étais alors qu'un novice. Même après la mésaventure du bât, rien ne pouvait troubler ma confiance et je franchis le seuil de l'écurie comme un bœuf se dirige à l'abattoir.

Velay, Chapitre I, *Le bourriquet, la charge et le bât*

Il faisait une chaleur d'étuve en remontant la vallée, sans un souffle de vent, un soleil ardent sur mes épaules et il me fallait jouer si constamment du bâton que la sueur coulait dans mes yeux. Toutes les cinq minutes, aussi, le paquetage, le panier, le paletot marin inclinaient fâcheusement, d'un côté ou de l'autre et j'étais contraint d'arrêter Modestine, à l'instant précis où j'avais obtenu d'elle une cadence acceptable de deux milles à l'heure, pour tirailler, pousser, épauler ou réajuster le chargement. Et, à la fin, dans le village d'Ussel, le bât et le fourniment au complet, firent un tour de conversion et se vautrèrent dans la poussière, sous le ventre de l'ânesse. Elle, au comble de la joie, aussitôt se redressa et parut sourire et un groupe d'un homme, de deux femmes, et de deux enfants survint, et debout autour de moi, en demi-cercle, l'encouragèrent par leur exemple.

Velay, Chapitre II, *L'ânier inexpérimenté.*

Questions

1. En quoi les scènes présentées dans les extraits relèvent-elles du registre comique ? Justifiez votre réponse en vous appuyant sur les différentes formes du comique*.
2. Pourquoi un âne a-t-il une dimension plus burlesque* qu'un cheval ?
3. Quel portrait le narrateur fait-il de lui-même ?
4. **Exercice d'écriture.** Réécrivez la scène extraite du chapitre *L'ânier inexpérimenté* en adoptant le point de vue* de l'ânesse Modestine. Vous veillerez à conserver la dimension comique du passage.

Choses vues

Je dépêchai mon goûter et résistai au désir de l'aubergiste qui m'incitait vivement à visiter Notre-Dame de Pradelles « qui accomplissait beaucoup de miracles, bien qu'elle fût en bois » et, moins de trois quarts d'heure après, j'aiguillonnais Modestine en bas de la descente escarpée qui mène à Langogne-sur-Allier. Des deux côtés de la route, dans de vastes champs poussiéreux, des fermiers s'activaient en vue du prochain printemps. Tous les cinquante mètres, un attelage de bœufs lourds, aux fanons pendants, tirait patiemment une charrue. Je vis un de ces puissants et placides serviteurs de la glèbe prendre un subit intérêt à Modestine et à moi-même. Le sillon qu'il creusait menait à un angle de la route. Sa tête était solidement attachée au joug comme celle des cariatides sous une pesante corniche, mais il riva sur nous ses grands yeux honnêtes et nous accompagna d'un regard pensif jusqu'au moment où son maître le contraignit à retourner la charrue et commença de remonter le champ. De tous ces socs de charrue qui ouvraient le sol, des pas de bovins, de tout laboureur qui, ici ou là, brisait à la houe les mottes de terre desséchées, le vent portait au loin une poussière légère comparable à une épaisse fumée. C'était un tableau rural vivant, affairé, délicat et, tandis que je continuais à descendre, les hautes terres du Gévaudan ne cessaient de monter devant moi dans le ciel.

Velay, Chapitre III, *J'ai un aiguillon.*

Questions

1. Pourquoi le narrateur résiste-t-il au conseil de l'aubergiste ? Quel choix de découverte préfère-t-il ? Que nous apprend ce choix sur la personnalité du voyageur ?
2. Sous quelle forme le narrateur fixe-t-il ce souvenir de voyage ? S'agit-il d'une forme familière pour un lecteur du XXIe siècle ?
3. Analysez la description* (composition, reprise de termes, figures de style) et étudiez ses fonctions*.

Le voyageur et l'animal

Hélas ! les deux jambes d'avant de Modestine n'avaient plus que chair à vif à l'intérieur et du sang lui coulait sous la queue. On m'avait affirmé au moment du départ, et j'étais assez disposé à y croire, qu'avant peu de jours, j'en viendrais à aimer Modestine comme un chien. Trois jours s'étaient écoulés, nous avions partagé quelques mésaventures et mon cœur était toujours aussi froid que glace à l'égard de ma bête de somme. Elle était assez gentille à voir, mais aussi avait-elle donné preuve d'une foncière stupidité, rachetée, à vrai dire, par sa patience, mais aggravée par des accès de légèreté sentimentale déplacés et navrants. Et j'avoue que cette découverte constituait un autre grief contre elle. À quoi diable pouvait bien servir une ânesse, si elle ne pouvait porter un sac de couchage et de menus accessoires ? Je vis le dénouement de la fable arriver rapidement lorsqu'il me faudrait porter Modestine. Ésope était un homme qui connaissait le monde. Je vous assure que je me suis remis en route, le cœur lourd de soucis, pour ma courte étape de la journée.

Le Haut Gévaudan, Chapitre II, *Cheylard et Luc.*

Questions

1. Quels sentiments le narrateur éprouve-t-il pour son ânesse ? Comprenez-vous son attitude ?
2. La relation entre le narrateur et Modestine évolue tout au long du roman, le narrateur passant de l'espérance au découragement, de la haine à la tendresse. Expliquez cette évolution en vous appuyant sur les deux extraits ci-dessous.

▶ **Extrait 1.** Modestine et moi – ce fut notre dernier repas ensemble – nous cassâmes la croûte sur le faîte de Saint Pierre, moi assis sur un tas de cailloux, elle debout à mon côté au clair de lune et, comme une personne distinguée, recevant le pain de mes mains. La pauvre bête mangeait mieux ainsi, car elle avait pour moi une sorte d'affection que j'allais bientôt trahir.

Encore le Haut Gévaudan, Chapitre VII, *La dernière journée.*

▶ **Extrait 2.** Le Père Adam pleura quand il me la vendit. Quand je l'eus vendue à mon tour, je fus tenté de faire de même. Et comme je me trouvais seul avec le conducteur du coche et quatre ou cinq braves jeunes gens, je n'hésitai pas à céder à mon émotion.

Excipit*, VIII, *Adieu Modestine !*

3 Intertextualité*. Lisez cette fable d'Ésope et justifiez son évocation par le narrateur.

> **Le cheval et l'âne**
>
> Un homme avait un cheval et un âne. Un jour qu'ils étaient en route, l'âne, pendant le trajet, dit au cheval : « Prends une partie de ma charge, si tu tiens à ma vie. » Le cheval fit la sourde oreille, et l'âne tomba, épuisé de fatigue, et mourut. Alors le maître chargea tout sur le cheval, même la peau de l'âne. Et le cheval dit en soupirant : « Ah ! je n'ai pas de chance ; que m'est-il arrivé là, hélas ! Pour n'avoir pas voulu me charger d'un léger fardeau, voilà que je porte tout, avec la peau en plus. »
>
> *Cette fable montre que, si les grands font cause commune avec les petits, les uns et les autres assureront ainsi leur vie.*

4 Débat oral. Pensez-vous qu'il soit possible de se lier d'amitié avec un animal, même s'il s'agit d'une bête de somme ?

Une odyssée

Robert Louis Stevenson évoque, à de nombreuses reprises, les lectures qui ont marqué son existence et qui lui permettent de mieux comprendre le voyage qu'il est en train d'effectuer. Il semble se nourrir de ces écrits pour éclairer les paysages qu'il découvre et les rencontres qu'il fait.

Là-dessus je me secouai, enfilai une fois de plus mes chaussures et mes guêtres puis, rompant ce qui restait de pain pour Modestine, je fis un tour d'horizon afin de savoir dans quelle partie de l'univers je venais de m'éveiller. Ulysse, échoué en Ithaque et l'esprit en proie à la déesse, ne s'était point plus agréablement fourvoyé. J'avais cherché une aventure durant ma vie entière, une simple aventure sans passion, telle qu'il en arrive tous les jours et à d'héroïques voyageurs et me trouver ainsi, un beau matin, par hasard, à la corne d'un bois du Gévaudan, ignorant du nord comme du sud, aussi étranger à ce qui m'entourait que le premier homme sur la terre, continent perdu – c'était trouver, réalisée une part de mes rêves quotidiens.

Le Haut Gévaudan, Chapitre I, *Campement dans l'obscurité*

Questions

1. **Intertextualité.** Qui était Ulysse ? Pourquoi le narrateur fait-il référence à ce personnage mythique de *L'Odyssée* ?
2. Montrez comment le narrateur transforme un simple moment en aventure.
3. Expliquez et illustrez, par des exemples personnels, la phrase « J'avais cherché une aventure durant ma vie entière, une simple aventure sans passion, telle qu'il en arrive tous les jours [...] » (l. 5 et 6)
4. **Prolongement**

   Exercice d'écriture. Rédigez un journal de voyage d'étude.

   Pendant le déplacement, vous tiendrez un carnet de bord par journée (notes, résumés d'interviews, croquis, cartes, photographies, fiches techniques, etc.). De retour dans l'établissement, vous vous répartirez le travail par groupes pour rédiger un journal pour la classe.

   Vous le diffuserez dans l'établissement (blog, affichage, journal du lycée, etc.).

BILAN

◎ Histoire littéraire

Le récit de voyage est un **genre littéraire fondateur** qui rend compte d'aventures à travers l'exploration ou la conquête de pays lointains. Les premières grandes œuvres connues sont des récits de voyage, comme *L'Iliade et l'Odyssée*, écrites par Homère probablement au VIIIe siècle av. J.-C. C'est également un **genre intemporel** puisque chaque période a ses « écrivains voyageurs » (**Marco Polo** au XIIIe siècle, **Bougainville** au XVIIIe, **Mérimée** au XIXe...) et les rayons de nos librairies proposent toujours de nombreux récits de voyage.

Ces récits évoquent des **voyages réels (Stevenson, Lévi-Strauss, Bouvier)** ou **rêvés (Baudelaire)** et prennent des **formes très variées** : carnet de voyage, journal de bord, essai, poème, lettre ou roman.

◎ Le voyage : une leçon pour le voyageur et son lecteur

L'écrivain voyageur se distingue résolument du touriste. Au terme de son périple, il n'a plus la même vision du monde : les lieux divers qu'il a traversés et les rencontres qu'il a faites ont ébranlé ses anciennes convictions et il en sort profondément changé. Ainsi, le voyage est-il pour **Descartes** un moyen de « distinguer le vrai d'avec le faux pour voir clair en ses actions et marcher avec assurance en cette vie ».

Les récits de voyage, marqués par un **souci d'objectivité**, sont aussi des sources précieuses d'informations pour les lecteurs et les historiens : la littérature ethnographique rend compte d'événements importants et analyse d'autres cultures, parfois disparues (**Lévi-Strauss**).

L'écriture du voyage se fait souvent en deux temps : un premier texte, écrit au cours des événements, est repris des mois ou des années plus tard. Le temps passé permet le **recul critique** : « Et voici que je m'apprête à raconter mes expéditions. Mais que de temps pour m'y résoudre ! Quinze ans ont passé depuis que j'ai quitté pour la dernière fois le Brésil », **Lévi-Strauss.** La lucidité du narrateur peut s'exprimer dans un registre comique* (cf. les mésaventures de **Stevenson** avec son âne). Sa **nostalgie** se manifeste grâce au registre lyrique* : « Oh ! là ! là ! Que d'amours splendides j'ai rêvées ! », **Rimbaud.**

◎ Caractéristiques de l'écriture du voyage

- Le récit de voyage, écrit à la **1re personne du singulier**, est le reflet de l'expérience personnelle du voyageur.

- Il présente souvent une **structure en boucle** et s'ouvre sur le départ pour s'achever avec le retour du voyageur. Ce périple (du grec *péri pleo*, « naviguer en revenant à son point de départ ») est rythmé par des constantes : préparatifs, départ, voyage aérien/maritime/terrestre, escales, descriptions de lieux et scènes de rencontre.

- Pour rendre compte des peuples rencontrés, des choses vues et entendues et des émotions ressenties, l'écrivain voyageur alterne **narration*** et **description***. Mais la description d'une réalité nouvelle n'est pas chose simple ; c'est pourquoi le voyageur a fréquemment recours à la **comparaison*** : « Les plus tranchants, les plus beaux, même ceux des gosses, sont comme si une armée de bottes avait passé dessus » **(Bouvier)** et à l'**opposition*** : « Jamais on ne voit, comme chez nous, de ces visages lisses, ruminants, inexistants à force de santé » **(Bouvier)**. La limite de ces **procédés analogiques** est que le voyageur voit ce qui est nouveau par l'intermédiaire de sa propre culture : « Sa tête était solidement attachée au joug comme celle des cariatides sous une pesante corniche » **(Stevenson)**. Ces images connues peuvent être perçues comme des **clichés***.

Dans le récit de voyage, la **description** a différentes **fonctions** :

- **documentaire** : elle communique au lecteur un savoir sur le réel. *Ex.* le labour dans le Haut Gévaudan **(Stevenson)** ;

- **poétique** : elle propose un tableau vivant qui frappe l'imagination du lecteur comme s'il se trouvait devant la chose même. *Ex.* « C'était un tableau rural vivant, affairé, délicat » **(Stevenson)** ;

- **symbolique** : elle révèle autre chose que ce qu'elle décrit. *Ex.* « Où, rimant au milieu des ombres fantastiques,/Comme des lyres, je tirais les élastiques/De mes souliers blessés, un pied près de mon cœur ! » **(Rimbaud)** ;

- **argumentative** : elle montre les qualités ou les défauts d'une chose vue ou d'un personnage. Le récit de voyage présente le plus souvent le territoire neuf et lointain comme un lieu paradisiaque (cf. l'ailleurs exotique de Baudelaire, la nature riante de Stevenson). Lévi-Strauss, dans *Tristes Tropiques*, oppose à cette vision idyllique « la vie dangereuse au cœur de la forêt vierge ». Il dénonce les clichés des explorateurs : « banalités [...] miraculeusement transmutées en révélations » parce que « sanctifiées par un parcours de vingt mille kilomètres. »

VERS LE BAC

Victor Hugo, *Le Rhin, Lettres à un ami*, 1842.

Le Rhin retrace sous forme de lettres à un ami le voyage de Victor Hugo sur les rives du Rhin en Allemagne.

Victor Hugo quitte Lorch vers cinq heures du matin pour faire une excursion jusqu'à Bingen. Le soir, alors qu'il est à une demi-heure du but, il rencontre un étrange édifice. Le souvenir du tableau accroché au-dessus de son lit d'enfant lui revient en mémoire. Ce tableau représentait la ruine qu'il a sous les yeux, la Maüsethurm, une vieille tour entourée des eaux profondes du Rhin. Selon la légende, après avoir fait brûler le peuple affamé venant réclamer du pain, le cruel archevêque de Mayence, Hatto, s'y serait réfugié ; une horde de rats aurait cependant traversé le fleuve pour le dévorer.

Victor Hugo (1802-1885), *Le Rhin*, manuscrit autographe, BNF, Paris.

Bingen, 27 août 1842

De Lorch à Bingen il y a deux milles d'Allemagne, en d'autres termes, quatre lieues de France, ou seize *kilomètres* dans l'affreuse langue que la loi veut nous faire, comme si c'était à la loi de faire la langue. Tout au contraire, mon ami, dans une foule de cas, c'est à la langue de faire la loi.

Vous savez mon goût. Toutes les fois que je puis continuer un peu ma route à pied, c'est-à-dire convertir le voyage en promenade, je n'y manque pas.

Rien n'est charmant, à mon sens, comme cette façon de voyager. – À pied ! – On s'appartient, on est libre, on est joyeux ; on est tout entier et sans partage aux incidents de la route, à la ferme où l'on déjeune, à l'arbre où l'on s'abrite, à l'église où l'on se recueille. On part, on s'arrête, on repart ; rien ne gêne, rien ne retient. On va et on rêve devant soi. La marche berce la rêverie ; la rêverie voile la fatigue. La beauté du paysage cache la longueur du chemin. On ne voyage pas, on erre. À chaque pas qu'on fait, il vous vient une idée. Il semble qu'on sente des essaims éclore et bourdonner dans son cerveau. Bien des fois, assis à l'ombre au bord d'une grande route, à côté d'une petite source vive d'où sortaient avec l'eau la joie, la vie et la fraîcheur, sous un orme plein d'oiseaux, près d'un champ plein de faneuses, reposé, serein, heureux, doucement occupé de mille songes, j'ai regardé avec compassion passer devant moi, comme un tourbillon où roule la foudre, la chaise de poste[1], cette chose étincelante et rapide qui contient je ne sais quels voyageurs lents, lourds, ennuyés et assoupis ; cet éclair qui emporte des tortues. – Oh ! comme ces pauvres gens, qui sont souvent des gens d'esprit et de cœur, après tout, se jetteraient vite à bas de leur prison, où l'harmonie du paysage se résout en bruit, le soleil en chaleur et la route en poussière, s'ils savaient toutes les fleurs que trouve dans les broussailles, toutes les perles que ramasse dans les cailloux, toutes les houris[2] que découvre parmi les paysannes l'imagination ailée, opulente et joyeuse d'un homme à pied ! *Musa pedestris*[3].

Et puis tout vient à l'homme qui marche. Il ne lui surgit pas seulement des idées ; il lui échoit des aventures et, pour ma part, j'aime fort les aventures qui m'arrivent. S'il est amusant pour autrui d'inventer des aventures, il est amusant pour soi-même d'en avoir.

[…] la route tourna, et je m'arrêtai brusquement. Voici ce que j'avais devant moi. À mes pieds, le Rhin courant et se hâtant dans les broussailles avec un murmure rauque et furieux, comme s'il s'échappait d'un mauvais pas ; à droite et à gauche, des montagnes ou plutôt de grosses masses d'obscurité perdant leur sommet dans les nuées d'un ciel sombre piqué çà et là de quelques étoiles ; au fond, pour horizon, un immense rideau d'ombre ; au milieu du fleuve, au loin, debout dans une eau plate, huileuse et comme morte, une grande tour noire, d'une forme horrible, du faîte de laquelle sortait, en s'agitant avec des balancements étranges, je ne sais quelle nébulosité rougeâtre. Cette clarté, qui ressemblait à la réverbération de quelque soupirail embrasé, ou à la vapeur d'une fournaise, jetait sur les montagnes un rayonnement pâle et blafard, faisait saillir à mi-côte sur la rive droite une ruine lugubre, semblable à la larve[4] d'un édifice, et se reflétait jusqu'à moi dans le miroitement fantastique de l'eau.

Figurez-vous, si vous pouvez, ce paysage sinistre vaguement dessiné par des lueurs et des ténèbres.

1. **Chaise de poste** : voiture à cheval pour le transport rapide du courrier et des voyageurs.
2. **Houris** : dans le Coran, vierge du paradis ; femme très belle.
3. ***Musa pedestris*** : citation du poète latin Horace, muse du voyageur à pied.
4. **Larve** : dans la mythologie, fantôme, génie malfaisant.

Du reste pas un bruit humain dans cette solitude, pas un cri d'oiseau ; un silence glacial et morne, troublé seulement par la plainte irritée et monotone du Rhin. J'avais sous les yeux, la Maüsethurm[5].

Je ne me l'étais pas imaginée plus effrayante. Tout y était : la nuit, les nuées, les montagnes, les roseaux frissonnants, le bruit du fleuve plein d'une secrète horreur comme si l'on entendait le sifflement des hydres[6] cachées sous l'eau, les souffles tristes et faibles du vent, l'ombre, l'abandon, l'isolement, et jusqu'à *la vapeur de fournaise* sur la tour, jusqu'à l'âme de Hatto !

Je tenais donc mon rêve, et il restait rêve !

5. **La Maüsethurm** : Hugo traduit par « la tour aux rats ».
6. **Hydres** : dans la mythologie, monstres en forme de serpents d'eau.

Lecture (9 points)

1. Observez le paratexte et l'énonciation. Que nous apprennent-ils ? (2 pts)
2. Étudiez l'argumentation. Reformulez la thèse de l'auteur sur le voyage puis mettez en évidence les procédés qu'il utilise pour persuader son destinataire d'adhérer à cette thèse. (3 pts)
3. Analysez la description de la Maüsethurm et montrez comment le paysage observé se transforme en « paysage sinistre vaguement dessiné ». En quoi cette métamorphose illustre-t-elle la thèse de l'auteur ? (4 pts)

Écriture d'invention (11 points)

Sujet. L'ami auquel est adressée cette lettre est enthousiasmé par sa lecture. Pour répondre à Victor Hugo, il fait l'éloge des voyages et, pour appuyer son argumentation, il lui raconte une « aventure » instructive survenue lors d'un de ses périples.

▸ Rédigez cette lettre en 25 lignes environ.

Séquence 2

L'épistolaire
Un genre multiple

[…] la lettre qu'on n'a jamais reçue d'où dépendait peut-être le bonheur de notre vie.
Jules Renard, *Journal*, 1887-1910.

Objectifs du référentiel

1.1 **Écrire pour soi et pour les autres**
- 1.1-2 Produire des écrits à finalité professionnelle
- 1.1-3 Rédiger une argumentation, prendre en compte la thèse adverse, énoncer un point de vue, le soutenir par des arguments, conclure
- 1.1-4 Pratiquer l'écriture d'invention
- 1.1-5 Respecter les codes de la langue écrite, utiliser des procédés stylistiques

1.2 **Échanger à l'oral : s'exprimer, écouter, réagir**
- 1.2-1 Mettre en voix
- 1.2-2 Reformuler, exposer, débattre

1.3 **Devenir un lecteur actif et critique**
- 1.3-4 S'interroger, à partir de textes, d'œuvres, sur soi-même et sur son rapport au monde
- 1.3-5 Repérer, identifier et apprécier des procédés d'écriture

Johannes Vermeer, dit Vermeer de Delft (1632-1675), *Jeune fille lisant une lettre*, 1657, Gemäldegalerie Alte Meister, Dresde.

Prélude

I – Recherche et expression orale

Apportez en classe trois lettres de votre choix et présentez-les à vos camarades en commentant le support et en distinguant l'émetteur*, le destinataire*, les adresses, la date, l'objet, les pièces jointes, le post-scriptum, les formules d'appel et de clôture.
Précisez la visée* de chaque lettre et dites à quelle forme elle appartient.

II – Lecture d'image et expression orale

1. Montrez comment Vermeer (page précédente et cahier hors-texte) suggère que ce moment de lecture est pour la jeune femme un moment d'intimité partagé avec l'auteur de la lettre. Vous serez attentif au cadrage, à la lumière, au rôle des objets et en particulier de la fenêtre.
2. Observez et analysez l'image publicitaire ci-dessous et commentez le slogan : « Si vous voulez vraiment toucher quelqu'un, envoyez-lui une lettre. »
3. Comparez le message des deux images étudiées.

Publicité de la poste australienne dont le slogan est :
If you really want to touch someone, send them a letter.

Ce que nous avons vu

La lettre est un acte de communication écrit qui se substitue à la conversation. L'écart entre le moment de la production du message* et le moment de sa réception est plus ou moins long. Objet concret, la lettre est un substitut de l'émetteur*. La visée* de la lettre et ses formes sont variables et dépendent du lien entre l'émetteur et le récepteur*.

- ***La lettre authentique est réellement écrite pour son destinataire* tandis que la lettre fictive est inventée et peut nourrir une fiction romanesque.***
- ***La lettre fonctionnelle concerne tous les aspects de la vie quotidienne et professionnelle.***
- ***La lettre privée s'adresse à une personne proche et est le plus souvent l'expression de sentiments intimes.***
- ***La lettre ouverte s'adresse à tous et défend un point de vue.***

Lire, comparer, analyser, écrire

Texte 1 Lettre de Madame de Sévigné à Madame de Grignan, sa fille, 24 mars 1671.

Je me suis mise à vous écrire au bout de cette petite allée sombre que vous aimez, assise sur ce siège de mousse où je vous ai vue quelquefois couchée. Mais, mon Dieu, où ne vous ai-je point vue ici ? Et de quelle façon toutes ces pensées me traversent-elles le cœur ? Il n'y a point d'endroit, point de lieu, ni dans la maison, ni dans l'église, ni dans le pays, ni dans le jardin, où je ne vous aie vue. Il n'y en a point qui ne me fasse souvenir de quelque chose de quelque manière que ce soit. Et de quelque façon que ce soit aussi, cela me perce le cœur. Je vous vois ; vous m'êtes présente. Je pense et repense à tout. Ma tête et mon esprit se creusent, mais j'ai beau tourner, j'ai beau chercher, cette chère enfant que j'aime avec tant de passion est à deux cents lieues de moi ; je ne l'ai plus. Sur cela, je pleure sans pouvoir m'en empêcher ; je n'en puis plus, ma chère bonne. Voilà qui est bien faible, mais pour moi, je ne sais point être forte contre une tendresse si juste et si naturelle. Je ne sais en quelle disposition vous serez en lisant cette lettre. Le hasard peut faire qu'elle viendra mal à propos, et qu'elle ne sera peut-être pas lue de la manière qu'elle est écrite. À cela je ne sais point de remède. Elle sert toujours à me soulager présentement ; c'est tout ce que je lui demande.

Questions

1. À quelle époque cette lettre est-elle écrite ? Par qui ? À qui ?
2. Comment est-elle composée ? Que nous apprend-elle sur l'état d'esprit de Mme de Sévigné ? Justifiez votre réponse.
3. Expliquez et commentez la phrase : « Le hasard peut faire qu'elle viendra mal à propos, et qu'elle ne sera peut-être pas lue de la manière qu'elle est écrite. » (l. 13-14).

Texte 2 Lettre d'Honoré de Balzac à Madame Hanska, janvier 1834.

Balzac vit à Paris où, un beau jour, il reçoit d'Odessa une lettre admirative signée « L'Étrangère ». La mystérieuse correspondante écrit notamment : « Votre génie me semble sublime mais il faut qu'il devienne divin… Vous êtes un météore lumineux. […] J'admire votre talent, je rends hommage à votre âme ; je voudrais être votre sœur… ».

Balzac tombe aussitôt amoureux de cette lectrice enthousiaste, la comtesse Éveline (Ewa) Hanska. C'est le début d'une relation qui va durer dix-huit ans !

Si tu savais combien de superstitions tu me donnes. Dès que je travaille, je mets à mon doigt le talisman, cet anneau sera à mon doigt pendant toutes mes heures de travail, je le mets au premier doigt de la main gauche, avec lequel je tiens mon papier, en sorte que ta pensée m'étreint, tu es là avec moi, maintenant au lieu de chercher en l'air mes mots et mes idées je les demande à cette délicieuse bague et j'y ai trouvé tout *Séraphita*[1].

Amour céleste, que de choses j'ai à te dire, et pour lesquelles il faudrait les saintes heures pendant lesquelles le cœur sent le besoin de se mettre à nu. Les adorables plaisirs de l'amour ne sont que les moyens d'arriver à cette union, cette fusion des âmes. Chère, avec quelle joie, je vois mes fortunes de cœur, et le sort de mon âme assurés. Oui, je t'aimerai, seule et unique dans toute ma vie. Tu as tout ce qui me plaît. Tu exhales pour moi le parfum le plus enivrant qu'une femme puisse avoir, cela seul est un trésor d'amour. Je t'aime avec un fanatisme qui n'exclut pas cette ravissante quiétude d'un amour sans orages possibles. Oui, dis-toi bien que je respire par l'air que tu aspires, que je ne puis jamais avoir d'autre pensée que toi. Tu es la fin de tout pour moi. […]

De là, le nouveau courage que je me sens contre mes dernières adversités. Je voudrais être plus grand, être quelque chose de glorieux pour que la couronne à poser sur ta tête fût la plus feuillue, la plus fleurie, de toutes celles qu'ont noblement gagnées les grands hommes.

N'aie donc jamais ni défiance, ni crainte ; il n'y a pas d'abîmes dans les cieux.

Mille baisers pleins de caresses, mille caresses pleines de baisers. Mon Dieu, ne pourrais-je donc jamais te faire bien voir combien je t'aime, toi, mon Ève.

1. **Séraphita** : roman fantastique que Balzac est en train d'écrire.

Questions

1. Étudiez le lexique* de la passion et les procédés hyperboliques* utilisés par Balzac.
2. Montrez que l'éloge* de la femme aimée prend ici une dimension surnaturelle.

Texte 3 Lettre de Gustave Flaubert à Louise Colet.

Mardi soir, minuit, 4 août 1846.

Il y a douze heures, nous étions encore ensemble ; hier à cette heure-ci, je te tenais dans mes bras… t'en souviens-tu ? Comme c'est déjà loin ! La nuit maintenant est chaude et douce ; j'entends le grand tulipier qui est sous ma fenêtre frémir au vent et, quand je lève la tête, je vois la lune se mirer dans la rivière.

Tes petites pantoufles sont là pendant que je t'écris ; je les ai sous les yeux, je les regarde. Je viens de ranger, tout seul et bien enfermé, tout ce que tu m'as donné ; tes deux lettres sont dans le sachet brodé ; je vais les relire quand j'aurai cacheté la mienne. Je n'ai pas voulu prendre pour t'écrire mon papier à lettres ; il est bordé de noir ; que rien de triste ne vienne de moi vers toi ! Je voudrais ne te causer que de la joie et t'entourer d'une félicité calme et continue pour te payer un peu de tout ce que tu m'as donné à pleines mains dans la générosité de ton amour. J'ai peur d'être froid, sec, égoïste, et Dieu sait pourtant ce qui, à cette heure, se passe en moi. Quel souvenir ! Et quel désir ! Ah ! nos deux bonnes promenades en calèche ! Qu'elles étaient belles, la seconde surtout avec ses éclairs !

Je me rappelle la couleur des arbres éclairés par les lanternes et le balancement des ressorts ; nous étions seuls, heureux. Je contemplais ta tête dans la nuit ; je la voyais malgré les ténèbres ; tes yeux t'éclairaient toute la figure. Il me semble que j'écris mal ; tu vas lire ça froidement ; je ne dis rien de ce que je veux dire. C'est que mes phrases se heurtent comme des soupirs ; pour les comprendre il faut combler ce qui sépare l'une de l'autre ; tu le feras, n'est-ce pas ? Rêveras-tu à chaque lettre, à chaque signe de l'écriture ? Comme moi, en regardant tes petites pantoufles brunes, je songe aux mouvements de ton pied quand il les emplissait et qu'elles en étaient chaudes… le mouchoir est dedans… […]

Adieu, adieu. Tout ce que tu voudras de tendresses.

Questions

1. Étudiez la composition de cette lettre et montrez qu'elle s'insère dans une correspondance suivie. Appuyez-vous sur les temps employés.
2. Relevez les objets dont il est question dans cette lettre ; quel rôle jouent-ils ? Quels sentiments Flaubert exprime-t-il ici ? Quel portrait* fait-il de lui-même par le biais de cet écrit (caractérisation indirecte*) ?

Pour aller plus loin

1. Laquelle de ces trois lettres vous touche le plus ? Pourquoi ?
2. Transformez la lettre de Balzac ou celle de Flaubert en SMS. Comparez le contenu de la lettre et celui du SMS. Quelles remarques s'imposent ?

3. **Débat oral.** L'affiche publicitaire (p. 30) montre que la lettre d'amour n'est plus très fréquente à notre époque. Quelles sont les raisons de cet abandon ? Quelles motivations inciteraient aujourd'hui un amoureux à écrire une lettre d'amour plutôt qu'à envoyer un appel téléphonique ou un texto ?

Aide au débat

André Comte-Sponville, « La correspondance », *Impromptus*, PUF, 1998.

Je me souviens, adolescent, avoir échangé des lettres avec une jeune fille que je côtoyais tous les jours au lycée, avec qui je parlais, et les lettres pourtant faisaient entre nous un lien plus essentiel, plus profond, plus intime. Elles passaient parfois par la poste, parfois de la main à la main, et cela ne nous a jamais paru saugrenu ni absurde. Pourquoi s'écrire quand on peut se parler, quand on se parle effectivement ? Parce qu'on ne peut pas parler toujours, ni de tout, parce que la parole peut faire obstacle à la communication, parfois, ou la vouer au bavardage, parce qu'il faut prendre le temps d'être seul, d'être vrai, parce qu'il est doux de penser à l'autre en son absence, dût-on le voir le lendemain, de lui dire la place qu'il occupe dans notre vie, même quand il n'est pas là, dans notre cœur, dans notre solitude, et c'est ce que la parole ne saura jamais faire puisqu'elle l'abolit[1].

1. La parole supprime la solitude.

Parcours d'une œuvre intégrale

Fedor Dostoïevski, *Roman en neuf lettres*, 1847.

Dans ce roman épistolaire, deux joueurs de cartes, Petre Ivanovitch et Ivan Petrovitch, s'unissent pour extorquer de l'argent à Eugène Nikolaïtch, un jeune homme de petite noblesse. Pour monter cette supercherie, Petre a emprunté trois cent cinquante roubles à Ivan sans signer de reconnaissance de dette ; il évite donc de le rencontrer…

Lettre 1 — Petre Ivanovitch à Ivan Petrovitch.

Honoré Monsieur et très cher ami, Ivan Petrovitch !

Voilà déjà trois jours que je vous poursuis, pourrais-je dire, mon très cher ami, ayant besoin de vous parler pour une importante affaire, et je ne vous trouve nulle part. Hier, ma femme, en visite chez Semen Alexeïtch, faisait à votre sujet une plaisanterie assez spirituelle : elle a dit que vous et votre femme Tatiana Petrovna, vous faites un ménage de Juifs errants. Il n'y a pas trois mois que vous êtes mariés, et vous négligez déjà vos pénates. Nous avons beaucoup ri – très sympathiquement pour vous, d'ailleurs.

Mais sérieusement, mon très cher, vous m'avez donné bien du souci. Semen Alexeïtch me demandait si vous n'étiez pas au bal du club de la Société Unie. Je laisse ma femme chez Semen Alexeïtch, et je vole au club. Il y a de quoi rire et pleurer. Imaginez-vous ma situation : je vais au bal, seul, sans ma femme ! Ivan Andreïtch me rencontre dans le vestibule et, me voyant seul, en conclut aussitôt, le misérable, que j'ai pour le bal un goût passionné. Il me prend sous le bras et veut m'entraîner chez un maître à danser, me disant qu'à la Société Unie on n'avait pas la place de danser, et qu'il avait la tête fatiguée par le patchouli et le réséda. Je ne trouve ni vous, ni Tatiana Petrovna. Ivan Andreïtch me jure que vous êtes allé au *Malheur d'avoir trop d'esprit,* au théâtre Alexandrinski.

J'y vole. Là pas plus qu'ailleurs je ne vous trouve. Ce matin, je pensais vous rencontrer chez Tchistoganov. Pas du tout. Tchistoganov m'envoie chez Perepalkine. Là, la même chose. En un mot, je me suis exténué. Je vous écris, pas d'autre parti à prendre. Il ne s'agit pourtant pas de littérature dans mon affaire (vous me comprenez !). Il vaudrait mieux nous expliquer de vive voix et le plus vite possible. Je vous prie donc de venir chez moi avec Tatiana Petrovna prendre le thé. Mon Anna Mihaïlovna sera ravie de votre visite.

À propos, mon très cher ami, puisque je vous écris, je vais aussi vous rappeler certaine chose. Je suis forcé de vous faire un reproche, mon honorable ami. Vous m'avez fait une plaisanterie un peu légère… Brigand ! Vers le 15 du mois passé vous m'avez amené un de vos amis, Eugène Nikolaïtch, que vous me recommandiez chaudement – ce qui est à mes yeux le plus sacré des passeports. Je me réjouis de cette occasion de vous être agréable, j'ouvre mes bras et ma maison à votre ami. Mais je ne savais pas que ce fût une manière de me mettre la corde au cou. Une jolie affaire ! Je n'ai pas le temps de vous expliquer tout cela, et d'ailleurs ce ne sont pas des choses à écrire. Mais je vous prie, mon méchant ami, d'insinuer à votre jeune homme, délicatement, comme entre parenthèses, à l'oreille, en douceur, qu'il y a dans la capitale beaucoup d'autres maisons que la mienne. Je suis excédé, mon petit père ! Je tombe à vos pieds, comme dit mon ami Simoniewicz. Quand nous nous verrons, je vous conterai tout. Non pas que ce jeune homme ait de mauvaises manières ou des vices, non pas ! C'est un garçon charmant et aimable. Mais attendez un peu que nous puissions nous parler. En attendant, si vous le voyez, insinuez-lui donc, mon très honoré, que… Vous savez quoi, mon très honoré ami. Je l'aurais fait moi-même, mais vous connaissez mon caractère : je ne puis m'y décider, voilà ! D'ailleurs, c'est vous qui me l'avez présenté. En tout cas, ce soir nous nous expliquerons ces détails, et maintenant au revoir. Je reste, etc.

P.S. Mon petit est malade depuis huit jours, et cela va de mal en pis. Il fait ses dents. Ma femme ne le quitte pas, elle est triste. Venez donc, vous nous ferez plaisir, mon très cher ami.

Questions

1. À qui Petre Ivanovitch écrit-il ? Comment s'adresse-t-il à son destinataire* ?
2. Comparez les noms et prénoms choisis pour les deux correspondants : quelle indication l'auteur donne-t-il ainsi au lecteur ?
3. Quels événements rapporte-t-il ? Rétablissez leur chronologie.
4. Relevez les allusions à Eugène Nikolaïtch : le lecteur est-il dès le début du roman bien informé du rôle de ce personnage* dans cette histoire ?
5. Commentez le titre de l'œuvre. En quoi cette lettre fait-elle fonction d'incipit* ?

Lettre 2 — Ivan Petrovitch à Petre Ivanovitch.

Honoré Monsieur Petre Ivanovitch !

J'ai reçu hier votre lettre, je l'ai lue et suis resté très surpris. Vous m'avez cherché Dieu sait où, quand j'étais tout simplement chez moi. Jusqu'à dix heures j'ai attendu Ivan Ivanitch Tolokonov. Nous montons aussitôt en voiture, ma femme et moi ; je dépense de l'argent, je viens chez vous vers six heures et demie. Vous êtes absent ! Votre femme me reçoit. Je vous attends jusqu'à dix heures et demie. Je prends ma femme, je dépense encore de l'argent, je loue une voiture, je ramène ma femme à la maison et je vais chez les Perepalkine, espérant vous trouver là. Mes calculs sont encore déçus. Je rentre, je ne puis fermer l'œil de la nuit, tant je suis inquiet. Le lendemain matin, je frappe trois fois chez vous, à neuf heures, dix heures et onze heures. Je dépense trois fois de l'argent pour des voitures, et j'en suis pour une veste.

En lisant votre lettre, j'ai donc eu lieu de m'étonner. Vous parlez de Eugène Nikolaïtch, vous me demandez de lui insinuer… et vous ne me dites pas pourquoi. J'approuve votre prudence, mais il y a papier et papier, et moi, je ne suis pas homme à donner les papiers d'importance à ma femme pour faire des papillotes.

Enfin je ne comprends pas le sens de votre lettre. Du reste, pourquoi me mettre dans cette affaire ? Je ne fourre pas mon nez partout. Vous auriez pu lui interdire vous-même votre porte. Il faut nous expliquer d'une manière décisive, je n'ai pas de temps à perdre. D'ailleurs, je suis gêné, et je ne sais ce que je serai obligé de faire si vous négligez de vous conformer aux conditions établies entre nous. Le voyage n'est pas long, mais il coûte. Or, ma femme se lamente ; elle veut une capote en velours à la mode.

Quant à Eugène Nikolaïtch, je m'empresse de vous dire que j'ai pris des renseignements sur lui chez Pavel Semenytch Perepalkine. Il a cinq cents âmes[1] dans le gouvernement d'Yaroslav, et de sa grand-mère il en héritera trois cents de plus. Le chiffre exact de sa fortune, je l'ignore. Je pense que vous devez le connaître. Je vous

1. **Âmes** : désignait, en Russie, les serfs-paysans exploités par les grands propriétaires terriens.

prie de me donner un rendez-vous ferme. Vous avez rencontré hier Ivan Andreïtch qui vous a dit que j'étais avec ma femme au théâtre Alexandrinski ? Il en a menti.

J'ai l'honneur d'être…

P.S. Ma femme est enceinte. Elle est nerveuse et parfois mélancolique. Il arrive que, dans le théâtre, on tire des coups de fusil et l'on fait entendre des tonnerres artificiels. Vous sentez bien que je me garde de l'y conduire, pour ne pas l'effrayer. Quant à moi, je ne suis pas très amateur de spectacles.

Questions

1. Comment Ivan Petrovitch organise-t-il sa réponse pour répondre aux reproches de Petre Ivanovitch ?
2. Quelle est sa préoccupation principale ?
3. Quel portrait* fait-il de lui-même par le biais de cet écrit ? Quelle image le lecteur se fait-il de lui ?

Lettre 3 — Petre Ivanovitch à Ivan Petrovitch.

Mon très estimable ami, Ivan Petrovitch !

Je m'excuse, je m'excuse, je m'excuse mille fois, mais je me hâte de me justifier. Hier, vers six heures, nous étions en train de parler de vous (avec sympathie) quand un exprès de mon oncle Stepan Alexeïtch est venu nous apporter la nouvelle que ma tante est au plus mal. De peur d'effrayer ma femme, sans lui dire un mot de cela et prétextant une tout autre affaire, je me suis rendu chez ma tante. Je la trouve soufflant à peine. Juste à cinq heures, elle avait eu une attaque d'apoplexie, la troisième en deux ans. Karl Fedorytch, le médecin de la maison, déclare qu'elle ne passera peut-être pas la nuit. Jugez de ma position, très cher ami. J'ai passé toute la nuit debout, inquiet, abreuvé de chagrin. Au matin seulement, complètement épuisé, brisé physiquement et moralement, je me suis couché sur un divan, sans penser à dire qu'on me réveillât de bonne heure, et je n'ai rouvert les yeux qu'à onze heures et demie. Ma tante va mieux. Je me rends chez ma femme. La pauvre ! elle désespérait de me revoir ! Je mange un morceau à la hâte, j'embrasse mon enfant, je rassure ma femme et je viens chez vous : personne ! que Eugène Nikolaïtch. Je rentre chez moi, je prends la plume et je vous écris cette présente. Ne soyez pas fâché contre moi, cher ami. Prenez ma tête coupable, mais ne me gardez pas rancune. Votre épouse m'a appris que vous deviez être ce soir chez les Slavianov. J'y serai absolument, je vous attends avec impatience et je reste, etc.

P.S. Notre petit nous désole ; Karl Fedorytch lui a fait une ordonnance. Il gémit, tout hier il ne nous a pas reconnus. Aujourd'hui, il commence à reprendre connaissance et ne cesse de murmurer : Papa, Maman, bbou… Ma femme a passé la matinée dans les larmes.

Questions

1. Où en est l'action ? En quoi cette lettre est-elle comique ? Appuyez-vous sur les différentes formes de comique* que vous connaissez pour justifier votre réponse.

2. Comparez les post-scriptum des trois lettres précédentes : quelle image de père et d'époux donnent-ils des deux personnages* ?

Lettre 4 — Ivan Petrovitch à Petre Ivanovitch.

Très honoré Monsieur, Petre Ivanovitch !

Je vous écris chez vous, dans votre chambre, sur votre bureau. Voilà deux heures et demie que je vous attends. Permettez-moi de vous dire franchement, Petre Ivanovitch, mon opinion sur votre inconvenante façon d'agir. De votre dernière lettre j'ai conclu qu'on vous attendait chez les Slavianov. Vous m'invitez à m'y rendre, j'y vais, j'y reste cinq heures durant, et vous vous abstenez de vous y montrer. Est-ce que je suis un bouffon, dites ? Permettez, Monsieur…

Je viens chez vous le matin, espérant vous trouver, et sans imiter certains individus qui cherchent les gens Dieu sait où, au lieu d'aller tout simplement les demander chez eux à une heure convenable. Et vous n'êtes pas là ! Je ne sais ce qui me retient de vous dire toutes vos vérités. Vous retardez l'exécution de certaines de nos conventions, et en calculant toute cette affaire, je ne puis m'empêcher de constater que la tendance de votre esprit est extraordinairement rusée.

Je vois cela clairement aujourd'hui : vous avez machiné la chose de longue main. Je n'en veux pour preuve que cette circonstance : la semaine dernière déjà vous avez repris d'une manière illicite la lettre par laquelle vous aviez approuvé vous-même, très vaguement, il est vrai, nos conventions sur une circonstance qui vous est bien connue. Vous avez peur des preuves et vous les supprimez. Mais je ne vous permets pas de me prendre pour un sot. Je ne me considère pas encore comme tel, et tout le monde est de mon avis. J'ouvre les yeux. Vous voulez faire une diversion avec cette histoire d'Eugène Nikolaïtch, et lorsque, d'après votre propre invitation, je cherche à vous joindre, vous me fixez de faux rendez-vous et vous vous cachez. Peut-être pensez-vous me lasser ? Vous prétendiez vous reconnaître envers moi de services que vous n'avez pas oubliés en me recommandant à diverses personnes ; là-dessus, vous embrouillez si bien les affaires que vous parvenez à m'emprunter de l'argent, des sommes importantes, sans me donner de reçu – cela, il y a huit jours. Et maintenant, on ne vous voit plus ! Peut-être comptez-vous sur mon prochain voyage à Simbirsk et pensez-vous que d'ici là nous n'aurons pas le temps d'arriver à une solution. Mais je vous déclare solennellement et je vous donne ma parole d'honneur que, s'il le faut, je resterai deux mois de plus à Pétersbourg, mais je vous trouverai, je vous le jure. Je termine en vous déclarant que, si aujourd'hui vous ne me donnez satisfaction d'abord par lettre et ensuite verbalement, en tête-à-tête, si vous ne relatez pas dans votre lettre les conditions principales de nos conventions, si vous ne m'expliquez pas vos pensées à propos d'Eugène Nikolaïtch, je serai forcé de recourir à des mesures très désagréables pour vous et qui d'ailleurs me répugnent.

Permettez-moi de rester, etc.

Questions

1. Quelles intentions l'auteur* de la lettre prête-t-il à son destinataire*? Relevez les expressions qui relèvent d'un dialogue* simulé.
2. « Je termine en vous déclarant que, si aujourd'hui vous ne me donnez satisfaction d'abord par lettre et ensuite verbalement, en tête-à-tête, si vous ne relatez pas dans votre lettre les conditions principales de nos conventions, si vous ne m'expliquez pas vos pensées à propos d'Eugène Nikolaïtch, je serai forcé de recourir à des mesures très désagréables pour vous et qui d'ailleurs me répugnent. » (l. 31-35) Commentez cette dernière phrase : à quoi doit se préparer le destinataire* ? À quoi le lecteur peut-il s'attendre ?

Lettre 5 — Petre Ivanovitch à Ivan Petrovitch.

11 novembre.

Mon très cher et très estimable ami, Ivan Petrovitch !

Votre lettre m'a causé un profond chagrin. N'avez-vous pas honte, mon cher et injuste ami, d'agir ainsi avec l'homme qui vous est le plus dévoué, à la hâte, sans explication, sans crainte de me blesser ? Mais je m'empresse de répondre à vos accusations. Vous ne m'avez pas trouvé, Ivan Petrovitch, hier, parce que j'ai été appelé de la façon la plus subite au chevet de la mourante. Ma tante Evfimia Nikolaevna est morte hier soir à onze heures. J'ai été unanimement choisi pour conduire la cérémonie funèbre. J'ai eu tant à faire que je n'ai pu, ce matin, ni vous voir ni même vous écrire une ligne. Je suis navré du malentendu qui nous sépare. Et quant à ce que je disais d'Eugène Nikolaïtch en passant et par manière de plaisanterie, vous avez exagéré tout cela. L'affaire n'avait pas tant d'importance. Vous me parlez d'argent et d'inquiétudes que vous auriez à ce propos. Mais je suis prêt à satisfaire à vos désirs grossiers. Soit dit encore en passant, les trois cent cinquante roubles que j'ai pris chez vous la semaine dernière ne constituent pas un emprunt, je dois vous le rappeler. Dans ce dernier cas, vous en auriez certainement un reçu signé de moi. Je ne m'abaisse pas à discuter les autres articles de votre lettre. Tout cela est un malentendu causé par votre emportement accoutumé et, je dois le dire aussi, votre franchise naturelle. Je sais que votre caractère ouvert ne souffre aucune hésitation, vous serez le premier à me tendre la main.

Vous vous êtes trompé, Ivan Petrovitch, vous vous êtes gravement trompé !

Quoique votre lettre m'ait blessé, je suis prêt à venir vous présenter mes excuses. Mais je suis tellement accablé de soucis depuis hier que je suis mort de fatigue, et je me tiens à peine debout. Pour comble de malheur, ma femme est au lit. Je crains une maladie sérieuse. Quant à mon petit, grâce à Dieu, il est mieux.

Mais je quitte la plume… Les affaires m'appellent, un tas d'affaires ! Permettez-moi, mon très cher ami, de rester, etc.

Questions

1. La menace de la lettre précédente a-t-elle produit un effet sur Petre Ivanovitch ?

2. Montrez que l'auteur de la lettre veut à la fois émouvoir son destinataire*, le flatter, le dévaloriser et lui donner une leçon de politesse. Classez vos observations dans un tableau selon le modèle ci-dessous :

Visée	Relevé	Procédés d'écriture et analyse
• Émouvoir • Flatter • Dévaloriser • Donner une leçon de politesse	Ex. « Votre lettre m'a causé un profond chagrin. »	Adjectif hyperbolique, appel aux sentiments, registre pathétique

Lettre 6 Ivan Petrovitch à Petre Ivanovitch.

14 novembre

Très honoré Monsieur Petre Ivanovitch !

J'ai patienté trois jours. J'ai tâché d'employer utilement ce temps. Mais sentant que la politesse et l'aménité sont les premiers devoirs d'un homme civilisé, j'ai, depuis ma lettre du 10, évité de me rappeler à votre souvenir, cela en partie pour vous laisser le temps de vous acquitter de vos obligations de chrétien envers votre tante, et en partie par suite de certaines réflexions et recherches à propos d'une affaire pressante. Maintenant, je viens m'expliquer avec vous définitivement.

Je vous avoue sans ambages qu'à la lecture de vos deux premières lettres j'avais cru que vous vous mépreniez sur mes intentions. C'est pourquoi j'ai cherché à vous voir pour m'expliquer de vive voix avec vous. La plume est si trompeuse ! J'ai dû m'exprimer obscurément, et vous aurez pris le change. Vous n'ignorez pas que je suis mal au fait des bonnes manières, et que j'évite le dandysme creux et toute affectation. Une expérience déjà longue m'a appris combien l'extérieur trompe, et que la vipère se cache souvent sous les fleurs. Mais vous m'aviez compris, et si vous ne me répondiez pas comme vous le deviez, c'était par hypocrisie, étant d'avance résolu à ne pas tenir votre parole d'honneur, au risque de rompre nos relations amicales. Vous l'avez assez prouvé par votre conduite indigne à mon égard, conduite onéreuse pour mes intérêts et que je n'aurais jamais attendue de vous. Je n'y voulais pas croire jusqu'à ce jour, car, séduit au commencement de nos relations par vos manières distinguées, l'élégance de votre élocution, votre entente des affaires et des intérêts, je croyais trouver en vous un ami, un camarade véritable. Mais je vois bien que beaucoup de gens, sous des dehors d'hypocrite politesse, cachent des traits empoisonnés : ils emploient toute leur intelligence à faire au prochain le plus de tort possible. Ils craignent la plume et le papier, et, bien loin de rechercher l'utilité de la patrie et de leurs semblables, ne travaillent qu'à tromper leurs contractants.

Votre mauvaise foi, Monsieur, résulte clairement des faits.

D'abord, tandis qu'en termes nets et précis je vous décrivais, Monsieur, ma situation et vous demandais le sens de vos sous-entendus par rapport à Eugène Nikolaïtch, vous avez gardé le silence, et tout en m'irritant par vos soupçons injurieux, vous vous êtes dérobé à toute explication franche.

Après de tels innommables procédés, vous m'écrivez que tout cela vous chagrine. Enfin, quand les instants étaient pour moi si précieux, non content de vous être fait chercher dans toute la capitale, vous m'écrivez sous couleur d'amitié des lettres où, vous taisant intentionnellement sur notre affaire, vous bavardiez sur toute autre chose pour me donner le change, parlant de la maladie de votre estimable épouse, des soins consacrés par le médecin à votre enfant qui fait ses dents, revenant sur ces détails dans chacune de vos lettres avec une impertinente assiduité.

Assurément je puis admettre que les souffrances de l'enfant font souffrir l'âme paternelle. Mais pourquoi en parler, alors qu'il y avait quelque chose de plus important et de plus intéressant à m'écrire ? Je me taisais et je patientais. Mais à présent que le temps a passé, mon devoir est de m'expliquer. Enfin, vous étant joué de moi en me donnant plusieurs fois de faux rendez-vous, vous m'avez obligé à être en quelque sorte votre bouffon, votre pantin. Ce à quoi je vous prie de croire que je ne suis nullement disposé.

Vous me donnez rendez-vous sur rendez-vous, et vous n'allez à aucun, prétextant l'opportune attaque d'apoplexie de votre tante qui vous fournit ainsi un prétexte dont vous n'avez pas eu honte d'abuser. Or, j'ai appris, pendant ces trois jours, que votre tante a eu son attaque le 7 au soir, un peu avant minuit. Vous n'avez donc pas craint de profaner les saintes relations de la famille pour tromper un étranger ! Enfin, votre tante est morte juste vingt-quatre heures après la date que vous avez eu l'impudence de m'assigner…

Je n'en finirais pas si je voulais faire la somme de toutes vos supercheries. Et vous m'appelez votre ami sincère ! Cela dans le but évident, selon moi, de me donner le change.

J'arrive maintenant à votre tromperie capitale, à ce silence obstiné en ce qui concerne nos intérêts communs, à cet indigne vol de la lettre où vous aviez si vaguement expliqué nos conventions relatives à cet emprunt forcé de trois cent cinquante roubles sans reçu, et aussi à vos calomnies dirigées contre notre commun ami Eugène Nikolaïtch. Je vois bien que vous vouliez me laisser entendre qu'on ne peut rien lui extorquer, qu'il n'est, à ce point de vue, ni chair ni poisson. Quant à moi, je connais Eugène Nikolaïtch et le tiens pour un jeune homme très modeste et d'excellente conduite, qui mérite l'estime universelle.

Je sais que chaque soir, pendant quinze jours de suite, vous gagniez plusieurs dizaines et même souvent une centaine de roubles en jouant aux cartes avec Eugène Nikolaïtch. Aujourd'hui, vous niez tout cela, et non seulement vous oubliez les peines que j'ai prises pour vous, mais encore vous vous appropriez mon argent, me séduisant par de belles promesses de partager les gains, et vous vous dispensez de m'en remercier, sans scrupule de loyauté, employant même le mensonge pour salir à mes yeux un homme que j'ai introduit dans votre maison. Vous-même, pourtant, à ce que je me suis laissé dire, vous le faites passer pour le premier de vos amis, quoique vos intentions soient évidentes et que chacun sache ce que vaut votre amitié.

Je termine, ces explications me semblant suffisantes. Je conclus : si, au plus tôt, au reçu de ma lettre, vous ne me retournez pas les trois cent cinquante roubles et toutes les autres sommes qui, d'après vos promesses me reviennent, je recourrai à tous les moyens possibles pour obtenir satisfaction, dussé-je employer la force. Je vous déclare que je suis en possession de certaines pièces qui, dans les mains de votre humble serviteur, peuvent vous nuire et salir irrémédiablement votre nom.

Permettez-moi de rester, etc.

Question

Quelles informations le lecteur reçoit-il enfin sur le véritable enjeu de la querelle ?

Lettre 7 — Petre Ivanovitch à Ivan Petrovitch.

15 novembre

Ivan Petrovitch,

Au reçu de votre étrange lettre de moujik[1], j'ai pensé d'abord la déchirer en morceaux. Mais je la garde à titre de curiosité. Du reste, je regrette sincèrement les malentendus qui sont survenus entre nous. Je ne voulais même pas vous répondre, mais la nécessité m'y force. Je dois vous déclarer qu'il me serait très désagréable de vous voir jamais dans ma maison. Ma femme partage mon sentiment : elle est faible de santé, et l'odeur du goudron fatigue ses bronches. Elle renvoie à votre épouse les livres que celle-ci lui a prêtés : *Don Quichotte de la Manche* – avec sa reconnaissance. Quant à vos caoutchoucs[2], j'ai le regret de vous dire qu'on n'a pu les trouver nulle part. On les cherche et, s'ils restent introuvables, je vous en achèterai une paire.

Du reste, j'ai l'honneur d'être, etc.

1. **Moujik** : terme qui désignait, dans la Russie impériale, un paysan de rang social peu élevé. Les moujiks avaient coutume d'enduire leurs bottes de goudron.
2. **Caoutchouc** : nom donné parfois aux chaussures ou bottes en cette matière.

Question

Cette lettre est-elle une réponse à celle reçue précédemment ? Justifiez votre réponse.

Lettre 8

(Le 16 novembre, Petre Ivanovitch reçoit par la poste deux lettres. En ouvrant la première enveloppe, il en retire un billet plié dans tous les sens, un papier rose tendre. L'écriture est de sa femme, le billet est adressé à Eugène Nikolaïtch et porte la date du 2 novembre. L'enveloppe ne contient pas autre chose, Petre lit :)

Cher Eugène ! Je n'ai absolument pas pu hier. Mon mari n'est pas sorti de la soirée. Viens demain à onze heures précises. À dix heures et demie mon mari part pour Tsarskoïé et ne rentrera qu'à minuit. J'ai enragé toute la nuit durant. On te remercie pour l'envoi des nouvelles et de la correspondance. Quel tas de paperasses ! C'est donc elle qui a écrit tout cela ! D'ailleurs, ce n'est pas sans style. Merci, je vois que tu m'aimes. Ne sois pas fâché pour hier, et viens, au nom de Dieu !

A.

(Petre Ivanovitch décachette la seconde enveloppe.)

Petre Ivanovitch !

Je n'aurais, de moi-même, jamais remis les pieds chez vous ; il était inutile de noircir tant de papier pour cela.

Je partirai la semaine prochaine pour Simbirsk. Votre très cher et très honoré ami Eugène Nikolaïtch vous restera. Je vous souhaite du bonheur ! Quant aux caoutchoucs, quittez ce souci.

Lettre 9

(Le 17 novembre, Ivan Petrovitch reçoit par la poste deux lettres. En ouvrant la première enveloppe, il en retire un billet écrit à la hâte. L'écriture est de sa femme, le billet est adressé à Eugène Nikolaïtch et porte la date du 4 août. L'enveloppe ne contient pas autre chose, Ivan lit :)

Adieu, adieu, Eugène Nikolaïtch ! Que Dieu vous récompense ! Soyez heureux ! Quant à moi, mon sort est terrible. Que votre volonté soit faite ! Sans ma tante, j'aurais été toute à vous. Ne riez pas de moi, ni de ma tante. Je me marie demain. Ma tante est ravie d'avoir rencontré un bon garçon qui consente à me prendre sans dot. C'est aujourd'hui pour la première fois que je l'ai examiné. Il me paraît très bon. On me presse. Adieu ! Adieu, mon chéri ! Souvenez-vous de moi qui ne vous oublierai jamais. Adieu. Je signe cette dernière comme ma première… Vous vous rappelez ?

Tatiana.

(Dans la seconde enveloppe, Ivan Petrovitch trouve ce qui suit :)

Ivan Petrovitch ! Demain vous recevrez des caoutchoucs neufs. Je n'ai pas l'habitude de prendre quoi que ce soit dans la poche des autres. Je n'aime pas non plus ramasser dans les rues des chiffons de papier.

Eugène Nikolaïtch part, ces jours-ci, pour Simbirsk, où l'appellent les affaires de son grand-père. Il m'a prié de lui trouver un compagnon : en voulez-vous ?

Questions

1. Relevez et comparez les formules d'appel et de politesse de l'ensemble des lettres. Quelles transformations successives se sont opérées ?
2. **Étude du dénouement*.** Quelle fonction peut-on attribuer aux lettres des deux épouses ? Quelles ressources dramatiques* Dostoïevski tire-t-il de la datation de ces lettres ? Justifiez le titre, *Roman en neuf lettres*.
3. Comment le dénouement de l'intrigue renforce-t-il les observations faites au début de l'étude sur les noms des deux correspondants puis au fil de la lecture sur leur personnalité ? Citez des exemples de personnages au théâtre et au cinéma qui ressemblent à Petre et à Ivan. Quel est le registre* dominant de cette œuvre ?
4. **Écriture d'invention et mise en scène.** Réécrivez ces neuf lettres sous la forme d'une courte pièce de théâtre. Mettez en scène cette piécette.
Consignes : les personnages ont engagé une course-poursuite ; afin de préserver le registre comique du texte, ils ne doivent jamais se rencontrer.

BILAN

◎ La communication épistolaire

La lettre est un objet concret, porteur d'un message expédié dans des conditions matérielles variables. Pour le destinataire, elle est un substitut de l'auteur absent. *Ex.* **« tes deux lettres sont dans le sachet brodé ; je vais les relire quand j'aurai cacheté la mienne. » (Flaubert).**

- Elle obéit à des codes d'écriture stricts appelés **conventions.** Les lettres fonctionnelles, en particulier, ont été fortement codifiées par les nombreux « secrétaires » ou « manuels de la bienséance épistolaire ». La lettre est facilement identifiable grâce à sa mise en page : date et lieu d'envoi, adresse au destinataire, disposition en paragraphes, formule de politesse et signature.
- **Le système énonciatif** de la lettre est particulier : le jeu des pronoms, le système des temps verbaux, les indicateurs de lieu et de temps structurent l'échange discontinu entre l'émetteur et le destinataire. L'énonciation révèle les rapports entretenus entre les deux correspondants.

◎ Composition de la lettre

La tradition médiévale des clercs proposait cinq étapes dans la rédaction de la lettre : *salutatio* (salut), *benevolentiae captatio* (la quête des bonnes grâces), *narratio* (narration), *petitio* (demande ou objet du message) et *conclusio* (conclusion).

À l'époque classique, ces cinq parties ont eu tendance à se simplifier en trois étapes désignées par des termes empruntés au vocabulaire de l'éloquence : **exorde*** (prise de contact avec le destinataire), **narration*** (développement de l'objet du message) et **péroraison*** (conclusion, formules de politesse pour prendre congé). *Ex.* **Madame de Sévigné.**

Formes de la lettre

- Les lettres **privées** adressées à un ami ou un proche, ne sont pas, au départ, destinées à la publication (Les lettres de **Madame de Sévigné** ou les correspondances de **Balzac** et **Flaubert** ont été publiées après le décès des auteurs). En changeant de destinataire, la correspondance intime devient œuvre littéraire.
- Les lettres **publiques** sont écrites d'emblée pour être publiées : ce sont des manifestes ou encore des lettres ouvertes (« J'accuse » de **Zola**, publié dans l'*Aurore*).

Il faut encore distinguer les **lettres réelles (Madame de Sévigné, Balzac, Flaubert)** des **lettres fictives,** supports d'un roman épistolaire (*Roman en neuf lettres* de **Dostoïevski)** ou d'un témoignage (récit de voyage, *Le Rhin* de **Hugo**).

Fonctions de la lettre

- Elle **informe en décrivant*, en racontant* : Madame de Sévigné** rapporte des événements vécus.
- Elle **convainc* et persuade*** : la lettre ouverte, par exemple, s'inscrit d'emblée dans un débat et défend un point de vue argumenté.
- Elle **exprime des sentiments : Balzac, Flaubert** expriment leurs sentiments amoureux. La lettre favorise donc l'expression du registre **lyrique*.** Les sentiments peuvent être plus violents et exprimer la colère, le chagrin. La correspondance s'inscrit alors dans le registre **pathétique*** voire **polémique*.** L'auteur livre ainsi au lecteur, volontairement ou non, une image de lui-même.

Dans le roman épistolaire, le romancier exploite « les ressources de fonctionnement propres au moyen de transmission de l'information qu'est la **lettre**, véritable **agent dramatique***. Aussi la lettre est-elle une forme utilisée bien souvent comme **ressort de la fiction*** : moyen facile d'apporter des **informations** dans un récit, occasion de révéler les traits masqués d'un **caractère.** [...] L'emploi de la première personne offre non seulement un contact entre le personnage et le lecteur, mais met en œuvre, par ce biais, une illusion : la lettre devient **autoportrait***. » **(Geneviève Haroche-Bouzinac,** *L'Épistolaire*, Hachette, 1995).

VERS LE BAC

Napoléon Bonaparte, Lettre à Joséphine, 1796.

Le 9 mars 1796, Napoléon Bonaparte épouse Joséphine de Beauharnais, veuve d'un général dont elle a eu deux enfants (Eugène et Hortense). Il a 27 ans, elle en a 33. Nommé à la tête de l'armée d'Italie, Napoléon doit écourter sa lune de miel pour rejoindre son affectation.
Il est à Nice, à la veille de la campagne d'Italie, lorsqu'il écrit à la hâte cette lettre à sa femme. Joséphine a vouvoyé Bonaparte dans sa dernière lettre.

Nice, le 10 germinal, an IV[1]

Je n'ai pas passé un jour sans t'aimer ; je n'ai pas passé une nuit sans te serrer dans mes bras ; je n'ai pas pris une tasse de thé sans maudire la gloire et l'ambition qui me tiennent éloigné de l'âme de ma vie. Au milieu des affaires, à la tête des troupes, en parcourant les camps, mon adorable Joséphine est seule dans mon cœur, occupe mon esprit, absorbe ma pensée. Si je m'éloigne de toi avec la vitesse du torrent du Rhône, c'est pour te revoir plus vite. Si, au milieu de la nuit, je me lève pour travailler, c'est que cela peut avancer de quelques jours l'arrivée de ma douce amie, et cependant, dans ta lettre du 23 au 26 ventôse[2], tu me traites de *vous*. Vous toi-même ! Ah ! mauvaise, comment as-tu pu écrire cette lettre ! Qu'elle est froide ! Et puis, du 23 au 26, restent quatre jours ; qu'as-tu fait, puisque tu n'as pas écrit à ton mari ?...

Ah ! mon amie, ce *vous* et ces quatre jours me font regretter mon antique indifférence. Malheur à qui en serait la cause ! Puisse-t-il, pour peine et pour supplice, éprouver ce que la conviction et l'évidence (qui servit ton ami) me feraient éprouver !

L'Enfer n'a pas de supplice ! Ni les Furies[3], de serpents ! Vous ! Vous ! Ah ! Que sera-ce dans quinze jours ?...

Mon âme est triste ; mon cœur est esclave, et mon imagination m'effraie... Tu m'aimes moins ; tu seras consolée. Un jour, tu ne m'aimeras plus ; dis-le-moi ; je saurai au moins mériter le malheur... Adieu, femme, tourment, bonheur, espérance et âme de ma vie, que j'aime, que je crains, qui m'inspire des sentiments tendres

1. Le calendrier républicain ou calendrier révolutionnaire fut en vigueur de 1792 au 31 décembre 1805 ; le 10 germinal correspond au 31 mars.
2. **Ventôse** : sixième mois du calendrier républicain. 23-26 ventôse : 13-16 mars. Joséphine a commencé sa lettre le 13 et l'a achevée le 16.
3. **Furies** : divinités de l'Antiquité chargées de punir les crimes des meurtriers qu'elles poursuivent jusque dans les Enfers.

qui m'appellent à la Nature, et des mouvements impétueux aussi volcaniques que le tonnerre. Je ne te demande ni amour éternel, ni fidélité, mais seulement… *vérité*, franchise sans bornes. Le jour où tu diras « *je t'aime moins* » sera le dernier de ma vie. Si mon cœur était assez vil pour aimer sans retour, je le hacherais avec les dents. Joséphine, Joséphine ! Souviens-toi de ce que je t'ai dit quelquefois : la Nature m'a fait l'âme forte et décidée. Elle t'a bâtie de dentelle et de gaze. As-tu cessé de m'aimer ? Pardon, âme de ma vie, mon âme est tendue sur de vastes combinaisons. Mon cœur, entièrement occupé par toi, a des craintes qui me rendent malheureux… Je suis ennuyé de ne pas t'appeler par ton nom. J'attends que tu me l'écrives. Adieu ! Ah ! Si tu m'aimes moins, tu ne m'auras jamais aimé. Je serais alors bien à plaindre.

P.S. La guerre, cette année, n'est plus reconnaissable. J'ai fait donner de la viande, du pain, des fourrages ; ma cavalerie armée marchera bientôt. Mes soldats me marquent une confiance qui ne s'exprime pas ; toi seule me chagrines ; toi seule, le plaisir et le tourment de ma vie. Un baiser à tes enfants dont tu ne parles pas ! Pardi ! cela allongerait tes lettres de moitié. Les visiteurs, à dix heures du matin, n'auraient pas le plaisir de te voir. Femme !!!

Lecture (9 points)

1. Relevez dans cette lettre les marques de la forme épistolaire. Quels indices révèlent que cette lettre s'insère dans une correspondance suivie ? (2 pts)
2. Quels sentiments Napoléon exprime-t-il ? Par quels procédés se manifestent-ils ? (4 pts)
3. Quelle est la visée de cette lettre ? Quelle image le lecteur se fait-il de son auteur ? (3 pts)

Écriture d'invention (11 points)

Sujet. En tenant compte de la lettre de Napoléon, imaginez la réponse argumentée de Joséphine.

▸ Votre lettre comportera environ 25 lignes.

Activité pluridisciplinaire

Exercice. Rédigez un curriculum vitae et une lettre de motivation pour un emploi d'éducatrice familiale en réponse à l'annonce ci-dessous, parue sur Internet.

RECHERCHONS UNE ÉDUCATRICE FAMILIALE

Pour poser votre candidature, envoyez une lettre de motivation manuscrite, un CV dactylographié et une photo à :

SOS Villages d'Enfants

Service Recrutement - 6, cité Monthiers - 75009 PARIS

Un dossier de candidature et des renseignements complémentaires vous seront envoyés par courrier.

Sélectionnez, parmi les informations suivantes, ce qui vous semble pertinent.

Nous sommes le 10.06.2014. Vous vous appelez Christelle Nusbaum, vous avez trente-deux ans. Vous êtes née le 1er août 1982. Votre adresse actuelle est 10, rue du Vieux-Pont 92000 ASNIÈRES. Votre numéro de téléphone est le 03.82.22.23.23 ou le 06.21.21.58.22.
Votre adresse mail est cnusbaum@free.fr. Vous êtes célibataire et vous n'avez pas d'enfant.
Vous avez obtenu le BEPC en 1997, le BEPA Services à la personne en 2000, le Bac professionnel Services en milieu rural en 2002 au LEGTA de Vesoul. En 2004, vous avez réussi le BAFA. En mai et juin 1999, vous avez réalisé deux stages d'auxiliaire de vie dans une maison de retraite à la Résidence du Lac à Vaivre et Montoille (70). Vous avez eu un CDD de six mois en 2002 en école maternelle à Belfort (90) et un CDD de 2003 à 2004 dans un restaurant italien à Besançon (25). De 2004 à 2013, vous avez exercé dans le service de pédiatrie de l'Hôpital Saint-Jacques de Besançon (25) et vous avez assuré le suivi des loisirs des enfants malades.
Vous souhaitez aujourd'hui vous occuper au quotidien de frères et de sœurs afin de leur préserver une vie de famille : aide aux devoirs, soins, réalisation des travaux ménagers (cuisine, ménage...).
Être entourée de plusieurs enfants vous rend heureuse. Vous êtes très organisée.
Vous avez obtenu un agrément de la Direction Départementale des Affaires Sanitaires et Sociales – DDASS – du Doubs (25) en 2012 et vous avez terminé la formation Prévention et Secours Civiques de niveau 1 – PSC1 – en 2010.
Vous êtes vaccinée (Hépatite B, DTPolio).
Vous souhaitez aider des enfants à grandir et vous sentez capable de préparer des repas et des formalités administratives. Vous savez observer l'état de santé des enfants et vous êtes capable de relever les modifications de comportement, états dépressifs... et informerez les interlocuteurs concernés (psychologues, médecins pédiatres...). Vous bricolez et vous tricotez.
Vous pratiquez les arts martiaux et le yoga. Vous aimez les romans de Pierre Péju.
Vous avez voyagé en Italie et en Allemagne en 2005 et en Chine en 2013.
Vous parlez l'anglais (niveau scolaire) et vous aimez utiliser l'informatique. Vous êtes prête à vous former et à faire des stages.
Vous avez le permis B et vous disposez d'une petite voiture. Vous rêvez de déménager dans les Alpes de Haute Provence.

Pour vous aider dans votre présentation et votre rédaction, vous pouvez consulter le site **letudiant.fr**

Séquence 3

L'écriture de soi

Se connaître et se raconter

Est-ce donc la vie d'un homme ? Oui, et la vie des autres hommes aussi.
Nul de nous n'a l'honneur d'avoir une vie qui soit à lui.
Ma vie est la vôtre, votre vie est la mienne, vous vivez ce que je vis ;
la destinée est une. Prenez donc ce miroir et regardez-vous y.

Victor Hugo, Préface des *Contemplations*, 1856.

Objectifs du référentiel

1.1 **Écrire pour soi et pour les autres**
- 1.1-4 Pratiquer l'écriture d'invention
- 1.1-5 Respecter les codes de la langue écrite, utiliser des procédés stylistiques

1.2 **Échanger à l'oral : s'exprimer, écouter, réagir**
- 1.2-2 Reformuler, exposer, débattre

1.3 **Devenir un lecteur actif et critique**
- 1.3-1 Mettre des œuvres en relation avec leur contexte historique
- 1.3-4 S'interroger à partir de textes, d'œuvres, sur soi-même et sur son rapport au monde

Le Caravage (1571-1610), *Narcisse*, 1599, Galleria Nazionale d'Arte Antica, Rome.

Prélude

I – Observer et analyser un dessin de presse

Observez et décrivez ce dessin.

- Quels sont les éléments qui le composent ?
- Comment est-il construit (lignes dominantes, éléments mis en valeur, cadrage du personnage…) ?
- Aidez-vous du titre et précisez le sens du dessin.

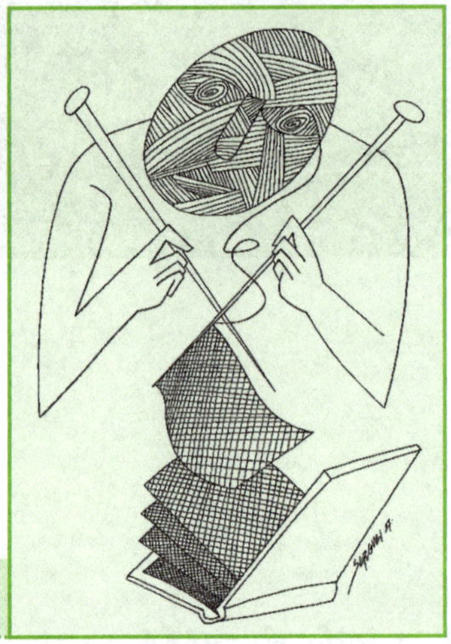

Serguei, *L'Écriture de soi*, *Le Monde*, 24 janvier 1997.

II – Réfléchir et confronter des idées

1. Lisez le texte de Marguerite Yourcenar, extrait de son autobiographie* *Souvenirs pieux*. Pourquoi éprouve-t-elle un « sentiment d'irréalité » (l. 3) quand elle pense à ce qu'elle a été enfant ?

> L'être que j'appelle moi vint au monde un certain lundi 8 juin 1903, vers les huit heures du matin, à Bruxelles [...]. Que cet enfant soit moi, je n'en puis douter sans douter de tout. Néanmoins, pour triompher en partie du sentiment d'irréalité que me donne cette identification, je suis forcée, tout comme je le serais pour un personnage historique que j'aurais tenté de recréer, de m'accrocher à des bribes de souvenirs reçus de seconde ou de dixième main [...] et que notre avidité de savoir pressure au-delà de ce qu'ils peuvent donner, ou d'aller compulser dans les mairies ou chez les notaires des pièces authentiques dont le jargon administratif et légal élimine tout contenu humain. Je n'ignore pas que tout cela est faux ou vague comme tout ce qui a été réinterprété par la mémoire de trop d'individus différents, plat comme ce qu'on écrit sur la ligne pointillée d'une demande de passeport, niais comme les anecdotes qu'on se transmet en famille, rongé par ce qui entre-temps s'est amassé en nous comme une pierre par le lichen ou du métal par la rouille. Ces bribes de faits crus connus sont cependant entre cet enfant et moi la seule passerelle viable ; ils sont aussi la seule bouée qui nous soutient tous deux sur la mer du temps.
>
> Marguerite Yourcenar, *Souvenirs pieux*, Éditions Gallimard, 1974.

2. **Débat oral.** Le dessin de Serguei et le texte de Marguerite Yourcenar abordent, chacun à sa manière, la difficulté de se raconter. Dressez la liste des obstacles qui rendent difficile pour un auteur l'écriture de sa vie. Vous-même, quels souvenirs gardez-vous de votre enfance ? D'où proviennent-ils ?

Ce que nous avons vu

L'écrivain qui choisit d'écrire son autobiographie livre au lecteur ses souvenirs, son expérience, ses émotions… Le lecteur attend de lui sincérité et objectivité*, mais il est difficile pour l'auteur de mettre de l'ordre dans les souvenirs lointains, de ne pas modifier ou réinterpréter les faits.

Lire, comparer, analyser, écrire

Texte 1 Daniel Picouly, *Le Champ de personne*, Flammarion, 1995.

Daniel Picouly évoque, sous une forme romancée, son enfance à Paris dans les années cinquante. Il s'interroge ici sur le fonctionnement de la mémoire et le sens du mot « dilettante ».

Elle est bizarre ma mémoire. « Comptoir » me fait penser à « ardoise » et « ardoise » à « carnet ». C'est comme des ricochets. Le maître d'école nous a expliqué que, dans le cerveau, chaque événement est découpé en morceaux et rangé dans des cases différentes. Parfois, les copains disent qu'il m'en manque une. C'est pour ça que je perds des bouts de souvenir et que je ricoche.

Par contre, il y a des mots que je n'oublie pas. « Dilettante », par exemple. C'est ce que le maître a écrit un jour sur mon carnet de correspondance. « Celui qui s'adonne à un art par plaisir », dit mon dictionnaire. Ça ne me rassure pas. J'ai l'impression qu'il y a autre chose de caché là-dessous. Méfiance. Les mots ressemblent à des mille-feuilles. Il ne faut pas se contenter du sucre glace. Alors, par précaution, pour le faire signer au p'pa, j'avais posé mon carnet sur la table de la cuisine et j'avais couru m'enfermer dans les cabinets.

– Sors de là !

Sûrement pas. Je joue la montre. « Sors de là ». Le père donne de la grosse voix, mais je sais qu'il ne peut pas rater le train de 6 h 09 aux Coquetiers. Même avec ses grandes jambes, ça fait une trotte. Le p'pa secoue la porte. Pourvu que la targette tienne.

– Cette fois je ne signe pas. Et ta mère non plus ! Je vais être en retard. Dilettante mon fils ! On aura tout vu. Paulette, tu ne lui signes pas son carnet non plus.

Quand le p'pa appelle la m'am « Paulette », ça annonce un gros orage. Et il connaît le sens caché de « dilettante ». Un père, ça en sait toujours plus que les dictionnaires, et ça distribue des calottes.

Questions

1. De quoi est-il question dans cet extrait ? Qui est le narrateur* ? Quelles sont les marques de sa présence dans ce récit ? Pourquoi le récit est-il tantôt au présent, tantôt au passé ?
2. Comment comprenez-vous l'expression « Dilettante mon fils ! On aura tout vu » (l. 18-19) ? En quoi confirme-t-elle les craintes de l'enfant sur le sens exact de ce terme ?
3. Quel est le registre* dominant choisi par le narrateur adulte ? Quel est l'effet produit ? Justifiez votre réponse en vous appuyant sur des éléments textuels précis.
4. Le narrateur s'efforce de raconter cette scène du point de vue de l'enfant qu'il était. Justifiez cette affirmation puis réécrivez cette scène du point de vue du narrateur adulte.
5. Comment fonctionne la mémoire selon le narrateur ? Sur quelle image s'appuie-t-il ?

Texte 2 Marcel Pagnol, *La Gloire de mon père*, Pastorelly, 1957.

Dans La Gloire de mon père, *Marcel Pagnol raconte son enfance : son frère cadet Paul et lui passent leurs étés dans la maison de campagne que louent leurs parents, en Provence. Jamais à court d'idées, les deux enfants multiplient les expériences pour découvrir la nature.*

Mon père, soucieux de l'avancement de nos études[1], nous conseilla de renoncer aux jeux inutiles : il nous recommanda l'observation minutieuse des mœurs des insectes, et de commencer par celles des fourmis car il voyait en elles le modèle du bon citoyen.

C'est pourquoi le lendemain matin, nous arrachâmes longuement les herbes et la baouco[2] autour de l'entrée principale d'une belle fourmilière. Quand la place fut bien nette, dans un rayon d'au moins deux mètres, je réussis à me glisser dans la cuisine, pendant que ma mère et ma tante cueillaient des amandes derrière la maison ; là, je volai un grand verre de pétrole, et quelques allumettes.

Les fourmis, qui ne se doutaient de rien, allaient et venaient en double colonne, comme les dockers sur la passerelle d'un navire.

Je m'assurai d'abord que personne ne pouvait nous voir, puis je versai longuement le pétrole dans l'orifice principal. Un grand désordre agita la tête de la colonne, et des dizaines de fourmis remontèrent du fond : elles couraient çà et là, éperdues, et celles qui avaient une grosse tête ouvraient et refermaient leurs fortes mandibules, en cherchant l'invisible ennemi. J'enfonçai alors dans le trou une mèche de papier. Paul réclama la gloire d'y mettre le feu, ce qu'il fit très correctement. Une flamme rouge et fumeuse s'éleva, et nos études commencèrent.

Par malheur, les fourmis se révélèrent trop aisément combustibles. Instantanément foudroyées par la chaleur, elles disparaissaient dans une étincelle. Ce petit feu

1. Le père de Marcel Pagnol est instituteur, ce qui explique qu'il se préoccupe particulièrement de leurs études.
2. **Baouco** : mot provençal qui désigne une herbe sèche poussant le long des murs.

d'artifice fut assez plaisant, mais bien court. De plus, après la sublimation des externes, nous attendîmes en vain la sortie des puissantes légions souterraines, et l'explosion bruyante de la reine, sur laquelle j'avais compté : mais rien ne parut, et il ne resta sous nos yeux qu'un petit entonnoir noirci par le feu, triste et solitaire comme le cratère d'un volcan éteint.

Cependant, nous fûmes assez vite consolés de cet insuccès par la capture de trois grands « pregadious », c'est-à-dire de trois mantes religieuses, qui se promenaient, toutes vertes, sur les branches vertes d'une verveine : beaux sujets pour l'observation scientifique.

Papa nous avait dit (avec une certaine joie laïque[3]) que la mante dite « religieuse » était un animal féroce et sans pitié ; qu'on pouvait la considérer comme « le tigre des insectes », et que l'étude de ses mœurs était des plus intéressantes.

Je décidai donc de les étudier, c'est-à-dire que, pour déclencher une bataille entre les deux plus grosses, je les présentai l'une à l'autre, les griffes en avant.

Nous pûmes alors continuer nos études par la constatation du fait que ces bestioles pouvaient vivre sans griffes, puis sans pattes, et même sans une moitié de la tête… Au bout d'un quart d'heure de ce divertissement si gracieusement enfantin, l'un des champions n'était plus qu'un buste qui, ayant dévoré la tête et le thorax de l'adversaire, s'attaquait, sans se presser, à la seconde moitié, qui remuait toujours, un peu nerveusement. Paul, qui avait le cœur bon, alla voler le petit tube de seccotine (colle même le fer) et prétendit recoller ensemble ces deux moitiés pour en refaire un entier, à qui nous pourrions rendre solennellement la liberté. Il ne put mener à bien cette opération généreuse, car le buste réussit à s'enfuir.

Mais il nous restait, dans un bocal, le troisième tigre. Je décidai de le confronter avec des fourmis, et cette heureuse idée nous permit de jouir d'un spectacle charmant.

3. Le père de Marcel n'est pas croyant et critique l'Église et ses représentants.

Questions

1. Quel est le thème* de cet extrait ? Quels sentiments éprouvent les deux frères pendant leurs expériences ?
2. Quelle est la fonction des guillemets qui encadrent ces deux expressions : « la mante dite "religieuse" » (l. 30), « on pouvait la considérer comme "le tigre des insectes" » (l. 31-32) ? Pourquoi Pagnol prend-il autant de précautions ?
3. Examinez le style de ce récit rétrospectif* : le narrateur s'exprime-t-il dans une langue enfantine ?
4. Dressez la liste des mots et expressions qui désignent les mantes religieuses ; quelles sont les deux métaphores* qui s'y cachent ? Expliquez en quoi elles sont originales.
5. Quel rôle joue Paul dans cet extrait ? En quoi son comportement, mis en scène par son aîné, fait-il sourire le lecteur ?
6. **Exercice d'écriture.** Comme Marcel Pagnol, vous avez vous aussi, en compagnie d'autres enfants, mené des expériences inoubliables. Vous évoquerez l'une d'elles dans un récit* au passé ; vous insisterez sur les émotions ressenties et embellirez le rôle que vous avez joué.

Texte 3 Michel Leiris, *L'Âge d'homme*, Éditions Gallimard, 1939.

L'Âge d'homme *est l'œuvre la plus célèbre de Michel Leiris : dans ce récit autobiographique, commencé à 29 ans alors qu'il débutait une cure psychanalytique, l'auteur raconte son enfance et sa jeunesse et évoque les Années Folles qui ont suivi la Première Guerre mondiale. Il analyse la façon dont les expériences qu'il a vécues ont influencé son caractère et sa pensée.*

Âgé de cinq ou six ans, je fus victime d'une agression. Je veux dire que je subis dans la gorge une opération qui consista à m'enlever des végétations ; l'intervention eut lieu d'une manière très brutale, sans que je fusse anesthésié. Mes parents avaient d'abord commis la faute de m'emmener chez le chirurgien sans me dire où ils me conduisaient. Si mes souvenirs sont justes, je m'imaginais que nous allions au cirque ; j'étais donc très loin de prévoir le tour sinistre que me réservait le médecin de la famille, qui assistait le chirurgien, et ce dernier lui-même. Cela se déroula, point pour point, ainsi qu'un coup manqué et j'eus le sentiment qu'on m'avait attiré dans un abominable guet-apens. Voici comment les choses se passèrent : laissant mes parents dans le salon d'attente, le vieux médecin m'amena jusqu'au chirurgien, qui se tenait dans une autre pièce en grande barbe noire et blouse blanche (telle est, du moins, l'image d'ogre que j'en ai gardée) ; j'aperçus des instruments tranchants et, sans doute, eus-je l'air effrayé car, me prenant sur ses genoux, le vieux médecin dit pour me rassurer : « Viens, mon petit coco ! On va jouer à faire la cuisine. » À partir de ce moment je ne me souviens de rien, sinon de l'attaque soudaine du chirurgien qui plongea un outil dans ma gorge, de la douleur que je ressentis et du cri de bête qu'on éventre que je poussai. Ma mère, qui m'entendit d'à côté, fut effarée.

Ce souvenir est, je crois, le plus pénible de mes souvenirs d'enfance. Non seulement je ne comprenais pas que l'on m'eût fait si mal, mais j'avais la notion d'une duperie, d'un piège, d'une perfidie atroce de la part des adultes, qui ne m'avaient amadoué que pour se livrer sur ma personne à la plus sauvage agression. Toute ma représentation de la vie en est restée marquée : le monde, plein de chausse-trapes, n'est qu'une vaste prison ou salle de chirurgie ; je ne suis sur terre que pour devenir chair à médecins, chair à canons, chair à cercueil ; comme la promesse fallacieuse de m'emmener au cirque ou de jouer à faire la cuisine, tout ce qui peut m'arriver d'agréable en attendant n'est qu'un leurre, une façon de me dorer la pilule pour me conduire plus sûrement à l'abattoir où, tôt ou tard, je dois être mené.

Questions

1. Repérez la construction de l'extrait : donnez un titre à chacun des deux paragraphes. Quel changement est opéré dans le temps des verbes ? Pourquoi ?
2. Relevez les termes appartenant aux champs lexicaux* de la violence et de la tromperie. Comment le narrateur enfant perçoit-il les adultes ?
3. Montrez, à travers les procédés de modalisation*, comment le narrateur restitue ses souvenirs dans ce récit rétrospectif*.
4. « Je ne suis sur terre que pour devenir chair à médecins, chair à canons, chair à cercueil » (l. 23-24). Sur quelle figure de style repose cette phrase ? Que dit Michel Leiris à travers cette affirmation ? Après cet épisode douloureux, devenu adulte, quel portrait fait-il de lui-même ?
5. **Travail de recherche**. Le Caravage a représenté Narcisse se mirant dans l'eau (cf. p. 49 et cahier hors-texte) ; de quel mythe s'est-il inspiré ? En quoi ce tableau illustre-t-il l'écriture autobiographique ?

Texte 4 Jean-Jacques Rousseau, *Les Confessions*, Livre I, 1765-1767.

Dans le livre I des Confessions, *œuvre autobiographique, Jean-Jacques Rousseau relate les seize premières années de sa vie. L'épisode qui suit se situe à l'époque où, adolescent, il a été placé en apprentissage chez un graveur tyrannique à Genève.*

Un souvenir qui me fait frémir encore et rire tout à la fois, est celui d'une chasse aux pommes qui me coûta cher. Ces pommes étaient au fond d'une dépense[1] qui, par une jalousie[2] élevée, recevait du jour de la cuisine. Un jour que j'étais seul dans la maison, je montai sur la maie[3] pour regarder dans le jardin des Hespérides ce précieux fruit dont je ne pouvais approcher. J'allai chercher la broche pour voir si elle pourrait y atteindre : elle était trop courte. Je l'allongeai par une autre petite broche qui servait pour le menu gibier ; car mon maître aimait la chasse. Je piquai plusieurs fois sans succès ; enfin je sentis avec transport[4] que j'amenais une pomme. Je tirai très doucement : déjà la pomme touchait à la jalousie : j'étais prêt à la saisir. Qui dira ma douleur ? La pomme était trop grosse, elle ne put passer par le trou. Que d'inventions ne mis-je point en usage pour la tirer ! Il fallut trouver des supports pour tenir la broche en état, un couteau assez long pour fendre la pomme, une latte pour la soutenir. À force d'adresse et de temps je parvins à la partager[5], espérant

1. **Dépense** : pièce où l'on conserve les aliments.
2. **Jalousie** : sorte de fenêtre grillagée.
3. **Maie** : huche à pain.
4. **Avec transport** : avec enthousiasme.
5. **Partager** : couper en deux.

tirer ensuite les pièces l'une après l'autre ; mais à peine furent-elles séparées qu'elles tombèrent toutes deux dans la dépense. Lecteur pitoyable[6], partagez mon affliction.

Je ne perdis point courage ; mais j'avais perdu beaucoup de temps. Je craignais d'être surpris ; je renvoie au lendemain une tentative plus heureuse, et je me remets à l'ouvrage tout aussi tranquillement que si je n'avais rien fait, sans songer aux deux témoins indiscrets qui déposaient contre moi dans la dépense.

Le lendemain, retrouvant l'occasion belle, je tente un nouvel essai. Je monte sur mes tréteaux, j'allonge la broche, je l'ajuste ; j'étais prêt à piquer… Malheureusement le dragon ne dormait pas ; tout à coup la porte de la dépense s'ouvre : mon maître en sort, croise les bras, me regarde et me dit : « Courage ! »… La plume me tombe des mains.

Bientôt, à force d'essuyer de mauvais traitements, j'y devins moins sensible ; ils me parurent enfin une sorte de compensation du vol, qui me mettait en droit de le continuer. Au lieu de retourner les yeux en arrière et de regarder la punition, je les portais en avant et je regardais la vengeance.

Je jugeais que me battre comme fripon, c'était m'autoriser à l'être. Je trouvais que voler et être battu allaient ensemble, et constituaient en quelque sorte un état, et qu'en remplissant la partie de cet état qui dépendait de moi, je pouvais laisser le soin de l'autre à mon maître. Sur cette idée je me mis à voler plus tranquillement qu'auparavant. Je me disais : « Qu'en arrivera-t-il enfin ? Je serai battu. Soit : je suis fait pour l'être. »

6. **Lecteur pitoyable** : qui sait avoir pitié.

Questions

1. Combien de parties composent cet épisode ? Résumez-les.
2. Quels temps le narrateur* emploie-t-il pour évoquer ses souvenirs ? Commentez les différentes valeurs du présent.
3. Recherchez le mythe* du jardin des Hespérides : à qui se compare Rousseau enfant lors de cet épisode ? Pourquoi nomme-t-il son maître « le dragon » (l. 22) ? Quelle image veut-il donner de lui-même ?
4. À la suite de cette chasse aux pommes manquée, comment le narrateur se voit-il désormais ?
5. **Débat oral.** Dans quelle mesure enfants et adolescents sont-ils conditionnés par les attentes et les jugements des adultes ?

Parcours d'une œuvre intégrale

Hélène Berr, *Journal 1942-1944*, Tallandier, 2008.

Hélène Berr, jeune étudiante juive, débute en 1942 l'écriture d'un journal intime, rendu aujourd'hui public. Elle y consigne à la fois le quotidien tragique du peuple juif à Paris sous l'Occupation, et ses émois de jeune femme qui découvre l'amour et l'amitié. Déportée à Auschwitz avec ses parents, elle meurt en 1945 à Bergen-Belsen, quelques jours avant la libération du camp. Pendant soixante ans, le manuscrit de son journal est resté au sein de sa famille mais, en 2002, il a été confié au Mémorial de la Shoah avant d'être publié en 2008.

Le projet « autobiographique »

Hélène Berr évoque à plusieurs reprises le besoin, voire la nécessité, qu'elle éprouve à écrire. C'est notamment le cas le samedi 18 juillet 1942 et le 10 octobre 1943.

Samedi 18 juillet

Je note les faits, hâtivement, pour ne pas les oublier, parce qu'il ne *faut pas* oublier.

10 octobre

Je recommence ce journal ce soir après un an d'interruption. Pourquoi ?

Aujourd'hui, en rentrant de chez Georges et Robert, j'ai été brusquement la proie d'une impression : qu'il fallait que j'écrive la réalité. Rien que ce retour depuis la rue Marguerite était un monde de faits et de pensées, d'images, et de réflexions. De quoi faire un livre. [...]

Et pourtant il y a mille raisons qui m'empêchent d'écrire et qui me tiraillent encore à cette heure, et qui m'entraveront encore demain et les autres jours.

D'abord une espèce de paresse qui sera dure à vaincre. Écrire, et écrire comme je le veux, c'est-à-dire avec une sincérité complète, en ne pensant jamais que d'autres liront afin de ne pas fausser son attitude, écrire toute la réalité et les choses tragiques que nous vivons en leur donnant toute la gravité nue sans déformer par les mots, c'est une tâche très difficile et qui exige un effort constant.

Il y a ensuite une répugnance très grande à se concevoir comme « quelqu'un qui écrit », parce que pour moi, peut-être à tort, écrire implique un dédoublement de la personnalité, sans doute une perte de spontanéité, une abdication (mais ces choses-là sont peut-être des préjugés).

Puis il y a aussi l'orgueil. Et cela, je n'en veux pas. L'idée que l'on puisse écrire pour les autres, pour recevoir les éloges des autres, me fait horreur.

Peut-être y a-t-il aussi le sentiment que les « autres » ne vous comprennent pas à fond, qu'ils vous souillent, qu'ils vous mutilent, et qu'on se laisse avilir comme une marchandise.

Inutilité ?

Et par moments aussi, le sens de l'inutilité de tout cela me paralyse. Quelquefois je doute, et je me dis que ce sens de l'inutilité n'est qu'une forme d'inertie et de paresse, car en face de tous ces raisonnements se dresse une grande raison qui, si je me convaincs de sa validité, deviendra décisive : j'ai un devoir à accomplir en écrivant, car il faut que les autres sachent. À chaque heure de la journée se répète la douloureuse expérience qui consiste à s'apercevoir que les autres ne savent pas, qu'ils n'imaginent même pas les souffrances d'autres hommes, et le mal que certains infligent à d'autres. Et j'essaye toujours de faire ce pénible effort de *raconter*. Parce que c'est un devoir, c'est peut-être le seul que je puisse remplir. [...]

Il faudrait donc que j'écrive pour pouvoir plus tard montrer aux hommes ce qu'a été cette époque, je sais que beaucoup auront des leçons plus grandes à donner, et des faits plus terribles à dévoiler. Je pense à tous les déportés, à tous ceux qui gisent en prison, à tous ceux qui auront tenté la grande expérience du départ. Mais cela ne doit pas me faire commettre une lâcheté, chacun dans sa petite sphère peut faire quelque chose. Et s'il le peut, il le *doit*.

Questions

1. Relevez et reformulez les raisons qui poussent Hélène Berr à écrire. Son projet correspond-il à celui que l'on attend d'un journal intime ? Quels procédés mettent en évidence le caractère nécessaire de l'écriture ?
2. Montrez que le lexique, la structure et l'enchaînement des phrases témoignent d'un travail minutieux d'analyse. Quels problèmes récurrents de l'écriture autobiographique Hélène Berr soulève-t-elle ici ?
3. Hélène Berr emploie à plusieurs reprises l'expression « les autres » : à quelles personnes renvoie cette expression ?
4. En quoi le journal intime d'Hélène Berr s'affirme-t-il comme un témoignage capital et universel ?

Humiliations

À travers son journal intime, Hélène Berr livre le quotidien des Juifs sous l'Occupation allemande ; elle décrit notamment les multiples brimades et privations de libertés qui ont précédé les déportations. Ces trois extraits évoquent la question du port de l'étoile jaune.

Jeudi 4 juin 1942

Chez Mme Jourdan, j'ai rencontré… avec qui nous avons discuté la question de l'insigne. À ce moment-là, j'étais décidée à ne pas le porter. Je considérais cela comme une infamie et une preuve d'obéissance aux lois allemandes.

Ce soir, tout a changé à nouveau : je trouve que c'est une lâcheté de ne pas le faire, vis-à-vis de ceux qui le feront.

Seulement si je le porte, je veux toujours être très élégante et très digne, pour que les gens voient ce que c'est. Je veux faire la chose la plus courageuse. Ce soir, je crois que c'est de le porter.

Seulement où cela peut-il nous mener ? […]

Lundi soir

Mon dieu, je ne croyais pas que ce serait si dur.

J'ai eu beaucoup de courage toute la journée. J'ai porté la tête haute, et j'ai si bien regardé les gens en face qu'ils détournaient les yeux. Mais c'est dur.

D'ailleurs la majorité des gens ne regarde pas. Le plus pénible, c'est de rencontrer d'autres gens qui l'ont. Ce matin, je suis partie avec Maman. Deux gosses dans la rue nous ont montrées du doigt en disant : « Hein ? T'as vu ? Juif ». […]

Dans l'autobus, il y avait une femme, une *maid* (domestique) probablement qui m'avait déjà souri avant de monter et qui s'est retournée plusieurs fois pour sourire ; un monsieur chic me fixait : je ne pouvais pas deviner le sens de ce regard mais je l'ai regardé fièrement.

Je suis repartie pour la Sorbonne ; dans le métro, encore, une femme du peuple m'a souri. Cela a fait jaillir les larmes à mes yeux, je ne sais pourquoi.

Mardi 9 juin

Aujourd'hui, cela a été encore pire qu'hier.

Je suis éreintée comme si j'avais fait une promenade de cinq kilomètres. J'ai la figure tendue par l'effort que j'ai fait tout le temps pour retenir des larmes qui jaillissaient je ne sais pourquoi. […]

Il y a d'abord eu deux petites filles avenue de la Bourdonnais qui m'ont montrée du doigt. Puis au métro à l'École Militaire (quand je suis descendue, une dame m'a dit « Bonjour mademoiselle »), le contrôleur m'a dit : « Dernière voiture. » Alors c'était vrai le bruit qui avait couru hier. Cela a été comme la brusque réalisation d'un mauvais rêve. […] Je suis arrivée dans la grande cour de la Sorbonne à deux heures tapantes. […] J'ai souffert là dans cette cour ensoleillée de la Sorbonne, au milieu de tous mes camarades. Il me semblait brusquement que je n'étais plus moi-même, que tout était changé, que j'étais devenue une étrangère, comme si j'étais en plein cauchemar. Je voyais autour de moi des figures connues, mais je sentais leur peine et leur stupeur à tous. C'était comme si j'avais eu une marque au fer rouge sur le front.

Questions

1. Quelle raison pousse Hélène Berr à porter l'étoile jaune ? En quoi est-ce un acte à la fois héroïque et dangereux ?
2. Hélène Berr vit des événements terribles : comment le traduit-elle dans l'écriture ?
3. Comment comprenez-vous « Il me semblait brusquement que je n'étais plus moi-même, que tout était changé, que j'étais devenue une étrangère, comme si j'étais en plein cauchemar » (l. 35-37) ? Quel éclairage historique le tract de 1940 et l'ordonnance de 1942 ci-après apportent-ils ?

Faites-leur porter l'étoile de David ! Comme nos pères, nous devons mettre fin à leurs abominables trafics ! Révisons d'abord les naturalisations ! Appliquons-leur le statut des étrangers ! Saisissons leurs biens au profit des victimes de la guerre et des sinistrés ; et obligeons-les à porter enfin – bien en évidence sur leurs vêtements – le signe distinctif de leur véritable identité... Du jaune sur leurs habits, d'urgence, si nous ne voulons pas, comme le disait notre Edmond de Goncourt, être bientôt nous-mêmes « domestiqués et ilotisés » !

▲ ***Tract distribué dans la rue, 1940.***

Huitième ordonnance, du 29 mai 1942, concernant les mesures contre les Juifs. ▼

I. *Il est interdit aux Juifs, dès l'âge de six ans révolus, de paraître en public sans porter l'étoile juive.*

II. *L'étoile juive est une étoile à six pointes ayant les dimensions de la paume d'une main et les contours noirs. Elle est en tissu jaune et porte, en caractères noirs, l'inscription « Juif ». Elle devra être portée bien visiblement sur le côté gauche de la poitrine, solidement cousue sur le vêtement.*

Rencontre

Hélène Berr vit une époque tragique. Elle n'en reste pas moins une jeune femme joyeuse, passionnée par la nature, la littérature et la musique. Elle découvre l'amour avec un jeune homme : Jean Morawiecki (J.-M.).

Samedi 15 août 1942

[...] Je suis allée avec J.-M. cueillir des fruits dans le verger là-haut. Lorsque j'y repense, j'ai l'impression d'un enchantement. L'herbe inondée de rosée, le ciel bleu et le soleil qui faisait étinceler les gouttes de rosée, et la joie qui m'inondait. Le verger a toujours produit cette impression sur moi. Mais, ce matin-là, j'étais complètement heureuse.

Après le déjeuner, nous sommes allés nous promener sur le plateau, vers Bazemont.

Mais, tout l'après-midi, j'ai été obsédée par l'heure, par l'impression que cela allait finir. Je lui ai fait visiter la maison juste avant de partir.

Le voyage de retour a été merveilleux. À la gare, il m'a demandé très vite s'il me revoyait lundi ; prise de court, j'ai accepté. Cela me donnait d'ailleurs un point lumineux très proche après-demain.

Lundi 7 septembre

J'avais rendez-vous avec J.-M. à la bibliothèque à trois heures. Elle était pleine de monde. Il était assis au fond, en face de Mondoloni. J'ai eu l'impression de sortir d'un autre monde. [...]

Nous sommes partis tous les deux, rue de l'Odéon, puis chez Klincksieck, chez Budé ; et rentrés ici, où nous avons goûté avec Denise en écoutant un concerto de Schumann et la symphonie de Mozart. Mais les heures passent trop vite. Je me suis penchée au balcon ; depuis deux jours, il fait un temps ravissant d'automne. Le ciel est d'une luminosité si douce qu'il vous remplit de nostalgie. J'avais envie de saisir l'insaisissable. Tout est si irréel et nous parlons si peu de la vraie chose que, par moments, je crois qu'il n'y a rien.

Lundi 14 septembre

C'est lorsque je ne prévois pas les choses qu'elles sont les plus belles. Toute ma vie je me souviendrai de cet après-midi, si rempli. Je suis allée avec lui à Saint-Séverin, puis nous avons erré sur les quais, nous nous sommes assis dans le petit jardin qui est derrière Notre-Dame. Il y avait une paix infinie.

Mais nous avons été chassés par le gardien à cause de mon étoile. Comme j'étais avec lui, je n'ai pas réalisé cette blessure et nous avons continué à marcher sur les quais.

À la fin, l'orage qui menaçait a éclaté. C'est de cet orage que je me souviendrai, du bruit des cataractes de pluie qui déferlaient sur les marches des Tuileries, du ciel sombre, et des éclairs roses ; je serais restée des siècles ainsi.

Questions

1. À quoi Hélène Berr, découvrant l'amour, est-elle particulièrement sensible ? Quel registre* utilise-t-elle pour évoquer les moments vécus avec J.-M. ?
2. Commentez la phrase suivante : « C'est de cet orage que je me souviendrai, du bruit des cataractes de pluie qui déferlaient sur les marches des Tuileries, du ciel sombre, et des éclairs roses ; je serais restée des siècles ainsi. » (l. 33-35). Quel pouvoir Hélène Berr attribue-t-elle à l'amour ?
3. En vous appuyant sur les trois extraits proposés, montrez que cet amour naissant est constamment menacé.
4. **Exercice d'écriture.** Malgré la gravité des événements, Hélène Berr évoque des moments heureux passés en compagnie d'amis ou de J.-M. ; elle célèbre la beauté de ces instants de bonheur simples qui l'ont aidée à vivre. Racontez, sous la forme du journal intime*, un souvenir récent et heureux dont vous avez déjà la nostalgie.

BILAN

*Étymologiquement, l'**autobiographie*** est le récit que l'on fait soi-même de sa propre vie. Trois termes grecs composent ce mot :* auto *(soi-même),* bio *(vie),* graphein *(écrire). Philippe Lejeune, dans* Le Pacte autobiographique *(Le Seuil, 1975) en donne une définition précise : « Récit rétrospectif en prose qu'une personne réelle fait de sa propre existence, lorsqu'elle met l'accent sur sa vie individuelle, en particulier sur l'histoire de sa personnalité. »*

◎ La situation d'énonciation*

Dans l'autobiographie, l'auteur, le narrateur et le personnage principal sont une seule et même personne qui assume la responsabilité de l'énoncé.

- On repère les marques de sa présence à travers des pronoms personnels, pronoms et adjectifs possessifs à la 1re personne : « je réussis à me glisser dans la cuisine, pendant que ma mère et ma tante cueillaient des amandes derrière la maison. » **(Pagnol)**
- On peut aussi repérer les marques de la présence du lecteur, pronom personnel de 2e personne : « Lecteur pitoyable, partagez mon affliction. » **(Rousseau)**

◎ Les temps du récit autobiographique

Les temps du récit

La narration est au passé. L'auteur joue avec l'alternance imparfait/passé simple : « Un jour que j'étais seul dans la maison, je montai sur la maie pour regarder dans le jardin des Hespérides ce précieux fruit dont je ne pouvais approcher. » **(Rousseau)**

Les différentes valeurs du présent

- Le narrateur peut utiliser le **présent de narration*** pour rendre plus vivant le souvenir : « tout à coup la porte de la dépense s'ouvre : mon maître en sort, croise les bras, me regarde et me dit : "Courage !"... » **(Rousseau)** Il réduit ainsi la distance entre le moment où il écrit et le moment où ont lieu les événements et retrouve parfois son langage d'enfant.
- Dans le récit autobiographique, le passé des souvenirs et le présent de l'écriture se croisent. Celui qui raconte est en même temps celui qui est raconté. En effet, le narrateur adulte relate et analyse les émotions et les événements vécus par l'enfant-personnage : « Si mes souvenirs sont justes, je m'imaginais que nous allions au cirque. » **(Leiris)** Le **présent d'énonciation*** permet de prendre de la distance par rapport au souvenir.
- Le narrateur fait un bilan de sa vie et utilise dans ce cas le **présent à valeur de vérité générale*** : « le monde, plein de chausse-trapes, n'est qu'une vaste prison ou salle de chirurgie [...]. » **(Leiris)**

◎ La visée argumentative

Pour convaincre son lecteur, l'auteur s'engage à dire la vérité. Ce pacte* peut être implicite ou explicite comme dans les *Confessions* de **Rousseau** : « [...] je dirai chaque chose comme je la sens, comme je la vois, sans recherche, sans gêne [...] ».

Mais ce projet d'écriture fondé sur un gage d'authenticité est cependant doublement compromis :

- par le fonctionnement même de la mémoire qui nuit à l'exactitude du récit rétrospectif. **Yourcenar** évoque des « bribes de souvenirs » et **Picouly** nous confie : « Elle est bizarre ma mémoire [...] je perds des bouts de souvenir et [...] je ricoche. » ;
- par le projet de l'auteur adulte qui, à travers l'histoire de sa vie, cherche au moment où il écrit, à se définir et à justifier ce qu'il est devenu comme **Rousseau** : « Je jugeais que me battre comme fripon, c'était m'autoriser à l'être. »

◎ Les formes de l'écriture de soi

- **Les mémoires** : autobiographie qui revient, au travers d'une histoire personnelle, sur l'Histoire et la politique d'une époque. *Ex. Mémoires d'une jeune fille rangée*, **Beauvoir** ;
- **Les confessions** : autobiographie dans laquelle l'auteur revient, en s'efforçant d'être sincère, sur les faits marquants d'une vie et les erreurs commises. *Ex. Les Confessions*, **Rousseau** ;
- **Le roman autobiographique** : récit dans lequel le personnage/narrateur emprunte de nombreux traits de caractère à l'auteur. *Ex. Adolphe*, **Constant** ; *Du Côté de chez Swann*, **Proust** ; *L'Enfant*, **Vallès** ;
- **L'autofiction** : récit où l'auteur affiche clairement son intention d'imaginer pour raconter sa vie. *Ex. W ou le souvenir d'enfance*, **Perec** ; *L'Amant*, **Duras** ;
- **Le journal intime** : récit daté et écrit au fil des jours qui témoigne des moments vécus et des choses vues. Il n'est pas, en principe, destiné à la publication mais permet à l'auteur d'analyser ses pensées et ses sentiments. *Ex. Le Journal* d'**Hélène Berr**.

◎ Les thèmes traités dans l'écriture de soi

Ils sont très variés puisqu'ils dépendent du projet de l'auteur. On peut cependant relever des constantes :

- l'enfance et l'école ;
- la découverte de l'amour et de l'amitié ;
- la souffrance (physique ou morale) ;
- les troubles de l'histoire ;
- la vocation en général et plus particulièrement littéraire ;
- le plaisir des mots (la lecture comme l'écriture).

◎ Les différents registres

À ces différentes thématiques correspondent différents registres* choisis par l'auteur pour reconstruire et analyser ses souvenirs : épique* (les expériences de **Pagnol**), comique* (les craintes de **Picouly**) ou encore lyrique* et pathétique* (les sentiments d'**Hélène Berr**).

VERS LE BAC

Simone de Beauvoir, *Mémoires d'une jeune fille rangée*, Éditions Gallimard, 1958.

Simone de Beauvoir (1908-1986) fut à la fois romancière, philosophe, mémorialiste, épistolière et essayiste. Elle a partagé la vie du philosophe Jean-Paul Sartre. Très engagée dans les combats de son époque (l'anti-colonialisme, le féminisme, l'existentialisme…), elle a participé au mouvement de libération des femmes dans les années 1970.

Mémoires d'une jeune fille rangée évoque l'enfance et les années de formation de Simone de Beauvoir.

Toucher aux fleurs du jardin était un crime dont je ne méconnaissais pas la gravité ; mais je ne l'avais pas commis, et je protestai. Tante Alice ne me crut pas. Tante Lili me défendit avec feu. Elle était la déléguée de mes parents, mon seul juge ; Tante Alice, avec son vieux visage moucheté, s'apparentait aux vilaines fées qui persécutent les enfants ; j'assistai complaisamment au combat que les forces du bien livraient à mon profit contre l'erreur et l'injustice. À Paris, parents et grands-parents prirent avec indignation mon parti, et je savourai le triomphe de ma vertu.

Protégée, choyée, amusée par l'incessante nouveauté des choses, j'étais une petite fille très gaie. Pourtant, quelque chose clochait puisque des crises furieuses me jetaient sur le sol, violette et convulsée. J'ai trois ans et demi, nous déjeunons sur la terrasse ensoleillée d'un grand hôtel – c'était à Divonne-les-Bains ; on me donne une prune rouge et je commence à la peler. « Non », dit Maman ; et je tombe en hurlant sur le ciment. Je hurle tout au long du boulevard Raspail parce que Louise m'a arrachée du square Boucicaut où je faisais des pâtés. Dans ces moments-là, ni le regard orageux de Maman, ni la voix sévère de Louise, ni les interventions extra-ordinaires de Papa ne m'atteignaient. Je hurlais si fort, pendant si longtemps, qu'au Luxembourg on me prit quelquefois pour une enfant martyre. « Pauvre petite ! » dit une dame en me tendant un bonbon. Je la remerciai d'un coup de pied. Cet épisode fit grand bruit ; une tante obèse et moustachue, qui maniait la plume, le raconta dans *La poupée modèle*. Je partageais la révérence[1] qu'inspirait à mes parents le papier imprimé : à travers le récit que me lisait Louise, je me sentis un personnage ; peu à peu cependant, la gêne me gagna. « La pauvre Louise pleurait souvent amèrement en regrettant ses brebis », avait écrit ma tante. Louise ne pleurait jamais ; elle ne

1. **Révérence : respect.**

possédait pas de brebis, elle m'aimait : et comment peut-on comparer une petite fille à des moutons ? Je soupçonnai ce jour-là que la littérature ne soutient avec la vérité que d'incertains rapports.

Je me suis souvent interrogée sur la raison et le sens de mes rages. Je crois qu'elles s'expliquent en partie par une vitalité fougueuse et un extrémisme auquel je n'ai jamais tout à fait renoncé. Poussant mes répugnances jusqu'au vomissement, mes convoitises jusqu'à l'obsession, un abîme séparait les choses que j'aimais et celles que je n'aimais pas. [...] Jamais je ne me suis emportée contre un objet. Mais je refusais de céder à cette force impalpable : les mots ; ce qui me révoltait c'est qu'une phrase négligemment lancée : « Il faut... il ne faut pas », ruinât en un instant mes entreprises et mes joies. L'arbitraire des ordres et des interdits auxquels je me heurtais en dénonçait l'inconsistance ; hier, j'ai pelé une pêche : pourquoi pas cette prune ? pourquoi quitter mes jeux juste à cette minute ? Partout je rencontrais des contraintes, nulle part la nécessité.

Lecture (9 points)

1. a. Analysez la situation d'énonciation de ces *Mémoires* : qui parle ? À qui ? Justifiez votre réponse en vous appuyant sur le texte et sur le paratexte. (2 pts)

   b. Quelles sont les deux formes de discours en présence ? Pourquoi le dernier paragraphe se distingue-t-il des deux autres ? (1 pt)

2. Quelles sources d'information la narratrice utilise-t-elle pour restituer ses souvenirs d'enfant ? Comment fait-elle revivre l'ampleur de sa colère ? (3 pts)

3. Devenue adulte, quels arguments l'auteure avance-t-elle pour expliquer « la raison et le sens de [ses] rages » (l. 27) ? Quel portrait fait-elle d'elle-même ? (3 pts)

Écriture d'invention (11 points)

Sujet. « Toucher aux fleurs du jardin était un crime dont je ne méconnaissais pas la gravité ; mais je ne l'avais pas commis, et je protestai. Tante Alice ne me crut pas. Tante Lili me défendit avec feu. » (l. 1-3)

▸ Écrivez le dialogue dans lequel s'affrontent tante Alice et tante Lili pour accuser ou défendre la petite fille.

Votre texte comportera 25 lignes environ.

Perspectives

Philippe Lejeune, « *Cher écran…* », *Journal personnel, ordinateur, internet*, Seuil, 2000.

Peut-on parler à son ordinateur comme on parlait à son « cher cahier » ?
Philippe Lejeune poursuit son étude des écritures de soi en lançant des enquêtes sur la pratique du journal personnel sur ordinateur. Lettres reçues en réponse à l'enquête, extraits de journaux « en ligne » sur Internet accompagnent cette réflexion sur le moi et les nouveaux médias.

« Cher écran… »

Ceux qui disent « cher cahier » n'arrivent pas à comprendre qu'on puisse tutoyer un ordinateur. Et pourtant ce n'est pas plus ridicule ! Ni moins ! Dans cette opération métonymique, l'ordinateur a même plus d'atouts ! Le cahier est inerte, plat, il appartient à la nature inanimée, c'est un fantôme de lettre, un ersatz de livre. L'ordinateur a plus de relief et de personnalité. C'est un organisme vivant qui s'allume et qui s'éteint, vous joue des tours, vous surveille… Je laisse Pascale vous expliquer :

« *Écrire son journal sur l'ordinateur, c'est facile pour moi. Il y a un semblant de réponse qui tient à l'environnement virtuel. Il y a partage saturé d'obsessionnalité qui me permet de me classer, me peser, me ranger dans ce qui ressemble parfois (ma vie) à un trou noir, un défilé de comète. Il y a sur l'écran une invite à l'écriture en tant qu'elle est ordonnatrice. Il y a un environnement physique : couleurs de l'écran, scintillements, ronronnements, clignotement du curseur, qui ressemble à de la vie et fait se sentir moins seul…* »

C'est évident : l'ordinateur est un chat. L'animal fétiche des écrivains.

Trace

Que reste-t-il de moi, si je n'écris pas à la main ? Pendant longtemps, l'écriture a été une pratique collective, à laquelle l'individu n'imprimait guère sa marque. Ce n'est qu'à partir du XIXe siècle qu'elle s'est individualisée et même autobiographiée.

Distance

L'ordinateur est crédité d'une sorte d'écoute thérapeutique qui décante ce qu'on a à dire, qui permet, grâce à la neutralité de la typographie, de s'objectiver, d'échapper à soi, de se mettre à distance. […] Sandra dit, très vite, l'essentiel :

« *l'écriture nous attache toujours à nous : qu'il est dur de s'objectiver, de se voir au travers d'un prisme qui nous contient encore ! Tandis que l'ordinateur, lui, ne nous contient pas : il est neutre, il est le même pour tous. Par conséquent, à mon sens du moins, il facilite la tâche de quiconque cherche péniblement à être.*

De surcroît, sur l'écran, on se formule en face et non plus en bas, comme on le fait avec la plume : on lutte donc avec soi, d'égal à égal, et non plus en position de faiblesse. Je crois qu'inconsciemment cela rend les choses moins douloureuses. Et un véritable dialogue s'instaure entre l'être-écrit en face, et imprimé en caractères neutres, et l'écrivant malade en quête d'identité, qui ne se cherche plus la tête penchée, englué dans son écriture intime. »

Correction

Le traitement de texte, comme la peinture à l'huile, permet de retravailler indéfiniment sans qu'il en reste trace […] Si ma phrase est mal engagée, si je radote, si telle assonance est désagréable, hop, un coup d'éponge, je recommence – et alors ? La seule règle à observer, c'est que le travail se fasse au moment de l'écriture, le jour même et non plus tard. […] À mes yeux, le prix de mon journal tient à son historicité. Bêtises, maladresses, mauvaise foi, prennent valeur d'être « du jour » comme les œufs frais.

Séquence 4

La poésie lyrique

Quand la musique des mots chante la douleur d'aimer

Avec elle, dont l'amour, seul, le réchauffait,
l'humanisait, il pensait autrement qu'à lui-même.
Czeslaw Milosz, *Orphée et Eurydice*, Revue Esprit, juin 2003.

Objectifs du référentiel

1.1 **Écrire pour soi et pour les autres**
- 1.1-4 Pratiquer l'écriture d'invention
- 1.1-5 Respecter les codes de la langue écrite, utiliser des procédés stylistiques

1.2 **Échanger à l'oral : s'exprimer, écouter, réagir**
- 1.2-1 Mettre en voix
- 1.2-4 Maîtriser les procédés de la parole efficace

1.3 **Devenir un lecteur actif et critique**
- 1.3-3 Analyser la dimension symbolique d'un personnage, d'une situation, d'une œuvre
- 1.3-4 S'interroger à partir de textes, d'œuvres, sur soi-même et son rapport au monde
- 1.3-5 Repérer, identifier et apprécier des procédés d'écriture

Alexandre Séon (1855-1917), *Lamentation d'Orphée*, vers 1896, Musée d'Orsay, Paris.

Prélude

Découvrir un mythe* : le mythe d'Orphée

I – Rechercher, comparer et analyser

Qui est Orphée ? Pourquoi son histoire constitue-t-elle un mythe* ? Pourquoi associe-t-on ce personnage à la création poétique et au lyrisme* ?

Observer et analyser des images

1. Le mythe d'Orphée a inspiré de nombreux artistes, musiciens, peintres, cinéastes.
   Observez les tableaux (p. 67 et 69 et cahier hors-texte) et retrouvez à quel moment de la vie d'Orphée ils correspondent. Justifiez votre réponse en citant des détails précis.
2. Le lyrisme est l'expression de sentiments intenses, l'amour, la douleur liée au deuil, au temps qui passe, à la difficulté de vivre.
   Relevez, dans chacun des tableaux, des éléments permettant d'illustrer cette définition.
3. **Exercice d'écriture.** Par groupe, rédigez un texte racontant le mythe d'Orphée en une vingtaine de lignes.

Nicolas Poussin (1594-1665), *Orphée et Eurydice*, 1650-1653, Musée du Louvre, Paris.

François Perrier (1590-1650), *Orphée devant Pluton et Proserpine*, vers 1650, Musée du Louvre, Paris.

Sophie Guinzbourg, *Orphée ramène Eurydice*, 2004.

Gustave Moreau (1826-1898), *Orphée*, 1865, Musée d'Orsay, Paris.

II – Lire, écouter et dire

Je ne chante pas, Magny, je pleure mes ennuis,
Ou, pour le dire mieux, en pleurant je les chante.
Joachim du Bellay, sonnet XII, *Les Regrets*, 1558.

Texte 1 Rutebeuf, « Complainte », *Poèmes de l'infortune*, XIIIe siècle, adaptation en français moderne de Léo Ferré.

Rutebeuf est un poète du Moyen Âge, probablement chanteur et musicien. Il est l'un des premiers à exprimer des sentiments personnels. Plusieurs interprétations de cette complainte existent en version chantée. Celles de Léo Ferré (1955), de Joan Baez (1965), d'Hugues Auffray (1967) ou de Philippe Léotard (1994) sont parmi les plus connues.

Que sont mes amis devenus
Que j'avais de si près tenus
Et tant aimés
Ils ont été trop clairsemés
Je crois le vent les a ôtés
L'amour est morte
Ce sont amis que vent me porte
Et il ventait devant ma porte
Les emporta.

Avec le temps qu'arbre défeuille
Quand il ne reste en branche feuille
Qui n'aille à terre
Avec pauvreté qui m'atterre
Qui de partout me fait la guerre
Au temps d'hiver
Ne convient pas que vous raconte
Comment je me suis mis à honte
En quelle manière

Que sont mes amis devenus
Que j'avais de si près tenus
Et tant aimés
Ils ont été trop clairsemés
Je crois le vent les a ôtés
L'amour est morte
Le mal ne sait pas seul venir
Tout ce qui m'était à venir
M'est advenu

Pauvre sens et pauvre mémoire
M'a Dieu donné, le roi de gloire
Et pauvre rente
Et droit au cul quand bise vente
Le vent me vient, le vent m'évente
L'amour est morte
Ce sont amis que vent emporte
Et il ventait devant ma porte
Les emporta

Texte 2 Barbara, « Une petite cantate », *Le Mal de vivre*, Universal Music France, 1964.

Barbara (1930-1997), auteur-compositeur-interprète, s'accompagne au piano et raconte à travers ses chansons l'histoire de sa vie avec une grande émotion.

Une petite cantate,
Du bout des doigts,
Obsédante et maladroite,
Monte vers toi,
Une petite cantate,
Que nous jouions autrefois,
Seule, je la joue, maladroite,

Si, mi, la, ré, sol, do, fa,
Cette petite cantate,
Fa, sol, do, fa,
N'était pas si maladroite,
Quand c'était toi,
Les notes couraient, faciles,
Heureuses au bout de tes doigts,
Moi, j'étais là, malhabile,
Si, mi, la, ré, sol, do, fa,

Mais tu es partie, fragile,
Vers l'au-delà,
Et je reste, malhabile,
Fa, sol, do, fa,
Je te revois souriante,
Assise à ce piano-là,
Disant « bon, je joue, toi tu chantes,
Chante, chante-la pour moi »,

Si, mi, la, ré,
Si, mi, la, ré,
Si, sol, do, fa,
Si, mi, la, ré,
Si, mi, la, ré,
Si, sol, do, fa,
Oh mon amie, Oh ma douce,
Oh ma si petite à moi,
Mon Dieu, qu'elle est difficile,
Cette cantate, sans toi,

Une petite prière,
La, la, la, la,
Avec mon cœur pour la faire,
Et mes dix doigts,
Une petite prière,
Mais sans un signe de croix,
Quelle offense, Dieu le Père,
Il me le pardonnera,

Si, mi, la, ré,
Si, mi, la, ré,
Si, sol, do, fa,
Si, mi, la, ré,
Si, mi, la, ré,
Si, sol, do, fa,
Les anges, avec leur trompette,
La joueront, joueront pour toi
Cette petite cantate,
Que nous jouions autrefois,
Cette petite cantate,
Qui monte vers toi,

Si, mi, la, ré
Si, mi, la, ré
Si, sol, do, fa…

Questions

1. Examinez la situation d'énonciation dans ces deux textes. Qui parle ? À qui ? De quoi ? Quelles émotions sont ici exprimées ?
2. Observez le poème de Rutebeuf. Quels éléments permettent de supposer qu'il est destiné à être chanté ?
3. Étudiez l'expression du regret dans les deux textes.
   a. Quels sont les temps des verbes utilisés ? Pourquoi ?
   b. Comment les poètes expriment-ils leurs regrets ?
   c. Quel lien pouvez-vous faire entre ces deux textes et la citation de Du Bellay ?

Ce que nous avons vu

- ***La poésie lyrique*** *est la forme la plus ancienne pour exprimer des sentiments intimes, le bonheur ou le malheur. D'abord chantée dans l'Antiquité par l'aède* qui joue de la lyre, la poésie au Moyen Âge est accompagnée de danse et de musique par le troubadour ou le trouvère*. Le poète exprime ses émotions à la 1re personne du singulier dans une forme mélodieuse et rythmée. Il s'adresse le plus souvent à l'être aimé et disparu en évoquant la joie passée et la douleur présente.*
- *Le **mythe* d'Orphée** est un **mythe fondateur** qui décrit la naissance de la poésie lyrique à travers la vie d'Orphée. La lyre donnée à Orphée par Apollon symbolise* la victoire de la poésie sur le destin et sur la mort : le poète chante l'amour et les regrets sous une forme idéalisée. La beauté de sa plainte lui permet d'apaiser sa douleur, de la dépasser, de la partager.*

Lire, comparer, analyser, écrire

Texte 1 Gérard de Nerval, « El Desdichado », *Les Chimères*, 1853.

Je suis le Ténébreux, – le Veuf, – l'Inconsolé,
Le prince d'Aquitaine à la Tour abolie :
Ma seule Étoile est morte, – et mon luth constellé
Porte le Soleil noir de la Mélancolie.

Dans la nuit du Tombeau, toi qui m'as consolé,
Rends-moi le Pausilippe[1] et la mer d'Italie,
La fleur qui plaisait tant à mon cœur désolé,
Et la treille où le Pampre[2] à la Rose s'allie.

Suis-je Amour ou Phébus[3] ?... Lusignan ou Biron[4] ?
Mon front est rouge encor du baiser de la Reine ;
J'ai rêvé dans la Grotte où nage la sirène...

Et j'ai deux fois vainqueur traversé l'Achéron[5] :
Modulant tour à tour sur la lyre d'Orphée
Les soupirs de la Sainte et les cris de la Fée.

1. **Pausilippe :** colline de Naples sur laquelle se trouve le tombeau de Virgile.
2. **Pampre :** tige de vigne, symbole de la connaissance.
3. **Phébus :** autre nom d'Apollon.
4. **Lusignan, Biron :** anciennes familles nobles apparentées au poète.
5. **Achéron :** fleuve qui conduit les morts aux enfers dans la mythologie grecque.

Texte 2 Robert Desnos, « J'ai tant rêvé de toi », recueilli dans « À la mystérieuse », *Corps et biens*, Éditions Gallimard, 1930.

J'ai tant rêvé de toi que tu perds ta réalité.

Est-il encore temps d'atteindre ce corps vivant et de baiser sur cette bouche la naissance de la voix qui m'est chère ?

J'ai tant rêvé de toi que mes bras habitués en étreignant ton ombre à se croiser sur ma poitrine ne se plieraient pas au contour de ton corps, peut-être.

Et que, devant l'apparence réelle de ce qui me hante et me gouverne depuis des jours et des années, je deviendrais une ombre sans doute.

Ô balances sentimentales.

J'ai tant rêvé de toi qu'il n'est plus temps sans doute que je m'éveille. Je dors debout, le corps exposé à toutes les apparences de la vie et de l'amour et toi, la seule qui compte aujourd'hui pour moi, je pourrais moins toucher ton front et tes lèvres que les premières lèvres et le premier front venu.

J'ai tant rêvé de toi, tant marché, parlé, couché avec ton fantôme qu'il ne me reste plus peut-être, et pourtant, qu'à être fantôme parmi les fantômes et plus ombre cent fois que l'ombre qui se promène et se promènera allègrement sur le cadran solaire de ta vie.

Texte 3 Yves Bonnefoy, « Aux arbres », *Du mouvement et de l'immobilité de Douve*, Mercure de France, 1953.

Vous qui vous êtes effacés sur son passage,
Qui avez refermé sur elle vos chemins,
Impassibles garants que Douve[1] même morte
Sera lumière encore n'étant rien.

Vous fibreuse matière et densité,
Arbres proches de moi quand elle s'est jetée
Dans la barque des morts et la bouche serrée
Sur l'obole[2] de faim, de froid et de silence.

1. **Douve :** nom de la femme aimée.
2. **Obole :** pièce de monnaie glissée dans la bouche des morts pour payer Charon qui les accompagne.

J'entends à travers vous quel dialogue elle tente
Avec les chiens, avec l'informe nautonier[3],
Et je vous appartiens par son cheminement
À travers tant de nuit et malgré tout ce fleuve.

Le tonnerre profond qui roule sur vos branches,
Les fêtes qu'il enflamme au sommet de l'été
Signifient qu'elle lie sa fortune à la mienne
Dans la médiation de votre austérité.

3. **Nautonier** : personne qui conduit une barque, ici Charon.

Texte 4 Guillaume Apollinaire, « L'Adieu », *Alcools*, Éditions Gallimard, 1913.

J'ai cueilli ce brin de bruyère
L'automne est morte souviens-t'en
Nous ne nous verrons plus sur terre
Odeur du temps, brin de bruyère
Et souviens-toi que je t'attends

Texte 5 René Char, « Allégeance », *Fureur et mystère*, Éditions Gallimard, 1948.

Dans les rues de la ville il y a mon amour. Peu importe où il va dans le temps divisé. Il n'est plus mon amour, chacun peut lui parler. Il ne se souvient plus ; qui au juste l'aima ?

Il cherche son pareil dans le vœu des regards. L'espace qu'il parcourt est ma fidélité. Il dessine l'espoir et léger l'éconduit. Il est prépondérant sans qu'il y prenne part.

Je vis au fond de lui comme une épave heureuse. À son insu, ma solitude est son trésor. Dans le grand méridien où s'inscrit son essor, ma liberté le creuse.

Dans les rues de la ville il y a mon amour. Peu importe où il va dans le temps divisé. Il n'est plus mon amour, chacun peut lui parler. Il ne se souvient plus ; qui au juste l'aima et l'éclaire de loin pour qu'il ne tombe pas ?

Questions

1 Observez les cinq poèmes et leur paratexte. Mettez en évidence leurs caractéristiques à l'aide du tableau suivant que vous reproduirez.

Texte/Titre	Auteur	Date	Disposition/ Strophes	Vers/ Verset/ Prose	Rimes/ Retour de sonorités	Présence ou absence de ponctuation

2 Lisez l'ensemble du corpus.

a. Étudiez l'énonciation pour chacun des poèmes. Relevez des éléments précis justifiant vos réponses.

b. À l'aide des réseaux lexicaux* dont vous relèverez des exemples, dites ce qu'évoque chacun des poèmes. Quelle remarque pouvez-vous faire par rapport à la question 1 ?

3 **Textes 1 et 2.** Identifiez les temps des verbes et justifiez leur valeur à l'aide du tableau suivant.

	Texte 1	Texte 2
Passé		
Présent		
Futur		
Autres		

4 **Textes 2 et 5.**

a. Pourquoi, selon vous, trouve-t-on de nombreuses phrases négatives ?

b. Par quels procédés de style les poètes renforcent-ils l'expression de leurs sentiments ? Relevez au moins un procédé par poème et proposez une explication en vous aidant éventuellement d'un tableau de ce type.

Texte	Procédés d'écriture	Proposition d'explication
El Desdichado	*Ex.* Accumulation v. 1-2	*Ex.* Le poète insiste sur sa difficulté à définir son identité mais chacun des termes employés renvoie à l'idée d'obscurité, de douleur, de mort…

5 **Mise en voix.**

a. Toute la classe : apprenez le quintil d'Apollinaire et récitez-le avec expressivité.

b. Individuellement : choisissez l'un des quatre autres poèmes et préparez une lecture expressive. N'hésitez pas à « jouer les trouvères modernes » en slamant, en rapant, en ajoutant l'accompagnement musical de votre choix.

Parcours d'une œuvre intégrale

Victor Hugo, *Les Contemplations*, 1856.

En 1856, Victor Hugo publie *Les Contemplations*, recueil poétique qui repose sur un dialogue pathétique entre le passé et le présent dans lequel l'écrivain livre vingt-cinq années de sa vie.

Le recueil est organisé en deux parties : « C'est une âme qui se raconte dans ces deux volumes : Autrefois, Aujourd'hui. Un abîme les sépare, le tombeau. »

En effet, le 4 septembre 1843, Léopoldine, fille aînée de l'écrivain, se noie accidentellement avec son mari. « Aujourd'hui » est marqué par la douleur de la perte, la révolte mais aussi la reconstruction personnelle.

Texte 1 « Ô souvenirs ! », *Aujourd'hui*, Livre IV, *Pauca meæ*, 4 septembre 1846.

Ô souvenirs ! printemps ! aurore !
Doux rayon triste et réchauffant !
— Lorsqu'elle était petite encore,
Que sa sœur était tout enfant…

Connaissez-vous, sur la colline
Qui joint Montlignon à Saint-Leu,
Une terrasse qui s'incline
Entre un bois sombre et le ciel bleu ?

C'est là que nous vivions. — Pénètre,
Mon cœur, dans ce passé charmant ! —
Je l'entendais sous ma fenêtre
Jouer le matin doucement.

Elle courait dans la rosée,
Sans bruit, de peur de m'éveiller ;
Moi, je n'ouvrais pas ma croisée,
De peur de la faire envoler.

Ses frères riaient… — Aube pure !
Tout chantait sous ces frais berceaux,
Ma famille avec la nature,
Mes enfants avec les oiseaux ! —

Je toussais, on devenait brave ;
Elle montait à petits pas,
Et me disait d'un air très grave :
« J'ai laissé les enfants en bas. »

Qu'elle fût bien ou mal coiffée,
Que mon cœur fût triste ou joyeux,
Je l'admirais. C'était ma fée,
Et le doux astre de mes yeux !

Nous jouions toute la journée.
Ô jeux charmants ! chers entretiens !
Le soir, comme elle était l'aînée,
Elle me disait : « Père, viens !

Nous allons t'apporter ta chaise,
Conte-nous une histoire, dis ! »
— Et je voyais rayonner d'aise
Tous ces regards du paradis.

Alors, prodiguant les carnages,
J'inventais un conte profond
Dont je trouvais les personnages
Parmi les ombres du plafond.

Toujours, ces quatre douces têtes
Riaient, comme à cet âge on rit,
De voir d'affreux géants très bêtes
Vaincus par des nains pleins d'esprit.

J'étais l'Arioste et l'Homère
D'un poème éclos d'un seul jet ;
Pendant que je parlais, leur mère
Les regardait rire, et songeait.

Leur aïeul, qui lisait dans l'ombre,
Sur eux parfois levait les yeux,
Et moi, par la fenêtre sombre
J'entrevoyais un coin des cieux !

Texte 2 « Oh ! je fus comme un fou… », *Aujourd'hui*, Livre IV, *Pauca meæ*, 4 septembre 1846.

Oh ! je fus comme un fou dans le premier moment,
Hélas ! et je pleurai trois jours amèrement.
Vous tous à qui Dieu prit votre chère espérance,
Pères, mères, dont l'âme a souffert ma souffrance,

Tout ce que j'éprouvais, l'avez-vous éprouvé ?
Je voulais me briser le front sur le pavé ;
Puis je me révoltais, et, par moments, terrible,
Je fixais mes regards sur cette chose horrible,
Et je n'y croyais pas, et je m'écriais : « Non !
Est-ce que Dieu permet de ces malheurs sans nom
Qui font que dans le cœur le désespoir se lève ? »
Il me semblait que tout n'était qu'un affreux rêve,
Qu'elle ne pouvait pas m'avoir ainsi quitté,
Que je l'entendais rire en la chambre à côté,
Que c'était impossible enfin qu'elle fût morte,
Et que j'allais la voir entrer par cette porte !

Oh ! que de fois j'ai dit : « Silence ! elle a parlé !
Tenez ! voici le bruit de sa main sur la clé !
Attendez, elle vient ! laissez-moi, que j'écoute !
Car elle est quelque part dans la maison sans doute ! »

Texte 3 « Demain, dès l'aube… », *Aujourd'hui*, Livre IV, *Pauca meæ*, 3 septembre 1847.

Demain, dès l'aube, à l'heure où blanchit la campagne,
Je partirai. Vois-tu, je sais que tu m'attends.
J'irai par la forêt, j'irai par la montagne.
Je ne puis demeurer loin de toi plus longtemps.

Je marcherai les yeux fixés sur mes pensées,
Sans rien voir au dehors, sans entendre aucun bruit,
Seul, inconnu, le dos courbé, les mains croisées,
Triste, et le jour pour moi sera comme la nuit.

Je ne regarderai ni l'or du soir qui tombe,
Ni les voiles au loin descendant vers Harfleur,
Et quand j'arriverai, je mettrai sur ta tombe
Un bouquet de houx vert et de bruyère en fleur.

Texte 4 « Éclaircie », *Aujourd'hui*, Livre VI, *Au bord de l'infini*, juillet 1855.

L'océan resplendit sous sa vaste nuée.
L'onde, de son combat sans fin exténuée,
S'assoupit, et, laissant l'écueil se reposer,
Fait de toute la rive un immense baiser.
On dirait qu'en tous lieux, en même temps, la vie
Dissout le mal, le deuil, l'hiver, la nuit, l'envie,

Et que le mort couché dit au vivant debout :
Aime ! et qu'une âme obscure, épanouie en tout,
Avance doucement sa bouche vers nos lèvres.
L'être, éteignant dans l'ombre et l'extase ses fièvres,
Ouvrant ses flancs, ses reins, ses yeux, ses cœurs épars,
Dans ses pores profonds reçoit de toutes parts
La pénétration de la sève sacrée.
La grande paix d'en haut vient comme une marée.
Le brin d'herbe palpite aux fentes du pavé ;
Et l'âme a chaud. On sent que le nid est couvé.
L'infini semble plein d'un frisson de feuillée.
On croit être à cette heure où la terre éveillée
Entend le bruit que fait l'ouverture du jour,
Le premier pas du vent, du travail, de l'amour,
De l'homme, et le verrou de la porte sonore,
Et le hennissement du blanc cheval aurore.
Le moineau d'un coup d'aile, ainsi qu'un fol esprit,
Vient taquiner le flot monstrueux qui sourit ;
L'air joue avec la mouche et l'écume avec l'aigle ;
Le grave laboureur fait ses sillons et règle
La page où s'écrira le poème des blés ;
Des pêcheurs sont là-bas sous un pampre attablés ;
L'horizon semble un rêve éblouissant où nage
L'écaille de la mer, la plume du nuage,
Car l'océan est hydre et le nuage oiseau.
Une lueur, rayon vague, part du berceau
Qu'une femme balance au seuil d'une chaumière,
Dore les champs, les fleurs, l'onde et devient lumière
En touchant un tombeau qui dort près du clocher.
Le jour plonge au plus noir du gouffre, et va chercher
L'ombre, et la baise au front sous l'eau sombre et hagarde.
Tout est doux, calme, heureux, apaisé ; Dieu regarde.

Questions

1 Organisation du recueil.

a. Relevez les dates de chaque poème et observez les quatre titres. Montrez en quoi ils décrivent l'évolution des sentiments du poète. Justifiez votre réponse en vous appuyant sur des éléments précis tirés des textes.

b. Relisez l'ensemble des poèmes et complétez le tableau ci-dessous.

	Texte 1	Texte 2	Texte 3	Texte 4
Thème				
Éléments du texte				
Registre(s) dominant(s)				

c. Les trois premiers textes évoquent la relation du père à sa fille.

- Comment Léopoldine est-elle désignée dans les trois textes ? Appuyez-vous sur l'emploi des noms, pronoms, adjectifs, figures de style…
- Faites le lien avec la question 1a afin d'expliquer en quoi la mort n'a pas rompu l'intimité entre le père et la fille.

d. Dans le texte 4, comment comprenez-vous le passage « On dirait qu'en tous lieux, en même temps, la vie/ Dissout le mal, le deuil, l'hiver, la nuit, l'envie,/Et que le mort couché dit au vivant debout :/Aime ! […] » (v. 5 à 8).

e. Pourquoi peut-on affirmer que le recueil *Les Contemplations* appartient à la poésie lyrique ? Quel rapprochement pouvez-vous faire avec le mythe* d'Orphée ?

2 Lecture des quatre poèmes à haute voix.

a. Chez vous, lisez à haute voix chacun des poèmes. Quelles impressions se dégagent de chacune de ces lectures ?

b. En classe, par groupe, préparez une mise en voix expressive de chacun des textes en répartissant les interventions à la manière d'un chœur* antique (plusieurs voix se répondent) : adaptez votre ton, votre rythme en vous aidant de vos réponses à la question 1 et des connaissances acquises lors de l'étude du groupement de textes.

3 Exercice d'écriture.

Un de vos amis vit une rupture amoureuse.

Il vous lit le poème écrit à la suite de cette rupture et qui commence par : « Il me semblait que tout n'était qu'un affreux rêve,/ Qu'elle ne pouvait pas m'avoir ainsi quitté, ».

Inventez la suite du poème en vers ou en prose en faisant appel aux différents procédés d'écriture propres aux registres* lyrique* et pathétique*. Votre texte comportera 25 lignes s'il est en prose ou 16 vers (quatre quatrains*) si c'est un poème.

BILAN

Histoire littéraire

- À l'origine, la poésie est une forme chantée accompagnée de musique et de danse. Elle prend de nombreuses formes au Moyen Âge, comme le **lai** ou la **ballade**.
- Le **sonnet**, de l'italien « petite chanson », est une forme fixe particulièrement féconde à partir du XVIe siècle. Composé de 14 vers (deux quatrains* et deux tercets*), il est d'abord en décasyllabes chez **Ronsard** puis admet tous les mètres* et plus particulièrement l'alexandrin au XIXe siècle, comme chez **Nerval**.
- On observe d'autres compositions versifiées et rimées dans ce corpus : des quatrains (**Bonnefoy**), un quintil (**Apollinaire**).
- À partir du XIXe siècle, les compositions poétiques peuvent être en prose : les jeux sur les rythmes et les sonorités dominent dans les poèmes de **Desnos** ou de **Char**.

Le registre lyrique

Il sert l'expression des sentiments personnels. Les poètes, à l'image d'Orphée, expriment l'amour, la fuite du temps et la douleur de la perte de l'être aimé à l'aide des figures d'analogie, d'insistance et d'opposition.

La poésie lyrique dépasse cependant cette expression personnelle pour atteindre **une dimension universelle.** Le langage poétique dit la vérité de nos sentiments et de nos émotions et le poète s'adresse à notre humanité, comme l'affirme **Hugo** dans la préface des *Contemplations* : « Quand je vous parle de moi, je vous parle de vous. »

Procédés mis en œuvre

Les poèmes du corpus permettent de dégager les caractéristiques du registre lyrique.

L'ÉNONCIATION

Elle met en valeur l'effusion des sentiments. Le poète s'exprime à la 1re personne (« je », « moi », « mon », « ma »). Il s'adresse le plus souvent directement à l'être aimé (« tu », « toi ») ; plus rarement, il parle de l'être aimé à la 3e personne (**Char, Bonnefoy**). Enfin, il peut aussi interpeller des éléments de la nature qui servent alors d'intermédiaire entre le monde des vivants et celui des morts (Les « arbres » désignés par « vous », **Bonnefoy**).

LE MÉLANGE DES TEMPS VERBAUX

Il exprime le contraste des émotions.

Le passé exprime le souvenir du temps heureux. *Ex.* **Passé composé :** « toi, qui m'as consolé » **(Desnos). Imparfait :** « La fleur qui plaisait... » **(Nerval). Passé simple :** « qui au juste l'aima ? » **(Char).**

Le présent exprime le temps du doute, de la perte, de la souffrance... *Ex.* « il n'est plus temps » **(Desnos)** ; « je t'attends » **(Apollinaire)** ; « je vis au fond de lui comme une épave heureuse » **(Char)** ; « le désespoir se lève » **(Hugo,** texte 2).

Le futur est le temps des ombres et des fantômes puisque l'avenir est impossible ensemble... *Ex.* « l'ombre qui se promènera » **(Desnos)** ; « nous ne nous verrons plus sur terre » **(Apollinaire)** ; « je partirai » **(Hugo,** texte 3).

Le mode conditionnel renvoie au mode de l'irréel, évoque l'impossibilité d'un retour, la force du regret. *Ex.* « mes bras... ne se plieraient pas », « je pourrais » **(Desnos).**

LES PHRASES NÉGATIVES FRÉQUENTES

Elles confirment l'aspect irrémédiable de la perte et l'opposition absolue entre l'amour toujours ressenti et l'impossible union liée à la mort de l'être aimé ou du sentiment amoureux. *Ex.* « il n'est plus mon amour » **(Char)** ; « nous ne nous verrons plus » **(Apollinaire).**

LE TYPE DES PHRASES

Il sert à intensifier la confidence.

- Les **interrogations** et les **exclamations** expriment l'incompréhension et la perte de repères. *Ex.* « suis-je Amour ou Phébus ?... Lusignan ou Biron ? » **(Nerval)** ; « Oh ! que de fois j'ai dit : "Silence ! elle a parlé !" » **(Hugo,** texte 2).
- Les **questions rhétoriques** soulignent le désarroi. *Ex.* « est-il encore temps d'atteindre [...] la naissance de la voix qui m'est chère ? » **(Desnos).**

- Les **phrases déclaratives** renvoient à la brutalité de la réalité. *Ex.* « Ma seule étoile est morte, — et mon luth constellé/Porte le soleil noir de la Mélancolie » **(Nerval)** ; « Triste, et le jour pour moi sera comme la nuit. » **(Hugo**, texte 3).

LES FIGURES SONORES ET RYTHMIQUES

Elles intensifient l'expression de l'émotion. Lorsqu'on évoque la musique, on pense aux mélodies, aux sons, aux rythmes portés par les instruments.

En poésie, les mots chantent grâce à de multiples procédés :

- les **rimes** ou reprises de sons communs reviennent en fin de vers. Ces rimes ont une **disposition** (on dit qu'elles sont suivies, croisées ou embrassées), un **genre** (avec une terminaison en e muet, elles sont féminines ; avec toute autre terminaison, elles sont masculines) et une **qualité** (pauvres – un son commun –, suffisantes – deux sons communs – ou riches – trois sons ou plus). *Ex.* Dans le premier quatrain de *El Desdichado* de **Nerval**, les rimes sont croisées (a, b, a, b), masculines et suffisantes (v. 1 et 3) ou féminines et riches (v. 2 et 4).
- les **allitérations** : les poètes jouent sur le retour des mêmes sons consonantiques et créent ainsi des effets d'imitation ou d'harmonie. *Ex.* « Vous qui vous êtes effacés sur son passage » **(Bonnefoy)**.
- les **assonances** : les poètes jouent sur les retours de sons vocaliques, créant ainsi des échos au cœur du texte. *Ex.* « Et que devant l'apparence réelle de ce qui me hante » **(Desnos)**.

LA MUSIQUE DES MOTS

Elle est aussi portée par le rythme.

- Les **vers** : l'octosyllabe « J'ai/cuei/lli/ce/brin/de/bru/yèr (e) », (« Demain dès l'aube », **Hugo**) ; l'alexandrin « Le/Prin/ce/d'A/qui/tai/n(e) à/la/Tour/a/bo/li (e) » (« El Desdichado », **Nerval**) ;
- Les **enjambements** : « Ma seule étoile est morte, et mon luth constellé - Porte le Soleil noir de la Mélancolie » **(Nerval)** ;
- **La césure.** Les coupes ou césures, placées après la fin d'un mot important imposent un arrêt du sens et de la voix et créent différents rythmes :
  - Rythme binaire évoquant un balancement : « dans la barque des morts/et la bouche serrée » **(Bonnefoy)** ; « Sans rien voir au dehors/, sans entendre aucun bruit » **(Hugo** texte 2) ;
  - Rythme ternaire créant une harmonie : « Je marcherai/les yeux fixés/sur mes pensées » **(Hugo**, texte 3) ; « Vous qui vous ê/tes effacés/sur son passage/» **(Bonnefoy)** ;
  - Dans le poème en **prose**, la musique provient des jeux sur les sonorités et du rythme créé par les répétitions (structures binaires ou ternaires...) et par la **cadence*** de la phrase. « Il ne se souvient plus ; qui au juste l'aima et l'éclaire de loin pour qu'il ne tombe pas ? » **(Char)**.

VERS LE BAC

Jacques Prévert, *Les Feuilles mortes*, Éditions Enoch, 1945.

Oh ! je voudrais tant que tu te souviennes
Des jours heureux où nous étions amis
En ce temps-là la vie était plus belle,
Et le soleil plus brûlant qu'aujourd'hui
Les feuilles mortes se ramassent à la pelle…
Tu vois, je n'ai pas oublié.
Les feuilles mortes se ramassent à la pelle,
Les souvenirs et les regrets aussi
Et le vent du nord les emporte
Dans la nuit froide de l'oubli.
Tu vois, je n'ai pas oublié
La chanson que tu me chantais.

C'est une chanson qui nous ressemble
Toi, tu m'aimais et je t'aimais
Et nous vivions tous les deux ensemble
Toi qui m'aimais, moi qui t'aimais
Mais la vie sépare ceux qui s'aiment
Tout doucement, sans faire de bruit
Et la mer efface sur le sable
Les pas des amants désunis.

Les feuilles mortes se ramassent à la pelle,
Les souvenirs et les regrets aussi
Mais mon amour silencieux et fidèle
Sourit toujours et remercie la vie
Je t'aimais tant, tu étais si jolie,
Comment veux-tu que je t'oublie ?
En ce temps-là, la vie était plus belle
Et le soleil plus brûlant qu'aujourd'hui
Tu étais ma plus douce amie
Mais je n'ai que faire des regrets
Et la chanson que tu chantais
Toujours, toujours je l'entendrai !

C'est une chanson qui nous ressemble
Toi, tu m'aimais et je t'aimais
Et nous vivions tous les deux ensemble
Toi qui m'aimais, moi qui t'aimais
Mais la vie sépare ceux qui s'aiment
Tout doucement, sans faire de bruit
Et la mer efface sur le sable
Les pas des amants désunis.

Lecture (9 points)

1. Étudiez l'énonciation de ce poème (Qui parle ? À qui ?) et précisez l'intention du poète. (3 pts)

2. a. Comment le poète exprime-t-il l'amour et le regret ? Appuyez votre réponse sur la composition et les rythmes, les figures de style, le registre dominant. (4 pts)

b. Étudiez l'alternance des temps du présent et du passé. Quel est l'effet produit ? (2 pts)

Écriture d'invention (11 points)

Sujet. « Oh ! Je voudrais tant que tu te souviennes / Des jours heureux où nous étions amis », écrit l'auteur des *Feuilles mortes*.

▸ La personne qui reçoit ce poème répond à son auteur. Elle évoque ses souvenirs d'un amour heureux et tente de convaincre le poète que ses mots l'ont touchée.

Vous rédigez cette lettre en 25 lignes environ.

Séquence 5

Variations fantastiques autour du pacte faustien

L'écrivain a trouvé des effets terribles en demeurant sur la limite du possible, en jetant des âmes dans l'hésitation, dans l'effarement.

Guy de Maupassant, « Le fantastique », *Le Gaulois,* 7 octobre 1883.

Objectifs du référentiel

1.1 Écrire pour soi et pour les autres

- 1.1-1 Résumer, rendre compte, expliquer, justifier
- 1.1-3 Rédiger un discours argumentatif, prendre en compte la thèse adverse, énoncer un point de vue, le soutenir par des arguments, conclure
- 1.1-4 Pratiquer l'écriture d'invention
- 1.1-5 Respecter les codes de la langue écrite, utiliser des procédés stylistiques

1.2 Échanger à l'oral : s'exprimer, écouter, réagir

- 1.2-2 Reformuler, exposer, débattre

1.3 Devenir un lecteur actif et critique

- 1.3-3 Analyser la dimension symbolique d'un personnage, d'une situation, d'une œuvre
- 1.3-4 S'interroger à partir de textes, d'œuvres, sur soi-même et son rapport au monde
- 1.3-5 Repérer, identifier et apprécier des procédés d'écriture

Illustration du film *Faust* de F.W. Murnau, 1926.

Prélude

I – Recherche et expression orale

Documentez-vous sur le mythe de Faust puis commentez l'illustration de la page d'ouverture de cette séquence.
Quels éléments du mythe de Faust retrouvez-vous ?

II – Confronter des documents

Texte 1 **Johann Wolfgang von Goethe, *Faust*, 1808, traduction de Gérard de Nerval.**

MÉPHISTOPHÉLÈS. Cesse donc de te jouer de cette tristesse qui, comme un vautour, dévore ta vie. En si mauvaise compagnie que tu sois, tu pourras sentir que tu es un homme avec les hommes ; cependant on ne songe pas pour cela à t'encanailler. Je ne suis pas moi-même un des premiers ; mais, si tu veux, uni à moi, diriger tes pas dans la vie, je m'accommoderai volontiers de t'appartenir sur-le-champ. Je me fais ton compagnon ou, si cela t'arrange mieux, ton serviteur et ton esclave.

FAUST. Et quelle obligation devrai-je remplir en retour ?

MÉPHISTOPHÉLÈS. Tu auras le temps de t'occuper de cela.

FAUST. Non, non ! Le Diable est un égoïste, et ne fait point pour l'amour de Dieu ce qui est utile à autrui. Exprime clairement ta condition ; un pareil serviteur porte malheur à une maison.

MÉPHISTOPHÉLÈS. Je veux *ici* m'attacher à ton service, obéir sans fin ni cesse à ton moindre signe ; mais, quand nous nous *reverrons là-dessous*, tu devras me rendre la pareille.

FAUST. Le *dessous* ne m'inquiète guère ; mets d'abord en pièces ce monde-ci, et l'autre peut arriver ensuite. Mes plaisirs jaillissent de cette terre, et ce soleil éclaire mes peines ; que je m'affranchisse une fois de ces dernières, arrive après ce qui pourra. Je n'en veux point apprendre davantage. Peu importe que, dans l'avenir, on aime ou haïsse, et que ces sphères aient aussi un dessus et un dessous.

MÉPHISTOPHÉLÈS. Dans un tel esprit tu peux te hasarder : engage-toi ; tu verras ces jours-ci tout ce que mon art peut procurer de plaisir ; je te donnerai ce qu'aucun homme n'a pu même encore entrevoir.

FAUST. Et qu'as-tu à donner, pauvre démon ? L'esprit d'un homme en ses hautes inspirations fut-il jamais conçu par tes pareils ? Tu n'as que des aliments qui ne rassasient pas ; de l'or pâle qui sans cesse s'écoule des mains comme le vif-argent ; un jeu auquel on ne gagne jamais ; une fille qui jusque dans mes bras fait les yeux doux à mon voisin ; l'honneur, belle divinité qui s'évanouit comme un météore. Fais-moi voir un fruit qui ne pourrisse pas avant de tomber, et des arbres qui tous les jours se couvrent d'une verdure nouvelle.

MÉPHISTOPHÉLÈS. Une pareille entreprise n'a rien qui m'étonne, je puis t'offrir de tels trésors. Oui, mon bon ami, le temps est venu aussi où nous pouvons faire la débauche en toute sécurité.

FAUST. Si jamais je puis m'étendre sur un lit de plume pour y reposer, que ce soit fait de moi à l'instant ! Si tu peux me flatter au point que je me plaise à moi-même, si tu peux m'abuser par des jouissances, que ce soit pour moi le dernier jour ! Je t'offre le pari.

MÉPHISTOPHÉLÈS. Tope !

FAUST. Et réciproquement ! Si je dis à l'instant : Reste donc ! Tu me plais tant ! Alors tu peux m'entourer de liens ! Alors je consens à m'anéantir ! Alors la cloche des morts peut résonner, alors tu es libre de ton service... Que l'heure sonne, que l'aiguille tombe, que le temps n'existe plus pour moi !

Texte 2 Paul Valéry, *Mon Faust*, Éditions Gallimard, 1946.

FAUST. Attends ! Je voudrais me servir de toi, mais te rendre peut-être un certain service.

MÉPHISTOPHÉLÈS. À moi ?

FAUST. Écoute. Je ne puis te cacher que tu ne tiens plus dans le monde la grande situation que tu occupais jadis.

MÉPHISTOPHÉLÈS. Penses-tu ?...

FAUST. Je t'assure... Oh ! Je ne parle pas de ton chiffre d'affaires, ni même des bénéfices nets. Mais le crédit, la consommation, les honneurs...

MÉPHISTOPHÉLÈS. Peut-être, peut-être...

FAUST. Tu ne fais guère peur. L'Enfer n'apparaît plus qu'au dernier acte. Tu ne hantes plus les esprits des hommes de ce temps. Il y a bien quelques petits groupes d'amateurs et des populations arriérées... Mais tes méthodes sont surannées, ta physique ridicule...

MÉPHISTOPHÉLÈS. Et tu t'es mis en tête de me rajeunir, peut-être ?

FAUST. Pourquoi pas ? Chacun son tour.

MÉPHISTOPHÉLÈS. Tentateur...

FAUST. Je veux surtout te divertir un peu. C'est le moyen que j'ai trouvé de me distraire un peu moi-même. Nous ferions échange de pouvoirs.

MÉPHISTOPHÉLÈS. Ceci me passe. Tu oses prétendre que je puisse avoir besoin de toi ?

FAUST. Je sais ce que je dis. Tu es dans l'Éternité, mon Diable, et tu n'es qu'un esprit. Tu n'as donc point de pensée. Tu ne sais ni douter ni chercher. Au fond, tu es infiniment simple. Simple comme un tigre, qui est tout puissance de proie, et se réduit à un instinct de ravisseur. Il doit tout aux moutons et aux chèvres : ses muscles et ses crocs, ses ruses et sa formidable patience. Il n'y a rien de plus en toi, Mangeur d'âmes qui ne sais pas les déguster ! Tu ne doutes même pas qu'il y a bien autre chose dans le monde que du Bien et du Mal. Je ne te l'explique pas. Tu serais incapable de me comprendre. Je te dis seulement que tu peux avoir besoin de quelqu'un qui pense et réfléchisse pour toi. L'esprit pur, même impur, en est tout à fait incapable.

Confrontez ces deux textes.

1. Quels points communs présentent-ils ?
2. En quoi consiste le pacte entre Faust et Méphistophélès ?
3. Quel personnage mène le dialogue ? Justifiez.
4. Que pensez-vous de la réécriture du mythe par Paul Valéry ?

Ce que nous avons vu

Faust aurait vécu en Allemagne au début du XVIe siècle. Rapidement, il est devenu un héros de légende*. C'est en 1587 qu'un conte populaire allemand narre pour la première fois l'histoire de l'homme qui vend son âme au diable pour satisfaire son désir de jouissance et une curiosité intellectuelle infinie. Initié par le démon, Faust accomplit alors des miracles… Le mythe* de Faust est successivement repris et enrichi par Christopher Marlowe en Grande-Bretagne, puis par J.W. von Goethe en Allemagne. Il intègre aussi les autres arts (peinture, sculpture, musique, cinéma…). Depuis plus de cinq siècles, le mythe de Faust hante l'imaginaire occidental.

Lire, comparer, analyser, écrire

Pour commencer…

Recherchez des représentations artistiques du Diable (peinture, sculpture, cinéma…). Commentez-les.

Texte 1 Honoré de Balzac, *La Peau de chagrin*, 1831.

Paris, 1830. Raphaël de Valentin, jeune homme en plein désarroi, perd sa dernière pièce d'or dans une maison de jeu. Il décide alors de mettre fin à ses jours. Déambulant dans les rues, attendant la nuit pour passer à l'acte, ses pas le mènent jusqu'à la boutique d'un étrange antiquaire. Là, au milieu d'un tas d'objets, le marchand lui montre une peau de chagrin[1], objet qui a le pouvoir d'exaucer les moindres désirs de son propriétaire…

1. **Chagrin** : cuir de peau de chèvre. Après le succès de ce roman, l'expression « peau de chagrin » est passée dans le langage courant pour désigner une chose qui rétrécit et diminue sans cesse jusqu'à complète disparition. Par exemple : « Nos espoirs s'amenuisaient comme une peau de chagrin. »

« Eh bien, oui, je veux vivre avec excès, dit l'inconnu en saisissant la Peau de chagrin.

— Jeune homme, prenez garde, s'écria le vieillard avec une incroyable vivacité.

— J'avais résolu ma vie par l'étude et par la pensée ; mais elles ne m'ont même pas nourri, répliqua l'inconnu. Je ne veux être la dupe ni d'une prédication digne de Swedenborg[2], ni de votre amulette[3] orientale, ni des charitables efforts que vous faites, Monsieur, pour me retenir dans un monde où mon existence est désormais impossible. Voyons ! ajouta-t-il en serrant le talisman d'une main convulsive et regardant le vieillard. Je veux un dîner royalement splendide, quelque bacchanale[4] digne du siècle où tout s'est, dit-on, perfectionné ! Que mes convives soient jeunes, spirituels et sans préjugés, joyeux jusqu'à la folie ! Que les vins se succèdent toujours plus incisifs, plus pétillants, et soient de force à nous enivrer pour trois jours ! Que la nuit soit parée de femmes ardentes ! Je veux que la Débauche en délire et rugissante nous emporte dans son char à quatre chevaux, par-delà les bornes du monde, pour nous verser sur des plages inconnues : que les âmes montent dans les cieux ou se plongent dans la boue, je ne sais si alors elles s'élèvent ou s'abaissent ; peu m'importe ! Donc je commande à ce pouvoir sinistre de me fondre toutes les joies dans une joie. Oui, j'ai besoin d'embrasser les plaisirs du ciel et de la terre dans une dernière étreinte pour en mourir. Aussi souhaité-je et des priapées[5] antiques après boire, et des chants à réveiller les morts, et de triples baisers, des baisers sans fin dont le bruit passe sur Paris comme un craquement d'incendie, y réveille les époux et leur inspire une ardeur cuisante qui les rajeunisse tous, même les septuagénaires ! »

Un éclat de rire, parti de la bouche du petit vieillard, retentit dans les oreilles du jeune fou comme un bruissement de l'enfer, et l'interdit si despotiquement qu'il se tut.

« Croyez-vous, dit le marchand, que mes planchers vont s'ouvrir tout à coup pour donner passage à des tables somptueusement servies et à des convives de l'autre monde ? Non, non, jeune étourdi. Vous avez signé le pacte : tout est dit. Maintenant vos volontés seront scrupuleusement satisfaites, mais aux dépens de votre vie. Le cercle de vos jours, figuré par cette Peau, se resserrera suivant la force et le nombre de vos souhaits, depuis le plus léger jusqu'au plus exorbitant. Le brahmine[6] auquel je dois ce talisman m'a jadis expliqué qu'il s'opérerait un mystérieux accord entre les destinées et les souhaits du possesseur. Votre premier désir est vulgaire, je pourrais le réaliser ; mais j'en laisse le soin aux événements de votre nouvelle existence. Après tout, vous vouliez mourir ? Eh bien, votre suicide n'est que retardé. »

2. **Emmanuel Swedenborg** : philosophe et métaphysicien mystique du XVIIIe siècle qui croyait à la présence des esprits sur terre.
3. **Amulette** : porte-bonheur, talisman. Aujourd'hui féminin, le genre de ce mot a varié au fil des siècles.
4. **Bacchanale** : fête tumultueuse avec danses, jeux et débauche.
5. **Priapées** : scènes de débauche ou spectacles obscènes.
6. **Brahmine** (ou brahmane) : prêtre indien appartenant à la première des quatre grandes castes et enseignant les textes sacrés.

[…]

Il sortit sans entendre un grand soupir que poussa le vieillard, traversa les salles et descendit les escaliers de cette maison, suivi par le gros garçon joufflu qui voulut vainement l'éclairer : il courait avec la prestesse d'un voleur pris en flagrant délit. Aveuglé par une sorte de délire, il ne s'aperçut même pas de l'incroyable ductilité[7] de la Peau de chagrin, qui, devenue souple comme un gant, se roula sous ses doigts frénétiques et put entrer dans la poche de son habit où il la mit presque machinalement.

---

7. **Ductilité :** les éléments ductiles peuvent être allongés et étirés sans se rompre.

Questions

1. Quels sont les personnages* présents dans le texte ? Caractérisez-les.
2. De quelle vie rêve l'inconnu ?
3. Quel pacte concluent les deux hommes ?
4. Des lignes 4 à 22, comment se traduit le délire du jeune homme ?
5. De quels moyens use le marchand pour tenter de le calmer ?
6. « Un éclat de rire, parti de la bouche du petit vieillard, retentit dans les oreilles du jeune fou comme un bruissement de l'enfer, et l'interdit si despotiquement qu'il se tut. » (l. 23 à 25) Quels éléments fantastiques* perçoit-on dans cette phrase ?
7. Dans le dernier paragraphe, relevez le champ lexical* des sens. Quel est l'effet produit ?
8. **Exercice d'écriture.** Dans un paragraphe argumentatif*, soulignez ce qui oppose le marchand et Raphaël. Lequel de ces deux personnages préférez-vous et pourquoi ?

Texte 2 Dino Buzzati, « Le Veston ensorcelé », *Le K*, Éditions Robert Laffont, 1967.

« Le Veston ensorcelé » de Dino Buzzati s'inscrit dans un recueil de nouvelles intitulé Le K*, publié en 1966 en Italie et traduit l'année suivante en France.*
Lors d'une réception dans une maison de Milan, le narrateur est subjugué par l'élégance d'un homme. Admiratif de la perfection de ses vêtements, il lui demande l'adresse de son tailleur. Il décide alors de se rendre chez Alfonso Corticella, au 17 de la rue Ferrara pour se faire confectionner un costume… Le narrateur fait ici le récit de son aventure « extraordinaire ».

Au 17 de la rue Ferrara je trouvai une maison comme tant d'autres, et le logis d'Alfonso Corticella ressemblait à celui des autres tailleurs. Il vint en personne m'ouvrir la porte. C'était un petit vieillard aux cheveux noirs qui étaient sûrement teints.

À ma grande surprise, il ne fit aucune difficulté. Au contraire il paraissait désireux de me voir devenir son client. Je lui expliquai comment j'avais eu son adresse, je louai sa coupe et lui demandai de me faire un complet. Nous choisîmes un peigné gris puis il prit mes mesures et s'offrit de venir pour l'essayage, chez moi. Je lui demandai son prix. Cela ne pressait pas, me répondit-il, nous nous mettrions toujours d'accord. Quel homme sympathique ! pensai-je tout d'abord. Et pourtant plus tard, comme je rentrai chez moi, je m'aperçus que le petit vieux m'avait produit un malaise (peut-être à cause de ses sourires trop insistants et trop doucereux). En somme je n'avais aucune envie de le revoir. Mais désormais le complet était commandé. Et quelque vingt jours plus tard il était prêt.

Quand on me le livra, je l'essayai, pour quelques secondes, devant mon miroir. C'était un chef-d'œuvre. Mais je ne sais trop pourquoi, peut-être à cause du souvenir du déplaisant petit vieux, je n'avais aucune envie de le porter. Et des semaines passèrent avant que je me décide.

Ce jour-là, je m'en souviendrai toujours. C'était un mardi d'avril et il pleuvait. Quand j'eus passé mon complet – pantalon, gilet et veston – je constatai avec plaisir qu'il ne me tiraillait pas et ne me gênait pas aux entournures comme le font toujours les vêtements neufs. Et pourtant il tombait à la perfection.

Par habitude je ne mets rien dans la poche droite de mon veston, mes papiers je les place dans la poche gauche. Ce qui explique pourquoi ce n'est que deux heures plus tard, au bureau, en glissant par hasard ma main dans la poche droite, que je m'aperçus qu'il y avait un papier dedans. Peut-être la note du tailleur ?

Non. C'était un billet de dix mille lires.

Je restai interdit. Ce n'était certes pas moi qui l'y avais mis. D'autre part il était absurde de penser à une plaisanterie du tailleur Corticella. Encore moins à un cadeau de ma femme de ménage, la seule personne qui avait eu l'occasion de s'approcher du complet après le tailleur. Est-ce que ce serait un billet de la Sainte Farce ? Je le regardai à contre-jour, je le comparai à d'autres. Plus authentique que lui c'était impossible.

L'unique explication, une distraction de Corticella. Peut-être qu'un client était venu lui verser un acompte, à ce moment-là il n'avait pas son portefeuille et, pour ne pas laisser traîner le billet, il l'avait glissé dans mon veston pendu à un cintre. Ce sont des choses qui peuvent arriver.

J'écrasai la sonnette pour appeler ma secrétaire. J'allais écrire un mot à Corticella et lui restituer cet argent qui n'était pas à moi. Mais, à ce moment, et je ne saurais en expliquer la raison, je glissai de nouveau ma main dans ma poche.

« Qu'avez-vous, Monsieur ? Vous ne vous sentez pas bien ? » me demanda la secrétaire qui entrait alors.

J'avais dû pâlir comme la mort. Dans la poche mes doigts avaient rencontré les bords d'un morceau de papier qui n'y était pas quelques instants avant.

« Non, non, ce n'est rien, dis-je, un léger vertige. Ça m'arrive parfois depuis quelque temps. Sans doute un peu de fatigue. Vous pouvez aller, mon petit, j'avais à vous dicter une lettre mais nous le ferons plus tard. »

Ce n'est qu'une fois la secrétaire sortie que j'osai extirper la feuille de ma poche. C'était un autre billet de dix mille lires. Alors, je fis une troisième tentative. Et un troisième billet sortit.

Mon cœur se mit à battre la chamade. J'eus la sensation de me trouver entraîné, pour des raisons mystérieuses, dans la ronde d'un conte de fées comme ceux que l'on raconte aux enfants et que personne ne croit vrais.

Sous le prétexte que je ne me sentais pas bien, je quittai mon bureau et rentrai à la maison. J'avais besoin de rester seul. Heureusement la femme qui faisait mon ménage était déjà partie. Je fermai les portes, baissai les stores et commençai à extraire les billets l'un après l'autre aussi vite que je le pouvais, de la poche qui semblait inépuisable.

Je travaillai avec une tension spasmodique des nerfs dans la crainte de voir cesser d'un moment à l'autre le miracle. J'aurais voulu continuer toute la soirée, toute la nuit jusqu'à accumuler des milliards. Mais à un certain moment les forces me manquèrent.

Devant moi il y avait un tas impressionnant de billets de banque.

[...]

Le lendemain matin...

Mais une singulière coïncidence refroidit mon délire joyeux. Sur les journaux du matin de gros titres : l'annonce d'un cambriolage survenu la veille occupait presque toute la première page. La camionnette blindée d'une banque qui, après avoir fait le tour des succursales, allait transporter au siège central les versements de la journée, avait été arrêtée et dévalisée rue Palmanova par quatre bandits. Comme les gens accouraient, un des gangsters, pour protéger sa fuite, s'était mis à tirer. Un des passants avait été tué. Mais c'est surtout le montant du butin qui me frappa : exactement cinquante millions (comme les miens).

Pouvait-il exister un rapport entre ma richesse soudaine et le hold-up de ces bandits survenu presque en même temps ? Cela semblait ridicule de le penser. Et je ne suis pas superstitieux. Toutefois l'événement me laissa très perplexe.

Plus on possède et plus on désire. J'étais déjà riche, compte tenu de mes modestes habitudes. Mais le mirage d'une existence de luxe effréné m'éperonnait. Et le soir même je me remis au travail. Maintenant je procédais avec plus de calme et les nerfs moins tendus. Cent trente-cinq autres millions s'ajoutèrent au trésor précédent.

Cette nuit-là je ne réussis pas à fermer l'œil. Était-ce le pressentiment d'un danger ? Ou la conscience tourmentée de l'homme qui obtient sans l'avoir méritée une fabuleuse fortune ? Ou une espèce de remords confus ?

Questions

1. Que se passe-t-il dans cette nouvelle ?
2. Qui est « je » ? Quel est l'intérêt pour le lecteur du choix de ce pronom ?
3. Dressez le portrait du tailleur. Quels sentiments contradictoires éprouve le narrateur* lors de sa rencontre avec lui ?
4. Comment se traduisent les doutes du narrateur* ?
5. Quelle évolution perçoit-on dans ses sentiments ?
6. Quels éléments du texte laissent entrevoir que le narrateur-personnage* a conclu un pacte avec le diable ? Montrez que cet extrait fait référence au mythe* de Faust.
7. **Exercice d'écriture.** Imaginez la fin de cette nouvelle*.

Texte 3 Matthew Stover, *Star Wars épisode III, La revanche des Sith*, Fleuve noir, 2005.

La République galactique est menacée. Les Jedi tentent de combattre les Séparatistes qui ont la mainmise sur les multiples systèmes planétaires. Le chancelier suprême Palpatine se fait voter des pouvoirs exceptionnels et prend le jeune Jedi Anakin Skywalker sous son aile. Il entreprend de le mener du côté obscur de la Force. Palpatine est en fait Dark Sidious, le Seigneur Sith que l'ordre Jedi recherche depuis dix ans. Or le jeune homme est perturbé. Déjà traumatisé par la mort de sa mère qu'il n'a pu empêcher, il vient de rêver que sa femme Padmé mourait lors de son accouchement.
Ce texte est l'épisode où Anakin Skywalker rejoint les forces du Mal et devient Dark Vador…

Anakin ouvrit les yeux et regarda bien en face les traits effroyables de Dark Sidious.

Il ne cilla même pas.

Il regardait le masque de la corruption, et le dégoût qu'il éprouvait était réel, et puissant, et en même temps… intéressant. […]

Sur le sommet de la montagne qui était en lui, il avait mis en balance la vie de Padmé et l'Ordre Jedi.

La question ne se posait pas.

— Oui, dit-il.

— Oui, quoi, mon garçon ?

— Oui, je veux votre connaissance.

— Bien ! Bien !

— Je veux votre pouvoir. Je veux le pouvoir d'arrêter la mort.

— C'est un pouvoir que seul mon maître avait réellement acquis. Mais ensemble, je sais que nous le découvrirons. La Force qui est en toi est invincible, mon garçon. Tu deviendras tout-puissant.

— Les Jedi vous ont trahi, reprit Anakin. Les Jedi nous ont trahis tous les deux.

— Comme tu dis. Tu es prêt ?

— Je le suis, dit-il, et il le pensait. Je me donne à vous. Je jure allégeance à la manière Sith. Prenez-moi pour apprenti. Apprenez-moi. Guidez-moi. Soyez mon Maître.

Sidious releva le capuchon de sa robe et le drapa de façon à dissimuler dans l'ombre les ruines de son visage.

— Agenouille-toi devant moi, Anakin Skywalker.

Anakin mit un genou en terre, baissa la tête.

— Je me place à votre service. À la manière Sith.

— Veux-tu joindre ta destinée pour toujours à l'Ordre des Seigneurs Sith ? Est-ce ta volonté ?

— Oui, répondit-il sans une hésitation.

Dark Sidious posa une main pâle sur le front de son apprenti.

— Ainsi soit-il. Tu ne fais plus qu'un avec l'Ordre des Seigneurs Noirs des Sith. À compter de ce jour, mon apprenti, de ce jour et à jamais, ton véritable nom sera Dark…

Une pause. Une quête dans la Force…

Une réponse, aussi sombre que le vide entre les galaxies…

Il entendit Sidious le dire : son nouveau nom.

— … Vador.

Deux syllabes qui étaient lui.

Vador, dit-il en lui-même. *Vador*.

— Merci, mon Maître.

— Chaque Jedi, y compris ton ami Obi-Wan Kenobi, a prouvé qu'il était un ennemi de la République. Tu comprends cela, n'est-ce pas ?

— Oui, mon Maître.

— Rien n'arrête les Jedi. Si on ne les éradique pas jusqu'au dernier, la guerre n'aura pas de fin. La destruction du Temple Jedi sera ta première tâche. Fais ce qui doit être fait, Seigneur Vador.

— Je l'ai toujours fait, mon Maître.

— N'hésite pas. Ne montre aucune pitié. Ne laisse pas un être vivant derrière toi. Alors seulement tu seras assez puissant dans le Côté Obscur pour sauver Padmé.

— Et les autres Jedi ?

— Laisse-les-moi. Quand tu te seras occupé du Temple, ta seconde tâche sera de diriger les Séparatistes dans leur « bunker secret » sur Mustafar. Quand tu les auras exterminés, les Sith dirigeront la galaxie à nouveau, et la paix reviendra. À jamais. Lève-toi, Dark Vador.

[…]

Je suis Dark Vador, se dit-il.

Questions

1. Montrez que Dark Sidious est une figure diabolique.
2. Qu'éprouve Anakin Skywalker devant Sidious ? Comment le point de vue* du narrateur* met-il en valeur l'ambivalence de ses sentiments ?
3. Dans cette scène*, Dark Sidious exploite les faiblesses d'Anakin pour le convaincre de passer du Côté Obscur de la Force. Quelles sont ces faiblesses ?
4. **a.** « Je me donne à vous. Je jure allégeance à la manière Sith. Prenez-moi pour apprenti. Apprenez-moi. Guidez-moi. Soyez mon Maître. » (l. 19-20) Observez les pronoms personnels et les formes verbales. En quoi annoncent-ils les nouveaux liens entre les deux personnages* ?
   b. De quel rituel le serment est-il accompagné ? À quelle tradition renvoie-t-il ?
   c. Qu'espère Anakin en échange de son serment ?
5. Observez les phrases en italique. Que traduisent-elles ?

Texte 4 Michel de Ghelderode, « Rhotomago », *Sortilèges*, Éditions Gallimard, 1947.

Parmi les objets qui encombrent la chambre du narrateur se trouve un bocal rempli d'eau qui contient un petit diable, « une sorte de menaçant insecte tout en griffes et antennes ». Sur le parchemin qui l'entoure figure l'inscription : « Je m'appelle Rhotomago, je monte, je descends et je dis l'avenir de Madame !... » Tandis que le narrateur s'assoupit et rêve, son chat joue avec le bocal. C'est alors que le ludion[1] s'échappe et prend vie. Il grandit et se métamorphose en diable à taille humaine. Il propose au narrateur de lui prédire l'avenir pour le remercier de lui avoir donné de l'air...

— Cher monsieur ou cher ami, vous avez été charitable au triste ludion que j'étais, se morfondant dans son jus. À mon tour, je veux vous être agréable et vous obliger. J'ai quelques lumières, pas des faisceaux, mais quelques-unes... Qu'attendez-vous de moi ?....

— Rien !.... répliquai-je promptement... Je n'attends rien que de moi-même, et ni mes semblables ni les diables éclairés ne me peuvent rien apporter !...

Cette réponse d'un bourru décontenança Rhotomago, dont la forme s'assombrit... C'est qu'il ne manquait pas de suffisance, le sire, et le ton mélodieux qu'il voulait donner à ses propos n'était pas fait pour me captiver !... Mais déjà il se retrouvait :

— Soyez prudent, insinua-t-il, je suis Rhotomago qui descend, monte et dit l'avenir !... L'avenir ! J'ai connaissance de l'avenir. Resteriez-vous indifférent aux divulgations que je vous puis faire ? Vous seriez le premier mortel qui les dédaignât et vous seriez un inconcevable fou !...

Je tranchai net dans ce discours, m'exclamant avec éclat :

— L'avenir ? Mon avenir ?... Que m'importe !... Gardez vos brumeuses et très relatives prophéties... Je sais de quels petits ennuis et de quelles petites satisfactions sera tissée ma vie proche, et quant à connaître l'heure et la circonstance de l'inéluctable trépas, je m'en contrefiche !...

Le diable avait pâli, c'est-à-dire que sa surface se couvrait de stries blanchâtres, d'aspect malsain. Il respirait difficilement. Je ne lui laissai pas le temps de se reprendre, tenant l'occasion de me quereller et de l'envoyer... au diable. Je poursuivis :

— Et puis non ! J'y consens... Vous me prédirez l'avenir, mais comme il vous faut rester vivre ici, vous payerez chèrement toute erreur dans vos pronostications. En plus, avant de vous laisser dévoiler *demain*, vous me raconterez *hier*... Sachant l'avenir, vous ne pouvez ignorer le passé, cela étant la conséquence, la logique, l'enchaînement de ceci... Oui !.... vous me direz préalablement le passé, qui est autrement passionnant, avouez !...

Mon diable divaguait sous le coup. Violemment et simulant une croissante exaltation, je lui criai encore :

1. **Ludion** : petite figure flottant dans une bouteille de verre pleine d'eau, et qui est construite de manière qu'on peut à volonté, en actionnant un piston, la faire monter ou descendre par l'effet de la pression de l'air.

— Le passé, cher ami, le grand mystère du passé !... Voilà ce que je veux pénétrer, l'impénétrable nuit du Passé !... Non pas, ô diable à courte vue, le passé immédiat, le nombre de jours vécus depuis ma naissance ; je dis le passé antérieur à cette naissance, tous les passés qui forment le Passé depuis que *j'existe*, toutes les existences qui m'ont conduit à mon existence actuelle !... Vous commencerez à la chute des anges rebelles !...

J'attendais. Il régnait dans ma chambre un silence redoutable. Rhotomago haletait. Sans nulle pitié, je considérais le ludion : il tremblait comme un bloc de gelée et des gouttes huileuses perlaient sur toute sa surface. Sans aucun doute, il passait des minutes pénibles.

— Je vous écoute… fis-je imperturbable.

Le silence devint plus épais. Le diable paraissait entrer en agonie ; il tournait la tête dans tous les sens, oppressé à l'extrême ; sa substance se craquelait… Je repris :

— Vous n'êtes donc pas capable de me dire le Passé ?...

Il fit signe que non, piteusement. Et j'achevai, sombrant ma voix pour la rendre plus dramatique :

— Dès lors, vous direz l'avenir, mais non le mien ; vous lirez le vôtre !... C'est bien le moins que vous ayez la vision de ce qui va vous arriver dans cinq minutes !...

Ce disant, j'avais saisi sur la cheminée un candélabre de bronze. Et je marchai vers l'imposteur, grondant :

— Je vais vous détruire, et vous ne le prévoyez même pas !... Ignorant, vaniteux diable ! Semblable dans vos ridicules à tant de mes contemporains, hommes savants, mais ignorants et vaniteux comme vous, gonflés de néant, de vents coulis !…

Je n'accomplis pas mon geste destructeur car, sous mes yeux, se produisait un fait nouveau : Rhotomago, lançant par ses tubes et antennes les ozones qui l'avaient dilaté, rapetissait de seconde en seconde, de la manière même mais plus rapidement qu'il n'avait enflé. Le pitoyable dégonflement !... Bientôt mon fauteuil se trouvait vidé de son occupant. Et comme je me penchais pour saisir le minuscule ludion de verre que ce diable redevenait, l'objet glissa sous ma main et partit dans l'espace, comme une fusée. Je suivis du regard sa trajectoire, et je vis qu'il allait retomber, avec précision, dans le bocal dont l'eau bouillonna…

Questions

1. Comment le diable est-il désigné dans cet extrait ? Quel regard porte sur lui le narrateur* ? Justifiez votre réponse.
2. Quel mode de discours* est utilisé pour rapporter les propos des personnages ? Quel intérêt cela présente-t-il ?
3. Dans le dialogue*, les interventions des deux personnages* s'opposent. Justifiez en relevant des éléments du texte. Qui domine cet échange ?
4. Repérez les étapes de l'agonie du diable. Expliquez en quoi elle est caricaturale.
5. Quels sont les registres* de ce texte ? Sur quels procédés reposent-ils ?
6. En quoi ce pacte avec le diable présente-t-il une issue originale ?
7. **Débat oral.** Quels intérêts présente la parodie* pour le lecteur ? En quoi l'inversion des rôles et des valeurs* est-elle libératrice ?

Parcours d'une œuvre intégrale

Gaston Leroux, *L'Homme qui a vu le diable*, 1908.

Chapitre I

En pleine montagne jurassienne, le narrateur et trois de ses amis se retrouvent pris au piège d'une infernale tempête. Ils se terrent alors dans une grotte quand un homme, précédé par son inquiétante réputation, fait son apparition. Le « gentilhomme » leur propose son hospitalité dans sa demeure isolée…

Le coup de tonnerre fut si violent que nous pensâmes que le coin de forêt qui poussait au-dessus de nos têtes avait été foudroyé et que la voûte de la caverne allait être fendue, comme d'un coup de hache, par le géant de la tempête. Nos mains se saisirent au fond de l'antre, s'étreignirent dans cette obscurité préhistorique et l'on entendit les gémissements des marcassins que nous venions de faire prisonniers. La porte de lumière qui, jusqu'alors, avait signalé l'entrée de la grotte naturelle où nous nous étions tapis comme des bêtes, s'éteignit à nos yeux, non point que l'on fût à la fin du jour, mais le ciel se soulageait d'un si lourd fardeau de pluies qu'il semblait avoir étouffé pour toujours, sous ce poids liquide, le soleil.

Il y avait maintenant au fond de l'antre un silence profond. Les marcassins s'étaient tus sous la botte de Makoko. Makoko était un de nos camarades, que nous appelions ainsi à cause d'une laideur idéale et sublime qui, avec le front de Verlaine et la mâchoire de Tropmann, le ramenait à la splendeur première de l'Homme des Bois.

Ce fut lui qui se décida à traduire tout haut notre pensée à tous les quatre, car nous étions quatre qui avions fui la tempête, sous la terre : Mathis, Allan, Makoko et moi.

— Si *le gentilhomme* ne nous donne pas l'hospitalité ce soir, il nous faudra coucher ici…

À ce moment, le vent s'éleva avec une telle fureur qu'il sembla secouer la base même de la montagne et que tout le Jura trembla sous nos pieds. Dans le même temps, il nous parut qu'une main soulevait le rideau opaque des pluies qui obstruait l'entrée de la caverne, et une figure étrange surgit devant nous, dans un rayon vert.

Makoko m'étreignit le bras :

— Le voilà ! dit-il.

Je le regardai.

Ainsi, c'était celui-là que l'on appelait *le gentilhomme*. Il était grand, maigre, osseux et triste. La pénombre fantastique, le décor exceptionnel dans lequel il nous apparaissait contribuaient même à le rendre funèbre. Il ne se préoccupait point de nous, ignorant certainement notre présence. Il était resté debout, appuyé sur son fusil, à l'entrée de la grotte, dans le rayon vert. Nous le voyions de profil : un nez fort, aquilin, un nez d'oiseau de proie, une maigre moustache, une bouche amère, un regard éteint. Il était nu-tête ; son crâne était pauvre de cheveux ; quelques mèches grises tombaient derrière l'oreille. On n'aurait pu dire exactement l'âge de cet homme ; il pouvait avoir entre quarante et soixante ans. Il avait dû être remarquablement beau, au temps où il y avait encore de la lumière dans cet œil glacé, au temps où ces lèvres de marbre souriaient encore : d'une beauté dominatrice et funeste. Je ne sais quelle sorte d'énergie terrible se cachait encore sous les lignes effacées de cette manière de spectre ; l'impression devait nous en être donnée par le profil aigu et l'arcade sourcilière profonde ; et surtout par ce front découvert, aux rides ardentes, accusatrices de passions farouches. L'homme était habillé d'un vieux complet de velours marron fort usé. Il avait de grandes bottes qui lui montaient à mi-cuisse. Mon regard, en descendant le long de ces bottes, rencontra quelque chose que je n'avais point aperçu tout d'abord et qui était entré dans la caverne en même temps que l'homme ; c'était une sorte de chien sans poils, à l'échine huileuse, bas sur ses pattes et qui, tourné vers nous, aboyait. Mais nous ne l'entendions pas ! Ce chien était, de toute évidence, muet, *et il aboyait contre nous, en silence.*

Tout à coup, l'homme se tourna vers le fond de la caverne et nous dit, sur un ton empreint de la plus exquise politesse :

— Messieurs, vous ne pouvez rentrer à La Chaux-de-Fonds, ce soir ; permettez-moi de vous offrir l'hospitalité.

Puis il se pencha sur son chien :

— *Veux-tu te taire,* Mystère ! fit-il.

Le chien ferma sa gueule.

Questions

1. Résumez la situation dans laquelle se trouvent les personnages*.
2. Relevez les éléments qui ancrent le récit* dans le réel.
3. Qui raconte ? Quel est l'intérêt de ce point de vue ?
4. **a.** Quel verbe annonce le portrait du gentilhomme ?
   b. Comment s'organise-t-il ?
   c. Le gentilhomme est un personnage inquiétant. Relevez les éléments étranges qui se glissent dans sa description.
   d. En quoi le nom et le comportement de la chienne annoncent-ils des rebondissements ?

Chapitre VI

Le gentilhomme expose au narrateur et à ses amis les circonstances de sa rencontre avec le Mal…

— Oui, c'est le premier soir que tout arriva ! Quand je fus monté dans ma chambre – dans cette chambre que l'un de vous désire habiter cette nuit –, j'ouvris la fenêtre. La lune éclairait de ses rayons pâles la solitude sauvage des plateaux. Je regardai cet affreux désert où, désormais, il me faudrait vivre, j'écoutai mon cœur qui était si pitoyable… si désemparé, Messieurs, que j'en eus pitié et, quand je refermai la fenêtre, j'avais résolu de me tuer.

Mes pistolets se trouvaient sur la commode ; je n'eus qu'à allonger la main… Ah ! j'oubliais de vous dire que j'avais amené de Paris mon dernier ami… mon chien fidèle… une chienne que j'avais trouvée, une nuit que je rentrais du tripot en maudissant le Ciel, couchée devant ma porte… Comme je ne savais d'où elle venait ni à qui elle avait appartenu, je l'avais appelée *Mystère*… Dans le moment même où je prenais mes pistolets, elle se mit à hurler dans la cour… à ululer… mais d'un ululement tel que je ne saurais le comparer à rien… elle hurlait comme je n'ai jamais entendu hurler le vent… excepté ce soir… “Tiens ! pensai-je, voilà Mystère qui hurle à la mort… elle sait donc que je vais me tuer ce soir !…”

Je jouais avec mes pistolets, pensant à ce qu'avait été ma vie et songeant pour la première fois *à ce que serait ma mort.*

Mon regard indifférent rencontra, au-dessus de la commode, dans une petite bibliothèque pendue au mur, quelques vieux ouvrages et leurs titres. Je fus étonné de voir que tous traitaient de diableries et de sorciers. Je pris un livre : *les Sorciers du Jura*, et avec le sourire sceptique de l'homme qui s'est placé au-dessus du destin, je l'ouvris. Les deux premières lignes, écrites à l'encre rouge, me sautèrent aux yeux : “Quand on veut voir sérieusement le diable, *on n'a qu'à l'appeler de tout son cœur*, il vient !” Suivait l'histoire d'un homme qui, amoureux désespéré comme moi, ruiné comme moi, avait sincèrement appelé à son secours le prince des ténèbres et qui avait été secouru ; car, quelques mois plus tard, redevenu incroyablement riche, il épousait celle qu'il aimait. Je lus cette histoire jusqu'au bout.

— Eh bien, en voilà un qui a eu “de la chance !” m'écriai-je et je rejetai le livre sur la commode.

Dehors, Mystère ululait toujours. Je soulevai le rideau de la fenêtre et ne pus m'empêcher de tressaillir devant l'ombre dansante de ma chienne sous la lune. On eût dit vraiment que la bête était possédée, tant ses bonds étaient désordonnés et inexplicables. Elle avait l'air de *happer une forme que je ne voyais pas.*

— Elle empêche peut-être le diable d'entrer, fis-je tout haut. Pourtant je ne l'ai pas encore appelé !…

J'essayais de plaisanter, mais l'état d'esprit dans lequel je me trouvais, la lecture que je venais de faire, le hurlement de ma chienne, ses bonds bizarres, le lieu sinistre, cette vieille chambre, ces pistolets *chargés pour moi*, tout avait contribué à m'impressionner beaucoup plus que je n'avais la bonne foi de me l'avouer…

Je quittai la fenêtre et marchai un peu dans ma chambre. Tout à coup je me vis dans l'armoire à glace. Ma pâleur était telle *que je crus que j'étais mort* ! Hélas ! non ! L'homme qui était devant cette armoire n'était point mort !… *Mais c'était un vivant qui évoquait le roi des morts* !… Oui… écoutez-moi… croyez-moi… j'ai fait ça… j'ai fait ça… *De tout mon cœur… de tout mon cœur… Je l'appelais !… à mon secours !… à mon secours* !… car j'étais trop jeune pour mourir !… Je voulais jouir encore de la vie !… être riche encore !… pour elle !… pour elle !… pour elle qui était un ange… Moi, moi… j'ai appelé le diable !… et alors… dans la glace… à côté de ma figure… quelque chose est venu… quelque chose de surhumain… une pâleur… un brouillard, une petite nuée tournoyante qui, bientôt s'immobilisa et me laissa voir des yeux, des yeux d'une beauté terrible… toute une autre figure, resplendissante bientôt à côté de ma face de damné… une bouche… une bouche qui me dit : "*Ouvre* !…" oui… elle m'a dit : "*Ouvre* !…" Alors j'ai reculé… mais la bouche disait encore : "*Ouvre* ! *ouvre si tu l'oses* !…" et comme je n'osais pas, *on a frappé trois coups dans la porte de l'armoire… et la porte de l'armoire s'est ouverte toute seule… toute seule…*

Questions

1. Dans ce passage, deux situations d'énonciation* se succèdent. Lesquelles ? Comment s'articulent-elles ?
2. Montrez que le gentilhomme fait preuve d'une certaine distance dans son récit*.
3. Relevez le champ lexical* des sens. Lequel est le plus sollicité ? Comment expliquez-vous son omniprésence ?
4. Comment le diable est-il désigné ? Pourquoi le gentilhomme l'a-t-il « appelé » ?
5. Relevez les différents termes qui qualifient « le chien ». Quelle progression observez-vous ?
6. Observez l'avant-dernier paragraphe. Quels procédés d'écriture sont ici employés ? Quel est l'effet produit ?

Chapitre VIII

Le gentilhomme poursuit son récit. « La porte de l'armoire s'est [finalement] ouverte toute seule », laissant apparaître le pacte infernal…

— Oui ! ajouta le gentilhomme d'une voix sombre, le diable, en deux mots, m'avait, au fond de l'armoire, en lettres brûlantes, écrit mon destin ! Il avait laissé là sa signature ! La preuve supérieure du pacte abominable que je passais avec lui, dans cette nuit tragique ! TU GAGNERAS ! Ne l'avais-je pas appelé de tout mon cœur, sincèrement, désespérément, de toutes les forces de mon être qui ne voulait pas mourir, ne l'avais-je pas appelé ? Eh bien, il était venu. Ah ! par le seigneur Dieu ! Messieurs, le Diable, quand on l'appelle, ne se fait pas attendre ! Et c'est un maître qui ne lésine pas sur le prix dont il paie ses serviteurs ! Il achète les âmes, mais il ne marchande pas ! TU GAGNERAS ! Joueur décavé, je veux redevenir riche, riche. Il me dit simplement : TU GAGNERAS ! En deux mots, il me donne toute la fortune du monde ! TU GAGNERAS !

Cette phrase de l'enfer, Messieurs, me foudroya. Le lendemain matin, le père Appenzel me trouva écroulé au pied de l'armoire. Quand on me réveilla, quand on me fit revenir à moi, hélas ! Je n'avais rien oublié ! Je ne devais rien oublier, jamais !... Partout où je vais, Messieurs ! partout où je passe ! la nuit, le jour ! sur le mur des ténèbres, sur le disque éclatant du soleil, sur la terre et dans les cieux, en moi-même quand je ferme les yeux, sur vos fronts quand je vous regarde, je lis la phrase flamboyante de l'enfer : TU GAGNERAS !

Le vieillard se tut, épuisé, et il se laissa retomber sur son fauteuil, en gémissant. Makoko et Mathis s'étaient éloignés de lui. Allan et moi le considérions avec une immense pitié. « Voilà donc, pensions-nous, où conduit la folie du jeu ! Elle conduit à la folie, tout simplement ! » Allan secoua le malaise qui nous étreignait :

— Monsieur, dit-il, d'une voix hésitante... vous avez été certainement victime d'une hallucination !...

Le gentilhomme redressa sa tête effroyable.

— Ah ! voilà une idée ! jeune homme !... Cela fait plaisir à entendre des idées pareilles !... Une hallucination !... C'est une idée surprenante qui ne viendrait pas au premier imbécile venu ! Je l'ai eue, Messieurs, cette idée-là ! Et, dès le lendemain de la nuit fatale où tout arriva... quand j'eus reconquis mes esprits, quand, avec la lumière du jour, je vis nettement le contour des choses et pus suivre sans défaillance le cercle précis de ma pensée, je me dis tout haut, pour entendre de mes deux oreilles le son clair de ma pensée d'homme, de ma pensée raisonnable d'homme qui raisonne : "Tu as eu une hallucination !... Arrête-toi sur le bord de l'abîme... Garde-toi de devenir fou, à cause d'un rêve !... Rêve, cauchemar, hallucination !... Cette figure, à côté de la tienne, ces yeux, cette bouche, cette splendeur inconnue, la forme du Diable surgie, dans cette glace qui ne reflétait, en réalité, que les formes inventées par ton cerveau malade, hallucination !... hallucination !... *Comment as-tu pu croire que tu avais vu le Diable* !... Et ces lettres de feu, au fond de l'armoire ! Cette promesse venue de l'enfer : TU GAGNERAS ! hallucination !... Toi, gagner !... mais c'est à mourir de rire... et aller tout de suite demander, chez lui, une explication, au Diable qui s'est moqué de toi !"

Et je partis à rire, en effet... Aussi, comme je riais, le père Appenzel entra dans ma chambre. Il faut que vous sachiez que mon hallucination, comme vous dites, m'avait tellement ému que j'avais dû garder le lit. Le père Appenzel m'apportait quelque tisane. Il me dit : " Monsieur, il se passe une chose incroyable ! votre chienne est devenue muette ! *Elle aboie en silence* !

— Oh ! je sais, je sais ! m'écriai-je. Elle ne doit retrouver la voix que *lorsqu'il reviendra* !..."

Qui ?... Qui avait prononcé ces mots ?... Moi ?... Vraiment ! oui, c'était moi !... Le père Appenzel me regarda stupéfait et épouvanté, car il paraît que, dans ce moment-là, mes cheveux se dressaient sur ma tête. Mes yeux allaient, malgré moi, à l'armoire. Le père Appenzel, aussi inquiet, aussi agité que moi, me dit encore :

— Quand j'ai trouvé Monsieur, ce matin, sur le carreau, l'armoire était penchée comme elle l'est en ce moment et la *porte ouverte*. J'ai refermé la porte, mais je n'ai pu redresser l'armoire. *Elle retombe toujours* !

Je priai le père Appenzel de me laisser. Une fois seul, je suis descendu de mon lit, je suis allé à l'armoire, je l'ai ouverte. Ah ! mon émotion en ouvrant la porte !... La phrase, Messieurs, la phrase écrite avec du feu, y était encore ! Elle était gravée dans les planches du fond ; elle avait brûlé les planches en s'y imprimant... et j'ai lu le jour, comme j'avais lu, la nuit, ces mots : TU GAGNERAS !

J'avais fait un bond hors de ma chambre, j'ai appelé ! Le père Appenzel est revenu. Je lui ai dit : " Regarde dans l'armoire ! et dis-moi ce que tu y vois ! " Mon serviteur regarda à son tour dans le meuble et me dit : " TU GAGNERAS ! "

Questions

1. Commentez la phrase « TU GAGNERAS ! ». Pour le gentilhomme, c'est une « phrase de l'enfer ». Comment la désigne-t-il encore ? Qu'observez-vous ?
2. « Cette phrase de l'enfer, Messieurs, me foudroya. Le lendemain matin, le père Appenzel me trouva, écroulé au pied de l'armoire. » (l. 12-13) Quel procédé narratif* est ici employé ? Quelle conséquence a-t-il sur le rythme* du récit ?
3. « Partout où je vais, Messieurs ! partout où je passe ! la nuit, le jour ! sur le mur des ténèbres, sur le disque éclatant du soleil, sur la terre et dans les cieux, en moi-même quand je ferme les yeux, sur vos fronts quand je vous regarde je lis la phrase flamboyante de l'enfer : TU GAGNERAS ! » (l. 15-18)
Sur quels procédés repose cette phrase ? Quel est l'effet produit ?
4. « *Elle aboie en silence.* » (l. 48) Commentez cette phrase. Quel rôle Mystère joue-t-elle dans l'histoire ?
5. Quelles émotions successives et contradictoires éprouve le personnage* à la suite du pacte ?
6. **Exercice d'écriture.** En quoi cet extrait illustre-t-il la citation de Tzvetan Todorov dans *Introduction à la littérature fantastique* : « Celui qui perçoit l'événement doit opter pour l'une des deux solutions possibles : **ou bien il s'agit d'une illusion des sens**, d'un produit de l'imagination et les lois du monde restent alors ce qu'elles sont ; **ou bien l'événement a véritablement eu lieu**, il est partie intégrante de la réalité, mais alors cette réalité est régie par des lois inconnues de nous. » ?
Vous répondrez sous la forme d'un paragraphe argumentatif*.

Chapitres XII, XIII et épilogue

L'hôte raconte aux quatre amis que le pacte s'est réalisé et qu'il a reconstitué sa fortune en gagnant aux cartes. Ceux-ci décident alors de vérifier si le sort opère encore. Ils entament une partie de cartes et mettent en jeu le contenu du portefeuille du vieil homme, les 12 000 francs apportés par son intendant, quelques heures auparavant. L'hôte perd la partie. Mais tous découvrent stupéfaits que le portefeuille est vide. Les 12 000 francs réapparaissent mystérieusement dans le sac de l'intendant qui les rapporte, bouleversé. Une nouvelle partie s'engage et c'est finalement le gentilhomme qui la remporte. C'est alors qu'il devient comme fou.

XII

Mais voilà qu'il se dirige vers la porte, recourbé le mufle en avant comme une bête de proie qui va bondir… tout le poil hérissé…

C'est que, dehors, *c'est bien un chien qui aboie*… un chien dont le hurlement fantastique domine la voix du vent… un chien qui hurle à la mort…

L'homme est arrivé à la porte ; il se redresse le long de la porte, et, là, à travers le bois… *il demande à voix basse* :

— Est-ce toi ? Mystère !…

Par quel phénomène le chien et le vent se taisent-ils ensemble, en même temps ?…

L'homme, tout doucement, tire les verrous, entrouvre la porte… La porte n'est pas plus tôt ouverte que le jappement infernal reprend avec un éclat et un prolongement si lugubres que nous en frissonnons jusqu'aux moelles. Et l'hôte s'est rejeté sur la porte avec une telle force que nous avons pu croire qu'il l'avait brisée. Non content d'avoir tiré les verrous, il la maintient encore de ses genoux et de ses bras étendus, sans un mot, ne nous laissant entendre que le bruit de sa respiration haletante…

Puis, quand le jappement mortuaire eut cessé, qu'il n'y eut plus que du silence dehors, comme dedans, il se retourna vers nous, fit quelques pas d'une démarche d'automate et nous dit :

— *Il est revenu ce soir* ! *Prenez garde* !

***

XIII

Minuit… On s'est séparés !… L'hôte nous a quittés… Makoko et Mathis sont restés auprès du foyer mourant, en bas ; Allan est allé se coucher dans sa chambre et moi, conduit par je ne sais quelle force intérieure qui me domine, je me retrouve dans la *mauvaise chambre*… Je me prends à faire les mêmes gestes que *l'autre* ; je touche au même livre, je l'ouvre à la même page, je vais à la fenêtre, je soulève le rideau ; je vois le même paysage lunaire, car le vent a chassé depuis longtemps toutes les nuées de tempête, tous les brouillards. Il n'y a plus là que des rochers nus, éclatants comme l'acier sous les rayons de l'astre des nuits, et… sur le plateau désert… une ombre dansante… celle de Mystère qui ouvre une gueule formidable… *une gueule que je vois aboyer*… Mais l'entends-je ?… Oui, en vérité… Il semble que je l'entends… Je laisse retomber le rideau… Je prends ma bougie sur la commode… Je m'avance vers l'armoire… Je me regarde dans la glace de l'armoire… Je songe à *celui* qui a écrit les mots qui sont dans l'armoire… Ma pensée ne peut se détacher de *celui-là*... Quelle est cette figure dans la glace ?... C'est la mienne ! Mais est-il possible que la face de notre hôte, lors de la nuit fatale, eût été plus pâle que celle-là qui est la mienne !... Oh ! oui ! j'ai la figure du mort... Et, à côté... là... là... ce petit nuage... cette petite buée trouble dans la glace... à côté de ma figure... ces yeux si terribles... cette bouche... Ah ! crier ! crier !... Je ne le puis pas !... Je ne puis même pas crier *quand j'entends frapper trois coups* !... Et ma main !... ma main va à la porte de l'armoire... ma main curieuse, ma main maudite...

Soudain ma main est prise dans un étau que je connais. Je me retourne. Je suis en face de notre hôte, dont la figure effroyable se reflète à côté de la mienne dans la glace, et qui me dit d'une voix d'outre-tombe :

— *N'ouvrez pas* !

***

Épilogue

Le lendemain nous n'avons point demandé au gentilhomme de nous donner notre revanche. Nous avons littéralement fui sa demeure sans l'avoir revu. Le soir, par les soins du père de Makoko à qui nous avons raconté l'aventure, douze mille francs furent portés à notre singulier hôte. Il nous les renvoya avec ce mot :

« *Nous sommes quittes. Lors de la première partie que vous avez gagnée, comme lors de la seconde que vous avez perdue, nous avons cru, vous et moi, jouer douze mille francs. Cela doit nous suffire. Le Diable a mon âme, mais il n'aura pas mon honneur* ! »

Nous ne tenions pas du tout à conserver ces douze mille francs. Nous en fîmes don à l'hôpital de La Chaux-de-Fonds qui en avait grand besoin. Quand les réparations urgentes, grâce à notre générosité, furent faites, l'hôpital, une nuit d'hiver, brûla si bien que, le lendemain à midi, il n'en restait que des cendres. Heureusement, il n'y eut aucun accident de personne à déplorer.

Questions

Chapitre XII (lignes 1 à 19)

1. Pourquoi le vieillard pense-t-il qu'« il est revenu » (l. 19) ?
2. Comment est caractérisée* Mystère dans cet extrait ? À quoi est-elle associée ?
3. Montrez que les différents bruits sont essentiels dans ce chapitre. Que traduisent-ils ?

Chapitre XIII (lignes 20 à 43)

4. Comment le narrateur-personnage* accentue-t-il peu à peu le suspense ?
5. Quels éléments font écho au récit* du vieillard ?
6. Quels sens sont ici mobilisés par le narrateur ? Justifiez en relevant des éléments précis.
7. « Et ma main ! [...] ma main maudite... » (l. 38-39) : quels sont les procédés stylistiques employés ? Quel est l'effet produit ?

Épilogue (lignes 44 à 55)

8. Quel est le statut de cet épilogue* ? À la fin du récit*, quelles questions se pose encore le lecteur ?
9. Pourquoi peut-on dire que le gentilhomme a sauvé le narrateur* ?
10. **Exercice d'écriture.** « Et ma main !... ma main va à la porte de l'armoire... ma main curieuse, ma main maudite... » (l. 38-39). La main ouvre finalement la porte. Imaginez une suite possible.

BILAN

LE FANTASTIQUE

L'adjectif « fantastique » est issu du bas latin *fantasticus*, du grec *phantastikos*, « capable de former des images, qui se crée des illusions ». (*Dictionnaire de L'Académie française*) « le fantastique [...] se caractérise [...] par une intrusion brutale du mystère dans le cadre de la vie réelle ». (Castex, *Le Conte fantastique en France*, 1951)

◎ Histoire littéraire

Les origines

Dès l'Antiquité, on trouve des thèmes qui deviendront plus tard traditionnels. Par exemple, Pline le Jeune imagine l'histoire d'un fantôme en mal de sépulture.

Les influences majeures

En 1772, Jacques Cazotte introduit dans la littérature **le thème du satanisme.** (*Le Diable amoureux*)

Entre 1764 et 1824, le **roman gothique anglais** invente une atmosphère particulièrement ténébreuse ; les actions sont ancrées dans un cadre médiéval, propice à la peur. Bram Stoker, dans son célèbre *Dracula*, donne un modèle du vampire à tous les romans qui suivront. Le cinéma s'emparera du thème (*Ex. Nosferatu* de Wilhelm Friedrich Murnau en 1922). D'autres textes anglais comme *Frankenstein* de Mary Shelley en 1818 ont aussi contribué à développer la littérature fantastique.

En 1808, *Faust I* de Johann Wolfgang von Goethe fait de **l'Allemagne romantique** un autre berceau du fantastique. Le *mythe** de *Faust* devient l'illustration du pacte démoniaque, motif récurrent du registre fantastique*. L'homme cède son âme au Diable pour obtenir bonheur, richesse, puissance, connaissance universelle, jeunesse, immortalité ... contre une aliénation désastreuse dont il ne perçoit pas, *a priori*, l'importance. Ce pacte « infernal » cristallise le conflit des valeurs* humaines et témoigne des limites de la condition de l'homme. À l'époque contemporaine les réécritures sont nombreuses : *Rhotomago* de Michel de Ghelderode ou *Mon Faust* de Paul Valery sont des parodies* du mythe de Faust.

Les textes étudiés développent d'autres thèmes et témoignent de la fécondité du registre fantastique* :

- **le thème du double.** Cette ambiguïté fascine et effraie : part sombre d'un individu, elle marque l'hésitation entre le bien et le mal, comme dans *La revanche des Sith*, épopée* imaginée par George Lucas ;
- **les objets « magiques ».** Dans la *Peau de chagrin* d'Honoré de Balzac, la peau est un véritable « talisman », c'est « le pouvoir et le vouloir réunis ». Dans *Le Veston ensorcelé* de Dino Buzzati, c'est un vêtement qui procure la richesse ;
- **le morcellement du corps.** Dans *L'Homme qui a vu le diable* de Gaston Leroux, la main semble vivre indépendamment de son propriétaire.

◎ Caractéristiques du fantastique

- **Le surnaturel est ancré dans le réel.** Cet ancrage permet d'endormir la méfiance du lecteur de manière à mieux faire surgir l'irrationnel. Le cadre spatio-temporel est fixé de manière réaliste* (*Ex.* Le Paris des années 1830 dans *La Peau de chagrin*, d'**Honoré de Balzac**). Les personnages sont décrits dans leur vie quotidienne. Parfois, les lieux sont étranges ou isolés (*Ex. L'Homme qui a vu le diable*, de **Gaston Leroux**). Le moment doit aussi permettre de douter de ce qui est vu. L'aube, le crépuscule, la nuit noire favorisent l'hésitation entre le vrai et le faux. Les sens sont perturbés, notamment la vue, ce qui renforce le degré d'incertitude. L'ambiance sonore (silence, murmures, rires infernaux dans *La Peau de chagrin*) et les conditions météorologiques (vent, pluies diluviennes dans *L'Homme qui a vu le diable*) participent aussi au brouillage des sens et à la création d'une atmosphère fantastique.
- **Le surnaturel est discuté.** Face à l'étrange, le héros hésite entre deux explications. **Le doute, le malaise et la peur du héros se transmettent au lecteur.** S'agit-il de la réalité ou d'un rêve ? de la vérité ou d'une illusion ? d'une malédiction diabolique ou du hasard ? de la preuve d'un pacte diabolique ou de celle de la folie ?

◎ Procédés mis en œuvre

- **L'énonciation*.** Le texte est fréquemment à la 1re personne du singulier pour favoriser l'identification du lecteur au narrateur-personnage comme dans *Le Veston ensorcelé* de **Dino Buzzati**). Dans *L'Homme qui a vu le diable*, le gentilhomme, narrateur d'un récit enchâssé fait part de son histoire à l'assemblée du récit cadre. Le héros* témoigne lui-même de ce qui lui est arrivé et met en doute ses facultés mentales et ses perceptions. Est-il en train de rêver ? Est-il devenu fou ? Ce qu'il voit ou ce qu'il entend est-il réel ou s'agit-il d'hallucinations visuelles ou auditives ? En pénétrant directement dans les pensées du personnage principal, le lecteur est happé par les événements et doute à son tour.
- **L'expression de l'hésitation** selon **Todorov** est une constante de la littérature fantastique. Le narrateur exprime le degré de certitude ou d'incertitude qu'il accorde à ce qu'il raconte par le biais des **modalisateurs*** :
  - **des adverbes** : « vous avez été certainement victime d'une hallucination », ou des verbes : « il paraît que, dans ce moment-là, mes cheveux se dressaient sur ma tête », « il semble que je l'entends » (**Gaston Leroux**) ;
  - **des adjectifs qualificatifs** : « Toutefois l'événement me laissa perplexe » (**Dino Buzzati**) ; « une figure étrange surgit devant nous » (**Gaston Leroux**) ;
  - **le lexique évaluatif***, alternativement mélioratif* et péjoratif* : « Je ne comprenais pas si je vivais un rêve, si j'étais heureux ou si au contraire je suffoquais sous le poids d'une trop grande fatalité. » (**Dino Buzzati**) ; « Il regardait le sourire de la corruption, et le dégoût qu'il éprouvait était réel, et puissant, et en même temps… intéressant. » (**Matthew Stower**) ;
  - **le conditionnel** marque le doute et l'incertain. Des formules comme « on eût dit », « on dirait » sont donc fréquentes dans les œuvres fantastiques. « On eût dit vraiment que la bête était possédée » (**Gaston Leroux**).

VERS LE BAC

Pierre Mac Orlan, *Marguerite de la Nuit*, Éditions Grasset, 1925.

En plein milieu des années vingt à Paris, Georges Faust, âgé de quatre-vingt-deux ans, attend la fin de sa vie. Mais un mystérieux inconnu, M. Léon, lui propose un pacte : la jeunesse en échange de son âme ou d'une âme… Georges aperçoit alors la belle Marguerite qui va précipiter sa chute.

Faust se leva maladroitement entre la table et la banquette et approcha sa coupe de celle de son partenaire.

— Supposez, fit M. Léon, en mordant sa moustache, que je vous propose le marché classique… l'éternelle aventure qui séduisit votre ancêtre, accepteriez-vous de mettre votre signature au bas de l'acte ?

— Ce n'est qu'une âme à vendre, répondit le professeur.

— Vous avez raison, une âme ou une autre, c'est absolument la même chose au point de vue commercial. Écoutez, je fais le commerce des âmes, et je peux vous proposer un troc : je vous donne la jeunesse en échange de votre âme, au cours du jour, avec vos doutes, vos regrets, vos espoirs. J'ai l'habitude de ce genre de marché, bien que pour l'ordinaire je me serve d'un protocole beaucoup moins romantique. Habituellement, j'achète les âmes par des moyens détournés, garantis sans douleur. Votre culture, vos souvenirs de famille m'incitent à utiliser le décor tombé en désuétude des petits livres de colportage à couverture bleue. Je vous achète votre âme, Monsieur Faust.

— À quel prix ? interrogea le professeur, qui tremblait d'émotion.

— En échange d'une jeunesse élégante, jusqu'au jour de votre mort désigné par une puissance qui échappe à mon contrôle.

— J'ai quatre-vingt-deux ans, soupira Faust en ricanant ; le marché n'est pas séduisant.

— Si je vous rajeunis de soixante années, par exemple, je peux vous garantir une vie surnaturelle, égale en durée à celle que vous avez vécue comme un…

— Je sais, dit Faust. D'après vous, j'aurais donc soixante années, au minimum, à vivre sous les apparences d'un homme de vingt ans ?

— C'est cela même. Les conditions qu'accepta votre ancêtre équivalaient à celles que je vous propose.

— Alors… soupira Faust.

Il leva son verre et le présenta au visage de la femme rousse qui, un peu haletante, était revenue prendre sa place à ses côtés.

— Comment vous appelez-vous, Mademoiselle ? demanda Faust en tendant l'oreille.

— Je m'appelle Marguerite, Marguerite de la Nuit, parce que je dors jusqu'à sept heures du soir et que je ne peux pas me mettre au lit avant sept heures du matin. Je vais prendre, chaque matin, le vin blanc, vêtue comme je le suis en ce moment, dans un bureau de tabac de la rue Fontaine.

— Marguerite, soupira Faust.

— Quand je vous le disais, déclara M. Léon en roulant une cigarette.

[…]

Les deux hommes se dirigent alors vers un petit café de la rue des Abbesses.

Quand les consommations furent servies, et quand le garçon eut disparu, Léon sortit de son portefeuille un papier qu'il posa sur la table, à côté de son stylographe.

— Il me suffira d'un peu de sang pour votre signature. Ne craignez rien, ce n'est pas douloureux.

Léon prit le papier et lut à mi-voix : « Je déclare donner à l'ordre du Prince des Ténèbres, dit Léon, mon âme à l'échéance du 25 mai de l'an 2000. »

— Vous acceptez ?

— Oui, répondit Faust, mais pour l'amour de Dieu, ne me faites pas mal.

— J'ai l'habitude.

Léon érafla l'oreille du vieillard empourpré. Une gouttelette rouge s'arrondit, qu'il recueillit au bout de la plume d'or.

— Laissez-moi une chance, dit Faust, en tâtant avec circonspection son oreille éraflée.

— Je suis un Américain 100 %, ricana M. Léon.

[— Alors, ajoutez cette clause à cette reconnaissance de dette : « J'autorise Monsieur le Professeur Faust à remplacer sa signature par celle d'une autre personne, qui signera cette reconnaissance de dette avec son sang et qui, par cette opération, devra me remettre son âme, le jour de l'échéance, à la place de celui qui signa cet acte le premier. Le dernier signataire de ce papier sera rendu responsable de cette dette. »]

— Vous ou un autre, fit M. Léon.

Lecture (9 points)

1. Quel pacte est signé entre Faust et Monsieur Léon ? Quel rôle joue Marguerite dans cet engagement ? (2 pts)
2. Quels arguments M. Léon utilise-t-il pour défendre son pacte auprès de Faust ? Sur quels procédés s'appuie-t-il pour le persuader d'accepter sa proposition ? Commentez l'effet produit. (5 pts)
3. Montrez que l'attitude de Faust évolue tout au long du texte. (2 pts)

Écriture d'invention (11 points)

Sujet. Des années plus tard, Faust écrit à Marguerite pour la persuader de signer à sa place sa reconnaissance de dette. Dans sa lettre, il reprend les procédés utilisés par M. Léon.

▶ Rédigez cette lettre d'une trentaine de lignes.

Séquence 6

Le drame à l'époque moderne et contemporaine

Duels en scène

Il faut aller au théâtre comme on va à un match de football, de boxe ou de tennis. Le match nous donne en effet l'idée la plus exacte de ce qu'est le théâtre à l'état pur : antagonismes en présence, oppositions dynamiques, heurts sans raison de volontés contraires.

Eugène Ionesco, *Notes et contrenotes*, Éditions Gallimard, 1966.

Objectifs du référentiel

1.1 **Écrire pour soi et pour les autres**
- 1.1-3 Rédiger un discours argumentatif, prendre en compte la thèse adverse, énoncer un point de vue, le soutenir par des arguments, conclure
- 1.1-4 Pratiquer l'écriture d'invention
- 1.1-5 Respecter les codes de la langue écrite, utiliser des procédés stylistiques

1.2 **Échanger à l'oral : s'exprimer, écouter, réagir**
- 1.2-1 Mettre en voix
- 1.2-2 Reformuler, exposer, débattre
- 1.2-3 Exprimer un point de vue nuancé
- 1.2-4 Maîtriser les procédés de la parole efficace

1.3 **Devenir un lecteur actif et critique**
- 1.3-1 Mettre des œuvres en relation avec leur contexte historique
- 1.3-2 Confronter sur une question de société des débats d'époques différentes

Israël Horovitz, *Le Baiser de la veuve*, Troupe du Totem, avec Christophe Duffay, Zouliha Magri, Pierre Séverin, Théâtre de Saint-Brieuc, 2003.

Prélude

Écrire et dire

Israël Horovitz, *Le Baiser de la veuve*, Éd. Théâtrales, 1995.

Israël Horovitz est un dramaturge américain né en 1939. Auteur de plus de cinquante pièces de théâtre traduites à ce jour dans une vingtaine de langues différentes et jouées sur toutes les scènes du monde, c'est actuellement l'écrivain américain vivant le plus joué en France.

Résumé de la pièce : Bobby Bailey, dit « le bélier », et George Ferguson dit « la crevette », la trentaine, sont deux copains d'enfance. Ils travaillent à façonner des balles de papier et de carton de récupération. Bobby apprend à George qu'il sort le soir même avec leur ancienne camarade de classe, Betty Starck. Celle-ci est de retour au pays. Mais lorsque Betty arrive, les vieux souvenirs et le traumatisme d'une lointaine soirée resurgissent…

Questions

1. Observez la photographie d'ouverture (décors, position des personnages, regards…) ; décrivez-la : quelle atmosphère se dégage de cette scène ?
2. **Exercice d'écriture.** Imaginez le dialogue préalable entre les personnages qui justifie leurs attitudes présentes. Les répliques mettront en évidence un affrontement verbal.

Ce que nous avons vu

- **Au théâtre, le mot *scène** a deux sens.**

  1. Il désigne l'espace dans lequel jouent les comédiens : ils évoluent dans un décor* qui organise l'action (en grec, « *drama* ») et le mouvement. Celui-ci peut être réaliste ou symbolique.

  2. Il désigne une partie dans un acte. L'entrée ou la sortie d'un ou de plusieurs personnages* indique un changement de scène* dans le texte.

- **Dans chaque scène, les personnages s'expriment sous forme de monologue* ou de dialogue*. Par l'enchaînement des répliques* mais aussi grâce aux informations scéniques données par les didascalies*, ils échangent, discutent (duo) ou se disputent (duel).**

- **Dans la dramaturgie traditionnelle, la scène théâtrale se définit comme un lieu où s'affrontent les sentiments et les valeurs*. Le spectateur adhère au message de la pièce par identification avec le héros. L'action est déclenchée par un ou des conflit(s) entre les protagonistes que le dénouement résout.**

Lire, comparer, analyser, écrire

Texte 1 Alfred de Musset, *Lorenzaccio*, Acte III, scène 3, 1834.

Ce drame est fondé sur un fait historique : en 1537, Alexandre de Médicis, duc de Florence règne en tyran sur la ville. Sa débauche le rend impopulaire aux yeux du peuple, des commerçants et des grandes familles. Pour libérer sa patrie, son cousin, Lorenzo de Médicis, l'assassine. Les opposants au tyran seront cependant incapables de prendre le pouvoir.

Dans la pièce de Musset, Lorenzo, surnommé Lorenzaccio, c'est-à-dire « Lorenzo le mauvais », est le compagnon de débauche du duc. Il se dévoile ici à Philippe Strozzi, opposant à Alexandre : il a fait croire au duc qu'il aimait le vice comme lui, afin de l'approcher et de le tuer. Mais en se cachant derrière ce masque, il a perdu son vrai visage…

LORENZO. — Suis-je un Satan ? Lumière du ciel ! Je m'en souviens encore ; j'aurais pleuré avec la première fille que j'ai séduite, si elle ne s'était mise à rire. Quand j'ai commencé à jouer mon rôle de Brutus moderne, je marchais dans mes habits neufs de la grande confrérie du vice, comme un enfant de dix ans dans l'armure d'un géant de la Fable. […] J'avais commencé à dire tout haut que mes vingt années de vertu étaient un masque étouffant ; ô Philippe ! J'entrai alors dans la vie ; et je vis qu'à mon approche tout le monde en faisait autant que moi ; tous les masques tombaient devant mon regard ; l'Humanité souleva sa robe, et me montra, comme à un adepte digne d'elle, sa monstrueuse nudité. J'ai vu les hommes tels qu'ils sont, et je me suis dit : "Pour qui est-ce donc que je travaille ?" Lorsque je parcourais les rues de Florence, avec mon fantôme à mes côtés, je regardais autour de moi, je cherchais les visages qui me donnaient du cœur, et je me demandais : "Quand j'aurai fait mon coup, celui-là en profitera-t-il ? " J'ai vu les républicains dans leurs cabinets ; je suis entré dans les boutiques ; j'ai écouté et j'ai guetté. J'ai recueilli les discours des gens du peuple, j'ai vu l'effet que produisait sur eux la tyrannie ; […] j'ai avalé entre deux baisers les larmes les plus vertueuses ; j'attendais toujours que l'humanité me laissât voir sur sa face quelque chose d'honnête. J'observais comme un amant observe sa fiancée en attendant le jour des noces !

PHILIPPE. — Si tu n'as vu que le mal, je te plains ; mais je ne puis te croire. Le mal existe, mais non pas sans le bien ; comme l'ombre existe, mais non sans la lumière.

Texte 2 Jean Giraudoux, *La Guerre de Troie n'aura pas lieu*, Acte II, scène 8, Fondation J. et J.P. Giraudoux, Fondation de France, 1935.

Depuis Homère, on sait que la guerre de Troie a eu lieu. Mais certains personnages de la pièce croient encore pouvoir l'éviter, en particulier le Troyen Hector et son épouse Andromaque. L'enlèvement d'Hélène par Pâris risque de provoquer la guerre entre Grecs et Troyens : si Hélène regagne la Grèce, tout risque sera écarté.

Dans cet extrait, Andromaque interroge Hélène pour savoir si elle aime réellement Pâris. Dans ce cas, au moins, la guerre aurait un sens. Deux conceptions du couple, de l'amour et de la vie s'affrontent dans ce dialogue.

ANDROMAQUE. — Que vous partiez ou non, ce n'est plus la question, Hélène.

HÉLÈNE. — Dites cela à Hector. Vous faciliterez sa journée.

ANDROMAQUE. — Oui, Hector s'accroche à l'idée de votre départ. Il est comme tous les hommes. Il suffit d'un lièvre pour le détourner du fourré où est la panthère. Le gibier des hommes peut se chasser ainsi. Pas celui des dieux.

HÉLÈNE. — Si vous avez découvert ce qu'ils veulent, les dieux, dans toute cette histoire, je vous félicite.

ANDROMAQUE. — Je ne sais pas si les dieux veulent quelque chose. Mais l'univers veut quelque chose. Depuis ce matin, tout semble le réclamer, le crier, l'exiger, les hommes, les bêtes, les plantes… Jusqu'à cet enfant en moi…

HÉLÈNE. — Ils réclament quoi ?

ANDROMAQUE. — Que vous aimiez Pâris.

HÉLÈNE. — S'ils savent que je n'aime point Pâris, ils sont mieux renseignés que moi.

ANDROMAQUE. — Vous ne l'aimez pas ! Peut-être pourriez-vous l'aimer. Mais pour le moment, c'est dans un malentendu que vous vivez tous deux.

HÉLÈNE. — Je vis avec lui dans la bonne humeur, dans l'agrément, dans l'accord. Le malentendu de l'entente, je ne vois pas très bien ce que cela peut être.

ANDROMAQUE. — Vous ne l'aimez pas. On ne s'entend pas dans l'amour. La vie de deux époux qui s'aiment, c'est une perte de sang-froid perpétuel. La dot des vrais couples est la même que celle des couples faux : le désaccord originel. Hector est le contraire de moi. Il n'a aucun de mes goûts. Nous passons notre journée ou à nous vaincre l'un l'autre ou à nous sacrifier. Les époux amoureux n'ont pas le visage clair.

HÉLÈNE. — Et si mon teint était de plomb, quand j'approche Pâris, et mes yeux blancs, et mes mains moites, vous pensez que Ménélas en serait transporté, les Grecs épanouis ?

ANDROMAQUE. — Peu importerait alors ce que pensent les Grecs !

HÉLÈNE. — Et la guerre n'aurait pas lieu ?

ANDROMAQUE. — Peut-être, en effet, n'aurait-elle pas lieu ! Peut-être, si vous vous aimiez, l'amour appellerait-il à son secours l'un de ses égaux, la générosité, l'intelligence… Personne, même le destin, ne s'attaque d'un cœur léger à la passion… Et même si elle avait lieu, tant pis ! […]

HÉLÈNE. — Alors ?

ANDROMAQUE. — Alors je vous en supplie, Hélène. Vous me voyez là pressée contre vous comme si je vous suppliais de m'aimer. Aimez Pâris ! Ou dites-moi que je me trompe ! Dites-moi que vous vous tuerez s'il mourait. Que vous accepterez qu'on vous défigure pour qu'il vive !…. Alors la guerre ne sera plus qu'un fléau, pas une injustice. J'essaierai de la supporter.

HÉLÈNE. — Chère Andromaque, tout cela n'est pas si simple. Je ne passe point mes nuits, je l'avoue, à réfléchir sur le sort des humains, mais il m'a toujours semblé qu'ils se partageaient en deux sortes. Ceux qui sont, si vous voulez, la chair de la vie humaine.

Et ceux qui en sont l'ordonnance, l'allure. Les premiers ont le rire, les pleurs, et tout ce que vous voudrez en sécrétions. Les autres ont le geste, la tenue, le regard. Si vous les obligez à ne faire qu'une race, cela ne va plus aller du tout. L'humanité doit autant à ses vedettes qu'à ses martyrs.

ANDROMAQUE. — Hélène !

HÉLÈNE. — D'ailleurs vous êtes difficile… Je ne le trouve pas si mal que cela, mon amour. Il me plaît, à moi. Évidemment cela ne tire pas sur mon foie ou ma rate[1] quand Pâris m'abandonne pour le jeu de boules ou la pêche au congre. Mais je suis commandée par lui, aimantée par lui. L'aimantation, c'est aussi un amour, autant que la promiscuité. C'est une passion autrement ancienne et féconde que celle qui s'exprime par les yeux rougis de pleurs ou se manifeste par le frottement. Je suis aussi à l'aise dans cet amour qu'une étoile dans sa constellation. J'y gravite, j'y scintille, c'est ma façon à moi de respirer et d'étreindre. […] Qu'est-ce qu'il va devenir, si j'y verse la jalousie, la tendresse et l'inquiétude ! Le monde est déjà si nerveux : voyez vous-même !

---

1. **Foie et rate** : symbolisent le siège des émotions ; ils sont l'équivalent du cœur aujourd'hui.

Texte 3 Jean Anouilh, *Antigone*, Éditions La Table Ronde, 1944.

Jean Anouilh reprend le mythe d'Antigone. Créon, son oncle et roi de Thèbes, a interdit, sous peine de mort, d'offrir une sépulture à Polynice, le frère d'Antigone. Malgré cette interdiction, Antigone a décidé de désobéir. Pendant la nuit, seule, elle a une première fois recouvert de terre le corps de son frère. Sa sœur, Ismène, ignorant qu'Antigone est déjà passée à l'acte, tente de la convaincre de la folie de ce projet.

ISMÈNE. — Tu sais, j'ai bien pensé, Antigone.

ANTIGONE. — Oui.

ISMÈNE. — J'ai bien pensé toute la nuit. Tu es folle.

ANTIGONE. — Oui.

ISMÈNE. — Nous ne pouvons pas.

ANTIGONE, *après un silence, de sa petite voix.* — Pourquoi ?

ISMÈNE. — Il nous ferait mourir.

ANTIGONE. — Bien sûr. À chacun son rôle. Lui, il doit nous faire mourir, et nous, nous devons aller enterrer notre frère. C'est comme cela que ç'a été distribué. Qu'est-ce que tu veux que nous y fassions ?

ISMÈNE. — Je ne veux pas mourir.

ANTIGONE, *doucement.* —Moi aussi j'aurais bien voulu ne pas mourir.

ISMÈNE. — Écoute, j'ai bien réfléchi toute la nuit. Je suis l'aînée. Je réfléchis plus que toi. Toi, c'est ce qui te passe par la tête tout de suite, et tant pis si c'est une bêtise. Moi, je suis plus pondérée. Je réfléchis.

ANTIGONE. — Il y a des fois où il ne faut pas trop réfléchir.

ISMÈNE. — Si Antigone. D'abord c'est horrible, bien sûr, et j'ai pitié moi aussi de mon frère, mais je comprends un peu notre oncle.

ANTIGONE. — Moi je ne veux pas comprendre un peu.

Ismène. — Il est le Roi, il faut qu'il donne l'exemple.

Antigone. — Moi, je ne suis pas le Roi. Il ne faut pas que je donne l'exemple, moi… Ce qui lui passe par la tête, la petite Antigone, la sale bête, l'entêtée, la mauvaise, et puis on la met dans un coin ou dans un trou. Et c'est bien fait pour elle. Elle n'avait qu'à ne pas désobéir !

Ismène. — Allez ! Allez !… Tes sourcils joints, ton regard droit devant toi et te voilà lancée sans écouter personne. Écoute-moi. J'ai raison plus souvent que toi.

Antigone. — Je ne veux pas avoir raison.

Ismène. — Essaie de comprendre au moins !

Antigone. — Comprendre… Vous n'avez que ce mot-là dans la bouche, tous, depuis que je suis toute petite. Il fallait comprendre qu'on ne peut pas toucher à l'eau, à la belle eau fuyante et froide parce que cela mouille les dalles, à la terre parce que cela tache les robes. Il fallait comprendre qu'on ne doit pas manger tout à la fois […] Moi, je ne veux pas comprendre. Je comprendrai quand je serai vieille. (*Elle achève doucement.*) Si je deviens vieille. Pas maintenant.

Texte 4 Albert Camus, *Les Justes*, Acte III, Éditions Gallimard, 1949.

Dans cette pièce en cinq actes, Albert Camus reprend un fait historique. En 1905, à Moscou, un groupe de révolutionnaires socialistes projette d'assassiner le grand-duc Serge, qui règne en despote, afin de mettre fin à la tyrannie. Kaliayev, jeune terroriste, n'a pas pu lancer la bombe lors de sa première mission en raison de la présence des enfants du grand-duc dans la calèche. La mission est reportée au surlendemain. Les trois premiers actes de la pièce, qui se déroulent avant l'attentat, confrontent les différentes sensibilités des révolutionnaires. Dans cette scène, Dora et Kaliayev, amants[1]*, évoquent ce qu'ils auraient pu être l'un pour l'autre s'ils n'avaient pas choisi de défendre la justice.*

Dora. — Je pense comme toi. Alors pourquoi es-tu triste ? Il y a deux jours, ton visage resplendissait. Tu semblais marcher vers une grande fête. Aujourd'hui…

Kaliayev, *se levant, dans une grande agitation.* — Aujourd'hui, je sais ce que je ne savais pas. Tu avais raison, ce n'est pas si simple. Je croyais que c'était facile de tuer, que l'idée suffisait, et le courage. Mais je ne suis pas si grand et je sais maintenant qu'il n'y a pas de bonheur dans la haine. Tout ce mal, tout ce mal, en moi et chez les autres. Le meurtre, la lâcheté, l'injustice… Oh il faut, il faut que je le tue… Mais j'irai jusqu'au bout ! Plus loin que la haine !

Dora. — Plus loin ? Il n'y a rien.

Kaliayev. — Il y a l'amour.

Dora. — L'amour ? Non, ce n'est pas ce qu'il faut.

Kaliayev. — Oh Dora, comment dis-tu cela, toi dont je connais le cœur…

Dora. — Il y a trop de sang, trop de dure violence. Ceux qui aiment vraiment la justice n'ont pas droit à l'amour. Ils sont dressés comme je suis, la tête levée, les yeux fixes. Que

1. **Amants** : prend ici son sens ancien, c'est-à-dire « qui aime et est aimé ».

viendrait faire l'amour dans ces cœurs fiers ? L'amour courbe doucement les têtes, Yanek. Nous, nous avons la nuque raide.

KALIAYEV. — Mais nous aimons notre peuple.

DORA. — Nous l'aimons, c'est vrai. Nous l'aimons d'un vaste amour sans appui, d'un amour malheureux. Nous vivons loin de lui, enfermés dans nos chambres, perdus dans nos pensées. Et le peuple, lui, nous aime-t-il ? Sait-il que nous l'aimons ? Le peuple se tait. Quel silence, quel silence…

KALIAYEV. — Mais c'est cela l'amour, tout donner, tout sacrifier sans espoir de retour.

DORA. — Peut-être. C'est l'amour absolu, la joie pure et solitaire, c'est celui qui me brûle en effet. À certaines heures, pourtant, je me demande si l'amour n'est pas autre chose, s'il peut cesser d'être un monologue, et s'il n'y a pas une réponse, quelquefois. J'imagine cela, vois-tu : le soleil brille, les têtes se courbent doucement, le cœur quitte sa fierté, les bras s'ouvrent. Ah ! Yanek, si l'on pouvait oublier, ne fût-ce qu'une heure, l'atroce misère de ce monde et se laisser aller enfin. Une seule petite heure d'égoïsme, peux-tu penser à cela ?

KALIAYEV. — Oui, Dora, cela s'appelle la tendresse.

DORA. — Tu devines tout, mon chéri, cela s'appelle la tendresse. Mais la connais-tu vraiment ? Est-ce que tu aimes la justice avec la tendresse ? *(Kaliayev se tait.)* Est-ce que tu aimes notre peuple avec cet abandon et cette douceur ou, au contraire, avec la flamme de la vengeance et de la révolte ? (*Kaliayev se tait toujours.*) Tu vois. *(Elle va vers lui, et d'un ton très faible…)* Et moi, m'aimes-tu avec tendresse ? (*Kaliayev la regarde*).

KALIAYEV, *après un silence.* — Personne ne t'aimera jamais comme je t'aime.

DORA. — Je sais. Mais ne vaut-il pas mieux aimer comme tout le monde ?

KALIAYEV. — Je ne suis pas n'importe qui. Je t'aime comme je suis.

DORA. — Tu m'aimes plus que la justice, plus que l'Organisation ?

KALIAYEV. — Je ne vous sépare pas, toi, l'Organisation et la justice.

DORA. — Oui, mais réponds-moi, je t'en supplie, réponds-moi. M'aimes-tu dans la solitude, avec tendresse, avec égoïsme ? M'aimerais-tu si j'étais injuste ?

KALIAYEV. — Si tu étais injuste, et que je puisse t'aimer, ce n'est pas toi que j'aimerais.

DORA. — Tu ne réponds pas. Dis-moi seulement, m'aimerais-tu si je n'étais pas dans l'Organisation ?

KALIAYEV. — Où serais-tu donc ?

DORA. — Je me souviens du temps où j'étudiais. Je riais. J'étais belle alors. Je passais des heures à me promener et à rêver. M'aimerais-tu légère et insouciante ?

KALIAYEV, *il hésite et très bas.* — Je meurs d'envie de te dire oui.

DORA, *dans un cri.* — Alors, dis oui, mon chéri, si tu le penses et si cela est vrai. Oui, en face de la justice, devant la misère et le peuple enchaîné. Oui, oui, je t'en supplie, malgré l'agonie des enfants, malgré ceux qu'on pend et ceux qu'on fouette à mort…

KALIAYEV. — Tais-toi, Dora.

DORA. — Non, il faut bien une fois au moins laisser parler son cœur. J'attends que tu m'appelles, moi, Dora, que tu m'appelles par-dessus ce monde empoisonné d'injustice…

KALIAYEV, *brutalement.* — Tais-toi. Mon cœur ne me parle que de toi. Mais tout à l'heure, je ne devrai pas trembler.

Texte 5 Bernard-Marie Koltès, *Le Retour au désert*, Éditions de Minuit, 1988.

Bernard-Marie Koltès disait avoir écrit une « pièce de bagarre entre un frère et une sœur », une pièce du retour des souvenirs et du passé, située pendant la guerre d'Algérie.
Quinze ans après avoir dû quitter sa ville, déshonorée, « désignée à la foule, [...] montrée du doigt, [...] accusée de trahison », Mathilde revient en France avec ses enfants, Édouard et Fatima dans l'intention de récupérer la maison familiale et de régler des comptes. Dans cette scène, une violente dispute l'oppose à son frère Adrien devant les serviteurs, Aziz et Madame Queuleu.

AZIZ. — Qu'ils se tapent donc, et, quand ils seront calmés, Aziz ramassera les morceaux.

Entre Édouard.

MME QUEULEU. — Édouard, je t'en supplie, je vais devenir folle.

Édouard retient sa mère, Aziz retient Adrien.

ADRIEN. — Tu crois, pauvre folle, que tu peux défier le monde ? Qui es-tu pour provoquer tous les gens honorables ? Qui penses-tu être pour bafouer les bonnes manières, critiquer les habitudes des autres, accuser, calomnier, injurier le monde entier ? Tu n'es qu'une femme, une femme sans fortune, une mère célibataire, une fille-mère et, il y a peu de temps encore, tu aurais été bannie de la société, on te cracherait au visage et on t'enfermerait dans une pièce secrète pour faire comme si tu n'existais pas. Que viens-tu revendiquer ? Oui, notre père t'a forcée à dîner à genoux pendant un an à cause de ton péché, mais la peine n'était pas assez sévère, non. Aujourd'hui encore, c'est à genoux que tu devrais manger à notre table, à genoux que tu devrais me parler, à genoux devant ma femme, devant Madame Queuleu, devant tes enfants. Pour qui te prends-tu, pour qui nous prends-tu, pour sans cesse nous maudire et nous défier ?

MATHILDE. — Eh bien, oui, je te défie, Adrien ; et avec toi ton fils, et ce qui te sert de femme. Je vous défie, vous tous, dans cette maison, et je défie le jardin qui l'entoure et l'arbre sous lequel ma fille se damne, et le mur qui entoure le jardin. Je vous défie, l'air que vous respirez, la pluie qui tombe sur vos têtes, la terre sur laquelle vous marchez ; je défie cette ville, chacune de ses rues et chacune de ses maisons, je défie le fleuve qui la traverse, le canal et les péniches sur le canal, je défie le ciel qui est au-dessus de vos têtes, les oiseaux dans le ciel, les morts dans la terre, les morts mélangés à la terre et les enfants dans le ventre de leurs mères. Et, si je le fais, c'est parce que je sais que je suis plus solide que vous tous, Adrien.

Aziz entraîne Adrien, Édouard entraîne Mathilde.
Mais ils s'échappent et reviennent.

MATHILDE. — Car sans doute l'usine ne m'appartient-elle pas, mais c'est parce que je n'en ai pas voulu, parce qu'une usine fait faillite plus vite qu'une maison ne tombe en ruine, et que cette maison tiendra encore après ma mort et après celle de mes enfants, tandis que ton enfant se promènera dans des hangars déserts où coulera la pluie en disant : C'est à moi, c'est à moi. Non, l'usine ne m'appartient pas, mais cette maison est à moi et, parce qu'elle est à moi, je décide que tu la quitteras demain. Tu prendras tes valises, ton fils, et le reste, surtout le reste, et tu iras vivre dans tes hangars, dans tes bureaux dont les murs se lézardent, dans le fouillis des stocks en pourriture. Demain je serai chez moi.

ADRIEN. — Quelle pourriture ? Quelles lézardes ? Quelles ruines ? Mon chiffre d'affaires est au plus haut. Crois-tu que j'ai besoin de cette maison ? Non. Je n'aimais y vivre qu'à cause de notre père, en mémoire de lui, par amour pour lui.

MATHILDE. — Notre père ? De l'amour pour notre père ? La mémoire de notre père, je l'ai mise aux ordures il y a bien longtemps.

ADRIEN. — Ne touche pas à cela, Mathilde. Respecte au moins cela. Cela au moins, ne le salis pas.

MATHILDE. — Non, je ne le salirai pas, cela est déjà très sale tout seul.

Questions

1 Texte 1

a. Les personnages de la pièce ont existé. Faites une recherche sur ceux qu'évoque le paratexte. Que pouvez-vous en conclure sur l'argument de la pièce de Musset ? Lorenzo/Lorenzaccio : comment expliquez-vous l'emploi de ces deux noms pour un même personnage ?

b. Étudiez la tirade de Lorenzo : montrez que le discours du héros explique sa désillusion face à la réalité. Retrouvez dans ce portrait qu'il fait de lui-même ce dont il rêvait et ce qu'il vit. Soulignez que l'affrontement de valeurs* se passe dans sa propre conscience.

c. Que pensez-vous de la réponse de Philippe Strozzi ?

d. En utilisant vos recherches et l'ensemble de vos réponses, rédigez un court paragraphe récapitulant les caractéristiques du drame romantique.

2 Textes 2, 3, 4, 5.

a. Appuyez-vous sur le paratexte des quatre extraits présentés et relevez les points communs et les différences.

b. Quels sont les liens entre les différents personnages ?

c. À l'aide du tableau suivant, dégagez pour chaque texte (1 à 5) le sujet du conflit et précisez sa nature. Quelle est la thèse* défendue par chaque personnage ?

	Sujet et nature du conflit	Thèse 1	Thèse 2
Lorenzaccio			
La Guerre de Troie n'aura pas lieu			
Antigone			
Les Justes			
Retour au désert			

d. À partir de vos réponses à la question **c** et de l'observation de la structure des répliques*, dites quelle est la forme de discours* utilisée. Quelle conclusion pouvez-vous faire sur la fonction du texte de théâtre ?

e. Textes 3, 4, 5 : observez les didascalies*. Que nous apprennent-elles sur les échanges et sur la tension dramatique de ces scènes ?

f. Textes 2, 3, 4 : observez la forme, la masse et l'enchaînement des répliques*. Sont-elles toutes de même longueur ? Quel est l'effet produit ?

g. Quel registre* domine dans les **textes 2, 3, 4** ? Pourquoi ? Justifiez vos réponses.

h. Malgré la gravité du propos, quel registre* se glisse dans le **texte 5** ? Quel est l'effet produit ?

i. Choisissez dans ce groupement un passage ou une scène entière et proposez une lecture expressive en prenant en compte le(s) registre(s) et en travaillant la mise en voix.

j. Mettez en espace l'affrontement dans la scène choisie.

k. Exercice d'écriture. Vous intervenez à la fin de la scène d'affrontement entre Antigone et Ismène. Imaginez la tirade* qui commencera ainsi : « Tu as raison Antigone, mais Ismène n'a pas tort… » Votre tirade reprendra les arguments* des deux partis en présence afin de les réconcilier. Réinvestissez ce que vous avez appris sur la forme et l'enchaînement des répliques* et introduisez les didascalies* nécessaires afin de structurer la scène.

Parcours d'une œuvre intégrale

Jean Anouilh, *Becket ou l'Honneur de Dieu*, Éditions La Table Ronde, 1959.

Aide à la lecture

Prenez connaissance du résumé de la pièce puis commentez cette première de couverture.

RÉSUMÉ DE LA PIÈCE

Au début de la pièce, Henri est nu sur le tombeau de Becket qui a été assassiné. Il se souvient des raisons pour lesquelles il est dans cette situation (texte 1).

Le Roi d'Angleterre, Henri II Plantagenêt, a pris à son service Thomas Becket, jeune homme cultivé, intelligent et courageux. Compagnon de débauche mais aussi conseiller politique, il pousse Henri à affirmer sa puissance face à l'Église. Pour affermir son autorité, le Roi le nomme chancelier d'Angleterre (texte 2), charge qu'il assume avec talent (texte 3).

Mais leur grande amitié se brise le jour où, croyant réussir un coup de maître, le Roi élève son ami à la dignité de Primat d'Angleterre (texte 4). Devenu Archevêque malgré lui, Thomas prend son rôle au sérieux et défend durement les droits de l'Église contre l'autorité royale. Il doit même s'exiler en France pour échapper à la vengeance du Roi.

Le Roi de France organise une entrevue pour réconcilier les deux hommes (texte 5) mais, de retour en Angleterre, Thomas refuse de se soumettre à son Roi : « Personne ne me délivrera donc de lui ? Un prêtre ! Un prêtre qui me nargue et me fait injure ! » s'écrie Henri. Quatre de ses barons iront donc exécuter Thomas Becket dans la cathédrale de Cantorbéry (texte 6).

Dans la scène finale (texte 7), Henri a subi le châtiment qui l'acquitte du meurtre de Thomas.

Texte 1, Acte I (1)

Dans cette scène d'exposition, le Roi d'Angleterre doit prier et va être fouetté pour être absous du meurtre de Thomas Becket.

Un décor vague avec des piliers partout. C'est la cathédrale. Le tombeau de Becket, au milieu de la scène, une dalle avec un nom gravé sur la pierre. Deux gardes entrent et se postent au loin, puis le Roi entre par le fond. Il a sa couronne sur la tête, il est nu sous un vaste manteau. Un page le suit à distance. Le Roi hésite un peu devant la tombe, puis, soudain, il enlève son manteau que le page emporte. Il tombe à genoux, priant sur les dalles, seul, tout nu, au milieu de la scène ; derrière les piliers, dans l'ombre, on devine des présences inquiétantes.

LE ROI. — Alors Thomas Becket tu es content ? Je suis nu sur ta tombe et tes moines vont venir me battre. Quelle fin, pour notre histoire ! Toi, pourrissant dans ce tombeau, lardé des coups de dague de mes barons et moi, tout nu, comme un imbécile, dans les courants d'air, attendant que ces brutes viennent me taper dessus. Tu ne crois pas qu'on aurait mieux fait de s'entendre ?

Becket en archevêque, comme au jour de sa mort, est apparu sur le côté, derrière un pilier. Il dit doucement.

BECKET. — On ne pouvait pas s'entendre.

LE ROI. — Je te l'ai dit : « Sauf[1] l'honneur du royaume ! » C'est toi qui m'avais appris la formule, pourtant.

BECKET. — Je t'ai répondu : « Sauf l'honneur de Dieu ! » C'était un dialogue de sourds.

1. **Sauf** : qui n'est pas touché.

Questions

1. Que nous apprend la didascalie initiale* (cadre spatio-temporel*, personnages *, action*) ? Pourquoi peut-on affirmer qu'elle nous plonge d'emblée dans le drame* ?
2. Montrez que les premières répliques de la pièce orientent l'action vers le conflit insoluble et le tragique*.
3. Les raisons du conflit nous sont-elles données ?

Texte 2, Acte I (2)

Quelques mois auparavant, le Roi réunit son Conseil, composé des personnages les plus importants du royaume et de leurs conseillers. Il y entend des opinions et y annonce ses décisions politiques.

LE ROI. — Messieurs, le Conseil est ouvert. Je vous ai réunis aujourd'hui pour trancher sur ce refus du clergé de s'acquitter de la taxe d'absence[1]. Il va tout de même falloir s'entendre pour savoir qui gouverne ce royaume, de l'Église…

L'Archevêque fait un geste.

… tout à l'heure, Archevêque !… ou de moi. Mais, avant de nous disputer, commençons par les bonnes nouvelles… J'ai décidé de rétablir le poste de chancelier d'Angleterre, gardien du sceau à trois lions, et de le confier à mon féal serviteur et sujet Thomas Becket.

THOMAS, *surpris, s'est levé, tout pâle.* — Mon prince !…

LE ROI, *goguenard.* — Qu'est-ce qu'il y a, Becket ? Tu veux déjà aller pisser ? Il est vrai que nous avons tellement bu cette nuit tous les deux ! *Il le regarde, ravi.* Je suis bien content, pour une fois j'ai réussi à te surprendre. […]

THOMAS, *un genou à terre, soudain grave.* — Mon prince, c'est une marque de votre confiance dont j'ai peur de ne pas être digne. Je suis très jeune, peut-être léger…

LE ROI. — Moi aussi, je suis jeune, et tu en sais plus long que nous tous !

Aux autres :

Il a étudié, vous savez ! C'est incroyable tout ce qu'il connaît. Il vous damnerait le pion à tous. Même à l'Archevêque ! Quant à sa légèreté, ne soyez pas dupes. Il boit

1. **Taxe d'absence** : taxe appliquée aux propriétaires terriens qui ne faisaient pas de service militaire.

sec, il aime bien s'amuser, mais c'est un garçon qui pense tout le temps. Quelquefois, ça me gêne de le sentir penser à côté de moi... Relève-toi, Thomas. Je ne faisais rien sans ton conseil, c'était secret, maintenant ce sera public, voilà tout.

Il éclate de rire, tire quelque chose de sa poche, le donne à Becket.

Tiens, voilà le sceau. Ne le perds pas. Sans sceau, il n'y a plus d'Angleterre [...] ! Maintenant, travaillons.

L'ARCHEVÊQUE, *se lève, tout sourire, la première surprise passée.* — Je voudrais qu'il me soit permis, avec l'approbation de mon prince, de saluer ici mon jeune et savant archidiacre. Car j'ai été le premier, j'ai la faiblesse d'être fier de le rappeler, à l'avoir remarqué et élevé. La présence à ce conseil, avec le titre prépondérant de chancelier d'Angleterre, d'un des nôtres [...] est un gage pour l'Église de ce pays qu'une nouvelle ère d'entente et de compréhension réciproque s'ouvre devant nous et que... [...]

LE ROI, *le coupant.* — Et cætera et cætera... Merci, Archevêque ! J'étais sûr que cette nomination vous ferait plaisir. Mais ne comptez pas trop sur Becket pour faire vos affaires. Il est mon homme.

Il se retourne vers Becket, ravi.

Au fait, [...] je l'avais oublié que tu étais diacre...

THOMAS, *souriant.* — Moi aussi, mon prince.

LE ROI. — Dis-moi – je ne parle pas des filles, c'est péché véniel – mais dans les quelques affaires où j'ai pu te voir, je trouve que tu as un rude coup d'épée pour un curé. Comment accordes-tu cela avec le commandement de l'Église qui défend aux prêtres de verser le sang ?

L'ÉVÊQUE D'OXFORD, *prudent.* — Notre jeune ami n'est que diacre et n'a point encore prononcé tous ses vœux, Altesse. L'Église, dans sa sagesse, sait qu'il faut que jeunesse se passe et que – sous le prétexte sacré d'une guerre – d'une guerre sainte, j'entends, il est permis aux jeunes gens...

LE ROI, *le coupant.* — Toutes les guerres sont saintes, Évêque ! Je vous défie de trouver un belligérant sérieux qui n'ait pas le Ciel avec lui — théoriquement. Revenons plutôt à nos moutons[2].

2. Expression figée héritée de la *Farce de Maître Pathelin,* l'une des pièces les plus connues de la fin du Moyen Âge. Cette réplique était prononcée par un juge dans une affaire de vol de brebis.

Questions

1. Quel désaccord oppose le Roi et le clergé ?
2. Quelle décision prend le Roi afin de résoudre le problème ? Quelle est alors la réaction de Thomas Becket ? Justifiez votre réponse.
3. Quel portrait* de Becket le Roi et l'archevêque font-ils ?
4. Montrez que le Roi instrumentalise Becket. Quel détail cependant nous indique que ce dernier a déjà un lien avec le clergé ?
5. Observez les didascalies* se rapportant à chaque personnage mais aussi la forme, le rythme et l'enchaînement des répliques*. Que nous apprennent-elles des rapports entre Becket, le roi et le clergé ?
6. « Qu'est-ce qu'il y a, Becket ? Tu veux déjà aller pisser ? » (l. 10) À quel niveau de langue appartient cette réplique ? Comment justifiez-vous cet emploi ici ?

Texte 3, Acte II (1)

L'Angleterre et la France sont en guerre. L'armée anglaise a gagné une nouvelle bataille sur le territoire français avec le Roi à sa tête. Même en France, le chancelier Becket se méfie de l'influence de l'Église d'Angleterre qu'il juge hostile au pouvoir royal. Il pense que le conflit entre ces deux puissances est inévitable.

BECKET. — Les nouvelles ne sont pas bonnes, mon prince.

LE ROI *a un geste insouciant.* — Les nouvelles ne sont jamais bonnes ! C'est connu. La vie n'est faite que de difficultés. Le secret, car il y en a un, mis au point par plusieurs générations de philosophes légers, c'est de ne leur accorder aucune importance. Elles finissent par se manger les unes les autres et tu te retrouves dix ans plus tard ayant tout de même vécu. Les choses s'arrangent toujours…

BECKET. — Oui, mais mal. […] Lorsque je fais la synthèse de toutes les informations que j'ai reçues de Londres depuis que nous sommes passés sur le continent, une chose me frappe : c'est qu'il y a en Angleterre une puissance qui agit jusqu'à concurrencer la vôtre, mon seigneur, c'est celle de votre clergé.

LE ROI. — Nous avons fini par obtenir qu'ils paient la taxe. C'est déjà quelque chose !

BECKET. — C'est un peu d'argent. Et ils savent qu'on calme toujours les princes avec un peu d'argent. Mais ces gens-là s'y entendent admirablement pour reprendre d'une main ce qu'ils ont dû lâcher de l'autre. C'est un petit tour d'escamoteur pour lequel ils ont des siècles d'expérience derrière eux. […]

LE ROI, *un peu vexé.* — Soyons sérieux, Becket ! Les prêtres sont toujours à intriguer, je le sais. Mais je sais aussi que je peux les briser quand je veux.

BECKET. — Soyons sérieux, Altesse. Si vous ne brisez pas tout de suite, dans cinq ans, il y aura deux rois en Angleterre. L'Archevêque-primat de Cantorbéry et vous. Et, dans dix ans, il n'y en aura plus qu'un.

LE ROI *demande, un peu penaud.* — Et ce ne sera pas moi ?

BECKET, *froid.* — Je le crains.

Questions

1 Lignes 1 à 6

a. Qu'annonce Becket ?

b. Comment le Roi réagit-il à cette annonce ?

c. Comment justifie-t-il sa position ? Ses arguments* vous semblent-ils dignes d'un roi puissant ?

2 Lignes 6 à la fin

a. Quelle crainte Becket formule-t-il ?
Le Roi partage-t-il ce point de vue ? Quelle raison donne-t-il ?

b. Quel argument Becket avance-t-il pour le convaincre* de son erreur ?

c. « Soyons sérieux, Becket […] Soyons sérieux, Altesse » (l. 16 à 18). Commentez la construction de cet enchaînement de répliques*. Quel est l'effet produit ?

d. Montrez comment le Roi est progressivement déstabilisé tandis que Becket renforce sa position.

Texte 4, Acte II (2)

Avant d'entrer dans une ville française en vainqueur, Henri II annonce à Becket une décision très importante.

LE ROI. — [...] Thomas, mon fils, j'ai besoin de toi encore et c'est sérieux, cette fois. Je regrette de te priver des filles de France et des batailles, mon fils, mais le plaisir sera pour plus tard. Tu vas passer en Angleterre.

BECKET. — Je suis à vos ordres, mon prince.

LE ROI. — Tu devines quelle y sera ta mission ?

BECKET, *sur le visage duquel se lit déjà comme une angoisse de ce qui va suivre.* — Non, mon prince.

LE ROI. — Tu y porteras des lettres personnelles de moi, à chaque évêque en particulier. Et tu sais ce que contiendront ces lettres, mon Thomas, mon petit frère ? Ma volonté royale de te voir élire Primat.

BECKET, *qui est comme pétrifié soudain, tout pâle, essaie de rire.* — C'est une plaisanterie, mon prince ? Voyez un peu l'homme édifiant, le saint homme que vous voudriez charger de ces saintes fonctions ! *Il a écarté son bel habit comiquement.* Ah, mon prince, la bonne farce !

Le Roi éclate de rire ; Becket rit aussi, trop fort, soulagé.

LE ROI, *cessant de rire soudain.* — [...] Thomas ! Je suis sérieux en ce moment. J'écrirai les lettres avant midi. Tu m'aideras.

BECKET, *blême, balbutie, figé à nouveau.* — Mais je ne suis même pas prêtre, mon Seigneur.

LE ROI. — Tu es diacre. Tu as les délais. Tu peux prononcer tes derniers vœux demain et être ordonné dans un mois.

BECKET. — Mais avez-vous songé à ce que dirait le Pape ?

LE ROI, *brutal.* — Je paierai !

BECKET, *murmure, comme abattu, après un silence angoissé.* — Mon prince, je vois maintenant que vous ne plaisantez pas. Ne faites pas cela.

LE ROI. — Pourquoi ?

BECKET. — Cela me fait peur.

LE ROI, *dont le masque est devenu dur.* — C'est un ordre, Becket.

Becket ne bouge pas, pétrifié. Un temps. Il murmure encore.

BECKET, *grave.* — Si je deviens archevêque, je ne pourrai plus être votre ami.

Questions

1. Quelle nouvelle décision le Roi prend-il ? Quels termes utilise-t-il pour s'attirer la bienveillance de Becket ?
2. Quelle est la réaction de Becket à cette annonce ? Commentez les didascalies*.
3. Étudiez l'évolution du discours de Becket : comment procède-t-il pour convaincre* et persuader* le Roi de changer d'avis ?
4. Le Roi est-il sensible aux arguments* de son ami ?
5. Quels registres* se mêlent dans cette scène* ? Pourquoi ?
6. Quelles conséquences pouvez-vous envisager pour la suite de la pièce ?

Texte 5, Acte IV (1)

Une fois nommé archevêque, Thomas lutte contre son ancien ami et protège les droits de l'Église d'Angleterre. Il est contraint de s'exiler en France. Le roi de France réussit à arranger une rencontre entre les deux hommes.

LE ROI. *Il crie, soudain, comme un enfant perdu.* — Je m'ennuie, Becket !

BECKET, *grave.* — Mon prince. Je voudrais tant pouvoir vous aider.

LE ROI. — Qu'est-ce que tu attends ? Tu vois que je suis en train d'en crever !

BECKET, *doucement.* — Que l'honneur de Dieu et l'honneur du roi se confondent.

LE ROI. — Cela risque d'être long !

BECKET. — Oui. Cela risque d'être long.

Il y a un silence. On n'entend plus que le vent.

LE ROI, *soudain.* — Si on n'a rien à se dire, il vaut autant aller se réchauffer !

BECKET. — On a tout à se dire, mon prince. L'occasion ne se présentera peut-être pas deux fois. [...]

LE ROI, *crie avec humeur.* — Le roi de France – je ne sais pas encore ce qu'il y gagne – m'a sermonné pendant trois jours pour que nous fassions notre paix. À quoi te servirait de me pousser à bout ?

BECKET. — À rien.

LE ROI. — Tu sais que je suis le roi et que je dois agir comme un roi. Qu'espères-tu ? Ma faiblesse ?

BECKET. — Non. Elle m'atterrerait.

LE ROI. — Me vaincre par la force ?

BECKET. — C'est vous qui êtes la force.

LE ROI. — Me convaincre ?

BECKET. — Non plus. Je n'ai pas à vous convaincre. J'ai seulement à vous dire non.

LE ROI. — Il faut pourtant être logique, Becket !

BECKET. — Non. Cela n'est pas nécessaire, mon roi. Il faut seulement faire, absurdement, ce dont on a été chargé – jusqu'au bout.

LE ROI. — [...] Absurdement. Voilà un mot qui ne te ressemble pas.

BECKET. — Peut-être. Je ne me ressemble plus.

LE ROI, *ricane.* — Tu as été touché par la grâce ?

BECKET, *grave.* — Pas par celle que vous croyez. J'en suis indigne. [...]

LE ROI. — Alors ?

BECKET. — Je me suis senti chargé de quelque chose tout simplement, pour la première fois, dans cette cathédrale vide, quelque part en France, où vous m'avez ordonné de prendre ce fardeau. J'étais un homme sans honneur. Et, tout d'un coup, j'en ai eu un, celui que je n'aurais jamais imaginé devoir devenir mien, celui de Dieu. Un honneur incompréhensible et fragile, comme un enfant-roi poursuivi.

LE ROI, *qui se fait plus brutal.* — Si nous parlions de choses précises, Becket, avec des mots à ma portée ? Sinon, nous n'en finirons plus. [...]

BECKET. — Je suis précis.

Le Roi. — Alors c'est moi qui suis un imbécile. Parle-moi comme à un imbécile ! C'est un ordre. Lèveras-tu l'excommunication de Guillaume d'Aynesford et les autres que tu as prononcées contre des hommes à moi ?

Becket. — Non, mon roi, car je n'ai que cette arme pour défendre cet enfant à moi confié, qui est nu.

Le Roi. — Accepteras-tu les douze propositions qu'ont admises mes évêques en ton absence [...] ?

Becket. — Non, mon roi. Car mon rôle est de défendre mes brebis et ils sont mes brebis. *Après un temps, il dit enfin :* Je n'accepterai pas non plus que le choix des curés échappe à l'Épiscopat, ni qu'aucun clerc soit justiciable d'une autre juridiction que d'Église. Ce sont là mes devoirs de pasteur qu'il ne m'appartient pas de résigner. Mais j'accepterai les neuf autres articles, par esprit de paix, et parce que je sais qu'il faut que vous restiez le roi – fors[1] l'honneur de Dieu.

Le Roi, *froid, après un temps.* — Eh bien, soit. Je t'aiderai à défendre ton Dieu, puisque c'est ta nouvelle vocation, en souvenir du compagnon que tu as été pour moi – fors l'honneur du royaume ! Tu peux rentrer en Angleterre, Thomas.

Becket. — Merci, mon prince. Je comptais de toute façon y rentrer et m'y livrer à votre pouvoir, car sur cette terre, vous êtes mon roi. Et pour ce qui est de cette terre, je vous dois obéissance.

Le Roi, *embarrassé, après un temps.* — Eh bien, retournons, maintenant. Nous avons fini. J'ai froid.

Becket, *sourdement aussi.* — Moi aussi, maintenant, j'ai froid.

Un silence encore. Ils se regardent. On entend le vent.

Le Roi *demande soudain.* — Tu ne m'aimais donc pas, n'est-ce pas, Becket ?

Becket. — Dans la mesure où j'étais capable d'amour, si, mon prince.

Le Roi. — Tu t'es mis à aimer Dieu ? *Il crie :* Tu es donc resté le même, sale tête, à ne pas répondre quand on te pose une question ?

Becket, *doucement.* — Je me suis mis à aimer l'honneur de Dieu.

1. **Fors** : excepté.

Questions

1 Montrez que tout, dans ce texte, évoque une scène d'affrontement sans espoir de réconciliation malgré les concessions des deux partis. Pour quelle raison cette scène est-elle cruelle ?

2 « Non plus. Je n'ai pas à vous convaincre. J'ai seulement à vous dire non. » (l. 21) À quel personnage d'Anouilh, rencontré dans le corpus, cette réplique fait-elle écho ? Justifiez votre réponse.

3 **Mise en voix et en espace de ce passage par groupes de quatre.**

a. Au théâtre, le metteur en scène doit compléter les informations données par le texte et prendre des décisions en se posant un certain nombre de questions : Quelle est la situation ? Quel en est l'enjeu ? Comment matérialiser l'espace dans lequel s'affrontent les acteurs ? Quel décor et quels accessoires prévoir ? Quel bruitage ? Quelle lumière ? Quel jeu ? Comment passer d'une réplique à l'autre, rythmer les répliques, observer les silences, utiliser les inflexions et le volume de la voix... ? À quel moment la parole est-elle un instrument de l'action, à quel moment déclenche-t-elle un véritable engrenage ?

b. Construisez une **fiche de mise en scène** en vous aidant de ces questions. Vous pouvez également sélectionner les répliques les plus importantes et remplir le tableau de la page 123.

Répliques caractéristiques	Thème de l'échange	Enchaînement des répliques	Jeu des acteurs (ton, gestes, déplacements, etc.)	Effet sur le(s) personnage(s) et le public	Éléments de l'intrigue, événements qui font avancer l'action
Réplique 1					
Réplique 2					
Etc.					

c. À partir de la fiche réalisée, proposez votre **mise en scène** (Répartissez-vous le travail : deux d'entre vous jouent la première partie de la scène puis deux autres la seconde partie).

Texte 6, Acte IV (2)

De retour en Angleterre, Becket continue de résister au roi. Henri ne sait plus quoi faire. Il supplie qu'on le délivre de ce « prêtre qui [le] nargue et [lui] fait injure ! ». Dans la cathédrale de Cantorbéry, l'Archevêque Becket s'apprête à célébrer l'office des vêpres.

Un prêtre entre, affolé.

LE PRÊTRE. — Monseigneur ! Quatre hommes sont là, armés. Ils disent qu'ils doivent vous voir de la part du roi. J'ai fait barricader la porte, mais ils l'enfoncent. Ils ont des haches ! Vite ! Il faut vous retirer dans le fond de l'église et donner l'ordre de fermer la grille du chœur ! Elle est solide.

BECKET, *calme.* — C'est l'heure des vêpres, Guillaume. Est-ce qu'on ferme la grille du chœur pendant les vêpres ? Cela ne se serait jamais vu.

LE PRÊTRE, *interdit.* — Non, mais…

BECKET. — Alors, que tout soit dans l'ordre. On ne fermera pas la grille du chœur. […] Allons jusqu'à l'autel. Nous ne sommes pas bien ici.

[…] Un fracas. La porte a cédé, les quatre barons entrent, casqués, dégainant, jetant leurs haches en désordre. Becket s'est retourné vers eux, grave et calme, au pied de l'autel. Ils s'arrêtent un instant, incertains, déconcertés : quatre statues énormes et menaçantes. […] Il n'y a plus qu'un épais silence. Becket dit simplement.

BECKET. — Ah ! Voilà enfin la bêtise. C'est son heure.

Il ne les quitte pas des yeux. Ils n'osent bouger. Il demande, froid : On n'entre pas armés dans la maison de Dieu. Que voulez-vous ?

PREMIER BARON, *sourdement.* — Que tu meures.

Un silence ; le Second ajoute soudain, sourdement aussi.

DEUXIÈME BARON. — Tu as fait honte au roi. Fuis ou tu es mort !

BECKET, *doucement.* — C'est l'heure de l'office.

Il se retourne vers l'autel où se dresse un haut crucifix sans plus s'occuper d'eux. […] Les quatre hommes s'avancent, comme des automates. […]

Il crie soudain : Ah ! Que vous rendez tout difficile et que votre honneur est lourd !

Il dit encore, soudain, tout bas : Pauvre Henri.

Les quatre hommes se sont jetés sur lui. Recevant le premier coup, il tombe. Ils s'acharnent sur son corps avec des hans de bûcherons. Le prêtre a fui avec un long hurlement dans la cathédrale vide. Le noir soudain. La lumière revient.

Questions

1 Lignes 1 à 10

a. Qu'annonce le prêtre ? Comment qualifieriez-vous son état d'esprit ?

b. Quelle attitude affiche Becket ? Comment l'expliquez-vous ?

2 Lignes 15 à la fin

a. « Ah ! Voilà enfin la bêtise. C'est son heure. » (l. 15) Comment peut-on expliquer cette réplique* ?

b. « Ah ! Que vous rendez tout difficile et que votre honneur est lourd ! » (l. 24) crie Becket. À qui s'adresse-t-il ? Quels sont ses derniers mots ? Comment les comprenez-vous ?

c. À ce moment de la pièce, à quoi doit désormais s'attendre le spectateur ?

d. Quelle règle classique n'est pas respectée ici ? Montrez que cela confirme l'appartenance du texte au genre du drame*.

Texte 7, Acte IV (3)

Dans cette scène finale, on retrouve le Roi tel qu'il était au début (cf. texte 1).

À la même place, le Roi nu, à genoux, sur la tombe de Becket, comme au début de la pièce. Quatre moines lui tapent dessus, avec des cordes, faisant presque le même geste que les barons tuant Becket.

LE ROI *crie.* — Tu es content, Becket ? Il est en ordre, notre compte ? L'honneur de Dieu est lavé ?

Les quatre moines achèvent de frapper, puis s'agenouillent, baissant la tête. Le Roi bredouille, on sent que c'est le cérémonial : Merci. Mais oui… mais oui, c'était convenu. C'est pardonné. Merci beaucoup.

Le page avance avec un vaste manteau, dont le Roi s'enveloppe. Les barons entourent le Roi, l'aidant à se rhabiller pendant que les évêques et le clergé […] s'éloignent solennellement au fond, au son de l'orgue. Le Roi se rhabille hâtivement, d'assez mauvaise humeur, aidé de ses barons. […]

UN BARON *s'avance, venant du dehors.*

On entend des cloches joyeuses.

— Sire, l'opération est réussie ! Il paraît que la foule […] hurle d'enthousiasme autour de la cathédrale, acclamant le nom de Votre Majesté, en même temps que celui de Becket.

[…]

L'orgue reprend et s'amplifie, triomphal, mélangé aux cloches et aux acclamations joyeuses de la foule pendant qu'ils sortent. Le rideau tombe.

Questions

1 « Sire, l'opération est réussie ! » (l. 13) Montrez que cette réplique est paradoxale et expliquez en quoi ce succès est, en fait, désolant.

2 Comparez ce passage du dénouement avec la scène d'exposition et commentez la construction de la pièce.

3 **Exercice d'écriture.** Dans le but de convaincre* un(e) ami(e) d'aller voir la pièce d'Anouilh, vous lui écrivez une lettre où vous lui racontez l'histoire d'Henri II et de Thomas Becket en montrant qu'il s'agit d'une tragique* histoire d'amitié dans laquelle deux êtres brillants se sacrifient au nom du devoir. Appuyez-vous sur l'ensemble des textes étudiés.

BILAN

Histoire littéraire

Un genre théâtral : le drame

Au XIXe siècle, les écrivains romantiques comme Hugo ou Musset, prenant modèle sur Shakespeare, remettent en cause les contraintes du théâtre classique imposées au XVIIe siècle. La règle des trois unités* comme celle des bienséances* ne sont plus forcément respectées.

Le **drame romantique** ouvre la voie à un renouvellement important du genre théâtral au XXe siècle. Marqués par la violence de leur époque, les auteurs de la première moitié du XXe siècle reprennent des mythes antiques (*La Guerre de Troie*, *Antigone*) ou s'inspirent de faits historiques anciens ou contemporains (*Les Justes*, *Retour au désert*), pour mener une réflexion sur les hommes et leurs combats.

Le drame romantique se caractérise par :

- la mise en scène de **grands événements historiques**,
- des **décors** et des **personnages nombreux**,
- le **mélange des registres*** et des styles associant le grotesque au sublime (*Becket*, *texte 2*) :
  - **Registre tragique** : des personnages affrontent leur destin : la fatalité est provoquée par l'intervention d'une force supérieure (*Le Roi se meurt*), par une obligation morale (*Antigone*, *Becket*, *Les Justes*) ou par la passion (*La Guerre de Troie n'aura pas lieu*) ;
  - **Registre pathétique** : des personnages expriment une douleur provoquée par le renoncement à l'amour au nom de la justice (*Les Justes*, *Le Retour au désert*) ou à la vie pour assumer leur devoir (*Antigone*) ;
  - **Registre comique** : le comique se glisse au cœur de situations dramatiques (« Qu'ils se tapent donc, et, quand ils seront calmés, Aziz ramassera les morceaux », *Retour au désert*) ou tragiques (« Toi, pourrissant dans ce tombeau lardé des coups de dague de mes barons et moi, tout nu, comme un imbécile, dans les courants d'air, attendant que ces brutes viennent me taper dessus. », *Becket*).

LA SCÈNE : UN ESPACE D'ARGUMENTATION

Pour exprimer l'affrontement, les procédés du langage dramatique sont nombreux.

- **La tirade*** permet de présenter les temps forts d'une **argumentation*** :

  « MATHILDE. — Car sans doute l'usine ne m'appartient-elle pas, mais c'est parce que je n'en ai pas voulu, parce qu'une usine fait faillite plus vite qu'une maison ne tombe en ruine, et que cette maison tiendra encore après ma mort et après celle de mes enfants, tandis que ton enfant se promènera dans des hangars déserts où coulera la pluie en disant : C'est à moi, c'est à moi. Non, l'usine ne m'appartient pas, mais cette maison est à moi et, parce qu'elle est à moi, je décide que tu la quitteras demain. » **(Koltès, *Le Retour au désert*).**

  Elle peut aussi porter les **interrogations** du personnage : « HÉLÈNE. — D'ailleurs vous êtes difficile... Je ne le trouve pas si mal que cela, mon amour. Il me plaît, à moi. Évidemment cela ne tire pas sur mon foie ou ma rate quand Pâris m'abandonne pour le jeu de boules ou la pêche au congre. Mais je suis commandée par lui, aimantée par lui. L'aimantation, c'est aussi un amour, autant que la promiscuité. » **(Giraudoux, *La Guerre de Troie*).**

- L'enchaînement des répliques brèves met en valeur le duel verbal.
  - **Réplique parallèle** : « Il est le Roi il faut qu'il donne l'exemple/Moi, je ne suis pas le Roi. Il ne faut pas que je donne l'exemple. » **(Anouilh, *Antigone*)**
  - **Reprise d'un mot** : « il y a l'amour./L'amour ? Non ce n'est pas ce qu'il faut. » **(Camus, *Les Justes*)**
  - **Parole coupée** : « malgré ceux qu'on pend et ceux qu'on fouette à mort... /Tais-toi, Dora. » **(Camus, *Les Justes*)**
  - On parle de **stichomythie** quand l'enchaînement de répliques brèves intensifie le duel verbal : « LE ROI. — Me vaincre par la force ?/ BECKET. — C'est vous qui êtes la force./ LE ROI. — Me convaincre ?/ BECKET. — Non plus. Je n'ai pas à vous convaincre. J'ai seulement à vous dire non. » **(Anouilh, *Becket ou l'Honneur de Dieu*).**

La mise en scène, le jeu des voix et des corps soulignent l'intensité dramatique et accentuent la violence de l'affrontement.

VERS LE BAC

Eugène Ionesco, *Le Roi se meurt*, Éditions Gallimard, 1962.

Le Roi se meurt. Il lui reste une heure et demie à vivre. Avec lui, c'est son univers qui s'effondre. Le palais se fissure et le royaume rétrécit. La fin de la pièce approche, le spectateur suit les derniers moments de Bérenger Ier, entouré des reines Marguerite, première épouse et Marie, seconde épouse, de l'infirmière Juliette, du médecin et du garde.

MARGUERITE. — C'est ta faute si tu es pris au dépourvu, tu aurais dû t'y préparer. Tu n'as jamais eu le temps. Tu étais condamné, il fallait y penser dès le premier jour, et puis, tous les jours, cinq minutes tous les jours. Ce n'était pas beaucoup. Cinq minutes tous les jours. Puis dix minutes, un quart d'heure, une demi-heure. C'est ainsi que l'on s'entraîne.

LE ROI. — J'y avais pensé.

MARGUERITE. — Jamais sérieusement, jamais profondément, jamais de tout ton être.

MARIE. — Il vivait.

MARGUERITE. — Trop. *(Au Roi.)* Tu aurais dû garder cela comme une pensée permanente au tréfonds de toutes tes pensées.

LE MÉDECIN. — Il n'a jamais été prévoyant, il a vécu au jour le jour comme n'importe qui.

MARGUERITE. — Tu t'accordais des délais. À vingt ans, tu disais que tu attendrais la quarantième année pour commencer l'entraînement. À quarante ans…

LE ROI. — J'étais en si bonne santé, j'étais si jeune !

MARGUERITE. — À quarante ans, tu t'es proposé d'attendre jusqu'à cinquante ans. À cinquante ans…

LE ROI. — J'étais plein de vie, comme j'étais plein de vie !

MARGUERITE. — À cinquante ans, tu voulais attendre la soixantaine. Tu as eu soixante ans, quatre-vingt dix ans, cent vingt-cinq ans, deux cents ans, quatre cents ans. Tu n'ajournais plus les préparatifs pour dans dix ans mais pour dans cinquante ans. Puis, tu as remis cela de siècle en siècle.

LE ROI. — J'avais justement l'intention de commencer. Ah ! Si je pouvais avoir un siècle devant moi peut-être aurais-je le temps !

LE MÉDECIN. — Il ne vous reste qu'un peu plus d'une heure, Sire. Il faut tout faire en une heure.

MARIE. — Il n'aura pas le temps, ce n'est pas possible. Il faut lui donner du temps.

MARGUERITE. — C'est cela qui est impossible. Mais en une heure, il a tout son temps.

LE MÉDECIN. — Une heure bien remplie vaut mieux que des siècles et des siècles d'oubli et de négligence. Cinq minutes suffisent, dix secondes conscientes. On lui donne une heure : soixante minutes, trois mille six cents secondes. Il a de la chance.

MARGUERITE. — Il a flâné sur les routes.

MARIE. — Nous avons régné, il a travaillé.

LE GARDE. — Des travaux d'Hercule.

MARGUERITE. — Du bricolage.

Entre Juliette.

JULIETTE. — Pauvre Majesté, pauvre Sire, il a fait l'école buissonnière.

LE ROI. — Je suis comme un écolier qui se présente à l'examen sans avoir fait ses devoirs. Sans avoir préparé sa leçon…

MARIE, *au Roi.* — Ne t'inquiète pas.

LE ROI. — …Comme un comédien qui ne connaît pas son rôle le soir de la première et qui a des trous, des trous, des trous. Comme un orateur qu'on pousse à la tribune, qui ne connaît pas le premier mot de son discours, qui ne sait même pas à qui il s'adresse. Je ne connais pas ce public, je ne veux pas le connaître, je n'ai rien à lui dire. Dans quel état suis-je !

LE GARDE, *annonçant.* — Le Roi fait allusion à son état.

MARGUERITE. — Dans quelle ignorance !

JULIETTE. — Il voudrait encore faire l'école buissonnière pendant plusieurs siècles.

LE ROI. — J'aimerais redoubler.

MARGUERITE. — Tu passeras l'examen. Il n'y a pas de redoublants.

Lecture (9 points)

1. Qualifiez les attitudes de Marguerite et de Marie et comparez-les. Justifiez votre réponse en vous appuyant sur le texte. (3 pts)
2. Étudiez les répliques échangées à partir de l'entrée de Juliette. Quelle figure de style l'infirmière emploie-t-elle ? Comment cette figure se déploie-t-elle ? Quel est l'effet produit ? Commentez en particulier la dernière réplique de Marguerite. (3 pts)
3. En vous aidant de vos réponses aux questions 1 et 2 et en relevant dans le texte d'autres éléments caractéristiques, montrez que cette scène appartient au genre du drame. (3 pts)

Écriture d'invention (11 points)

Sujet. Marie entraîne Marguerite avec elle. Elles disparaissent dans la coulisse mais les spectateurs continuent de les entendre. Marie argumente en faveur du Roi auprès de Marguerite : il faut lui laisser davantage de temps.

- Rédigez en 25 lignes environ le dialogue entre les deux personnages.

Johannes Vermeer, dit Vermeer de Delft (1632-1675), *Jeune fille lisant une lettre*, 1657, Gemäldegalerie Alte Meister, Dresde.

Le Caravage (1571-1610), *Narcisse*, 1599, Galleria Nazionale d'Arte Antica, Rome.

Séquence 4, Poésie lyrique

Alexandre Séon (1855-1917), *Lamentation d'Orphée*, vers 1896, Musée d'Orsay, Paris.

Nicolas Poussin (1594-1665), *Orphée et Eurydice*, 1650-1653, Musée du Louvre, Paris.

François Perrier (1590-1650), *Orphée devant Pluton et Proserpine*, vers 1650, Musée du Louvre, Paris.

Séquence 7

La filiation dans le roman contemporain

Lignes de force, lignes de faille

Je ne sais pas si je suis un bon père. J'essaie. J'essaie de toutes mes forces. [...] Mais il me semble si souvent que je m'y prends mal. Je veux seulement que mon ombre t'épargne les grandes brûlures. Je ne veux pas qu'elle te prive de lumière. Je t'indique des chemins, des sons, des couleurs, des mots, mais j'ai peur parfois de te les imposer. J'aimerais tant t'aider à devenir toi-même tout simplement. Mais il n'y a pour cela aucune méthode, aucune règle. J'avance en tâtonnant, guidé par mon seul amour, qui est immense tu le sais, en désirant très fort que jamais il ne t'encombre.

Philippe Claudel, « Ma petite fille », *Être père, disent-ils*, L'iconoclaste, 2009.

Objectifs du référentiel

1.1 **Écrire pour soi et pour les autres**
- 1.1-4 Pratiquer l'écriture d'invention
- 1.1-5 Respecter les codes de la langue écrite, utiliser des procédés stylistiques

1.2 **Échanger à l'oral : s'exprimer, écouter, réagir**
- 1.2-4 Maîtriser les procédés de la parole efficace

1.3 **Devenir un lecteur actif et critique**
- 1.3-1 Mettre des œuvres en relation avec leur contexte historique
- 1.3-3 Analyser la dimension symbolique d'un personnage
- 1.3-4 S'interroger à partir de textes, d'œuvres sur soi-même et sur son rapport au monde
- 1.3-5 Repérer, identifier et apprécier des procédés d'écriture

Le Bernin (1598-1680), *Énée, Anchise et Ascagne*, 1618-1620, Galerie Borghèse, Rome.

Prélude

Étudier une légende et ses représentations en image

Raphaël (1483-1520), *L'Incendie du Borgo*,1514, Musée du Vatican, Rome.

Questions

1. **Recherche documentaire.** Prenez connaissance de l'histoire d'Énée et de son père Anchise telle qu'elle est racontée dans *L'Énéide* de Virgile. Après avoir précisé l'action et identifié les principaux personnages, dites quel est le registre* dominant de *L'Énéide*.

2. Observez le tableau de Raphaël ci-dessus et dans le cahier hors-texte en vous aidant des plans, des couleurs et des techniques utilisées. De quelle scène de *L'Énéide* s'agit-il ? Identifiez les personnages en présence : où se situent Ascagne, Énée et Anchise dans le tableau ? Pourquoi ce choix ?

3. **Recherche lexicale.** Définissez les termes suivants : *altruisme*, *courage*, *abnégation*, *vaillance*. Montrez en quoi ces qualités caractérisent Énée et comment le Bernin les valorise dans sa sculpture (page 129). Dites en quoi Énée est un héros épique*.

Ce que nous avons vu

***L'épopée** est un genre littéraire qui prend à l'origine la forme d'une narration en vers, orale puis écrite. Ce récit, nourri de mythes* et de légendes où interviennent les puissances divines et le surnaturel, fait l'éloge de héros* courageux et loyaux qui, par leurs justes actions, leurs exploits, leur sacrifice, célèbrent les valeurs* communes d'un peuple et fondent son histoire et son identité. Dans* L'Énéide, *Virgile raconte les errances d'Énée depuis Troie puis son œuvre de fondateur de Rome.*

Dans l'épopée, le lignage du héros est décrit avec précision. En effet, dans la société que celui-ci a fondée, les droits et les obligations reposent sur des valeurs de solidarité inhérentes au clan, à la famille.*

Lire, comparer, analyser, écrire

Pour commencer...

Confronter des documents et débattre à l'oral.

Prenez connaissance du groupement de documents qui suit.

- Quel est le thème de ce corpus ?
- Comment est-il abordé dans chaque texte et dans la planche de la bande dessinée ?

Texte 1 Sylvie Germain, *Jours de Colère*, Éditions Gallimard, 1989.

Sylvie Germain est un écrivain français. Elle est née en 1954 à Châteauroux. Dans les années soixante-dix, elle suit des cours de philosophie avec Emmanuel Lévinas.

En 1984, elle publie *Le Livre des nuits*, une fresque familiale pour laquelle elle reçoit six prix littéraires. Elle obtient le prix Fémina en 1989 avec *Jours de Colère* et le prix Goncourt des lycéens en 2005 avec *Magnus*.

Éphraïm a refusé d'épouser Claude Corvol que son père, Ambroise Mauperthuis lui imposait. Fou de rage, le père frappe son fils Éphraïm et le chasse de sa demeure, tranchant ainsi tout lien de parenté, y compris avec sa descendance.

Simon était entré vers l'âge de douze ans au service d'Ambroise Mauperthuis. Pas davantage que ses frères il ne considérait cet homme comme son grand-père ; le vieux n'était que leur patron. Il était le maître du hameau et de tous les autres hameaux alentour, propriétaire des forêts où tous les hommes et les garçons des environs venaient se louer comme bûcherons. C'était un patron dur, taciturne, vigilant quant à la bonne exécution du travail. Un homme qui n'inspirait ni l'amitié ni la moindre sympathie mais qui forçait un certain respect pour sa réussite et pour l'efficacité avec laquelle il savait mener ses affaires. Ce respect restait cependant toujours plus ou moins troublé de méfiance et de vague hostilité car le secret de sa fortune n'avait jamais été percé. Les fils d'Éphraïm n'avaient en commun avec lui que leur nom. Il avait tranché trop violemment tout lien de parenté avec eux dès avant leur naissance pour qu'ils puissent le considérer comme leur aïeul. Depuis le soir où il avait frappé Éphraïm au visage jamais plus il ne lui avait adressé la parole sinon pour lui lancer des ordres quand le travail l'exigeait. Et il traitait tous ses petits-fils de la même manière, comme des ouvriers employés sur ses terres, et ne leur parlait que pour leur fixer les tâches à accomplir. Sa colère contre Éphraïm s'était depuis longtemps rassise, mais bien que devenue sans objet depuis le mariage de Marceau avec Claude Corvol et surtout depuis la naissance de Camille, il n'y avait pas renoncé. Sa colère contre Éphraïm s'était simplement fossilisée et son reniement établi en habitude. Il avait bien trop d'orgueil pour aller proposer à son fils de se réconcilier, d'autant plus qu'il devinait qu'Éphraïm ne le souhaitait même pas. Il pensait qu'Éphraïm gardait une tenace rancune à son encontre. En vérité Éphraïm avait fini par perdre cette rancune qui l'avait si longtemps taraudé et alourdi ; après s'être retournée et rancie[1] dans son cœur, la filiation coupée s'était simplement desséchée, ce père brutal et injuste lui était devenu indifférent. Il avait trouvé tant de tendresse et de paix à la Ferme-du-Bout entre Edmée et Reinette-la-Grasse, et ensuite tant de joie en ses fils que tout ce passé avait cessé de lui peser. Il acceptait son destin, il ne se plaignait pas, il n'avait jamais eu à regretter le choix qu'il avait fait en ce lointain matin d'octobre. Que le père aille donc son chemin, lui suivait le sien. Il arrivait que ses fils s'emportent contre Ambroise Mauperthuis qui ne venait vers eux dans la forêt que pour surveiller leur travail et leur crier des ordres d'un ton rude et méprisant, et plus d'une fois ils avaient questionné leur père au sujet de son passé, des raisons du reniement qui l'avait frappé, mais alors Éphraïm se contentait de répondre : « c'est comme ça. Le vieux c'n'est qu'un patron pour nous, c'est un riche qu'a l'cœur mauvais. Il l'a toujours eu sec comme un crouton, l'cœur. C'est qu'un patron et rien de plus. Faut rien attendre de lui, rien de bon. Il nous donne du travail, ça suffit. On n'est plus de sa famille, vous comme moi. C'est lui qui l'a voulu et c'est en fait tant mieux. Il faut rien regretter. »

1. **Rancie :** qui s'est altérée, qui a diminué avec le temps.

Questions

1. Quels liens unissent les trois personnages principaux, Ambroise Mauperthuis, Éphraïm Mauperthuis et Simon ?
2. Comment jugez-vous le personnage d'Ambroise Mauperthuis ? Justifiez vos impressions :
   – par l'étude de la caractérisation* directe (substantifs, adjectifs, propositions relatives) ;
   – par l'emploi des phrases négatives et des oppositions.
3. Quel est le point de vue* adopté pour décrire Ambroise Mauperthuis ? Quel en est l'intérêt ?
4. Éphraïm Mauperthuis est-il différent d'Ambroise Mauperthuis ? Étudiez la caractérisation indirecte* : en quoi ses paroles, rapportées* par le narrateur, renforcent-elles les portraits des deux personnages ?
5. Que pensez-vous de l'attitude de Simon ?
6. **Exercice d'écriture et mise en voix.** Simon considère Éphraïm Mauperthuis comme un héros*. Il écrit à Ambroise Mauperthuis pour lui en faire un portrait* élogieux. Rédigez cette lettre (vingt lignes environ). Lisez votre texte à haute voix à la classe.

Aide à l'écriture

Appuyez-vous sur la définition du héros dans la mythologie et dans l'histoire : précisez ses qualités et sa fonction.
Composez un portrait* physique et moral.

- **Caractérisation directe*** : utilisez des expressions valorisantes (adjectifs, substantifs, propositions relatives).
- **Caractérisation indirecte*** : rapportez au style indirect quelques phrases d'Éphraïm Mauperthuis qui mettent en valeur ses qualités.

Texte 2 Laurent Gaudé, *La Porte des Enfers*, Actes Sud, 2008.

Laurent Gaudé.

Né le 6 juillet 1972, Laurent Gaudé est dramaturge et romancier. Son bac en poche, il décide de suivre des études littéraires de lettres modernes et soutient une thèse en études théâtrales. Sa première pièce, *Combat de possédés*, paraît en 1999. Une dizaine d'autres pièces seront publiées ensuite. En 2002, *La Mort du roi Tsongor*, son deuxième roman, lui vaut d'être cité pour le prix Goncourt et surtout d'être récompensé par le prix Goncourt des lycéens et le prix des libraires. Deux ans plus tard, il remporte le prix Goncourt avec son roman *Le Soleil des Scorta*.

Pippo, six ans, est tué lors d'une fusillade sous les yeux de son père Matteo. Giuliana, sa mère, veut qu'on lui rende son fils ou qu'on lui apporte la tête de l'assassin. La douleur du deuil provoque la séparation des parents. Matteo rencontre Mazerotti, un prêtre très particulier. Il part avec lui dans les bas-fonds de Naples où se trouve la porte des Enfers. Matteo entre et prend la place de son fils. Par ce sacrifice, Pippo vivra et accomplira la vengeance que son père n'a pu honorer…

Matteo prit la figure de Pippo dans le creux de ses mains. Il le serra sur son torse. Il le voulait là, tout contre lui. Pouvoir lui respirer les cheveux pendant des heures, pour l'éternité. Son fils qu'il ne verrait pas grandir. Qui allait devenir un homme qu'il ne connaîtrait pas. Se souviendrait-il de lui ? Pas par des souvenirs reconstitués, faits des récits des uns et des autres, mais un souvenir vrai, physique, précis comme un parfum ou un son ? Son fils. Il le recommanda à la vie. Il était plein d'une immense mélancolie. Qu'il était dur de se quitter. La vie ne cessait d'arracher, sans cesse. Il respira encore une dernière fois dans les cheveux de l'enfant puis, comme à regret, il le libéra de son étreinte. Les forces le quittaient. Il ne pouvait même plus se lever. Mazerotti saisit Pippo par la main et l'entraîna vers la porte. Ils glissèrent tous les deux entre les deux battants monumentaux. Matteo les regarda disparaître. Il n'avait pas bougé. Il était là exsangue et misérable, à genoux, vidé de sa vie. Il pensa, un temps, qu'il avait réussi et qu'au fond, il fallait se réjouir mais la tristesse prenait possession de chacune des parcelles de son corps et lui pesait avec lourdeur. Giuliana saurait-elle tout ce qu'il avait fait ? L'embrasserait-elle en pensée lorsqu'elle comprendrait jusqu'où il était allé chercher leur enfant ? « Dis-le-lui », voulut-il dire encore à son fils mais aucun son ne sortit de sa bouche.

Il était toujours à genoux. Le visage tourné vers la porte. Il pensa à l'éternité qui allait maintenant passer avec la lenteur d'un supplice. Il était là, seul homme en vie parmi les morts. Combien de temps cela durerait-il ? Les grandes salles vides allaient résonner de ses pas, de ses cris, de sa solitude tourmentée. Il pensa à tout cela mais aucune terreur ne s'empara de lui. Il avait réussi. Son fils était vivant, à nouveau. Il sourit avec la pâleur d'un fiévreux. Incapable de bouger les mains, écrasé par un poids qui le faisait se courber comme un vieillard, il regarda la porte se fermer avec la lenteur solennelle des condamnations.

Questions

1. Examinez l'emploi particulier de la ponctuation et le rythme* des phrases. Expliquez la présence des phrases interrogatives. Quel est l'effet produit ?
2. Quels sont les registres* dominants de ce texte ?
3. **Recherche et débat oral.** Documentez-vous sur le mythe* d'Orphée. Quel parallèle pouvez-vous établir avec l'œuvre de Laurent Gaudé, *La Porte des enfers* ? Comment comprenez-vous, à notre époque, le sacrifice du père de Pippo ?
4. **Exercice d'écriture.** Imaginez une description* de la sortie des enfers du point de vue* de Pippo enfant.

Texte 3 Jean-Marie Gustave Le Clézio, *Désert*, Éditions Gallimard, 1980.

Jean-Marie Gustave Le Clézio est né en 1940 à Nice. Il écrit des romans, des contes, des nouvelles et des essais. Après avoir été désigné « écrivain de la rupture, de l'aventure poétique, de l'extase sensuelle, explorateur d'une humanité au-delà et en dessous de la civilisation régnante », il reçoit le prestigieux prix Nobel de littérature en 2008.
Son écriture est nourrie par sa passion pour les cultures amérindiennes et par ses voyages en Afrique, en Asie et en Amérique centrale.

Ces premières pages de roman évoquent la migration des « hommes bleus », les Touaregs, chassés du Rio de Oro dans les premières années du XXe siècle par les soldats français.

Ils étaient partis depuis des semaines, des mois, allant d'un puits à un autre, traversant les torrents desséchés qui se perdaient dans le sable, franchissant les collines de pierres, les plateaux. Le troupeau mangeait les herbes maigres, les chardons, les feuilles d'euphorbe qu'il partageait avec les hommes. Le soir, quand le soleil était près de l'horizon et que l'ombre des buissons s'allongeait démesurément, les hommes et les bêtes cessaient de marcher. Les hommes déchargeaient les chameaux, construisaient la grande tente de laine brune, debout sur son unique plateau de bois de cèdre. Les femmes allumaient le feu, préparaient la bouillie de mil, le lait caillé, le beurre, les dattes. La nuit venait très vite, le ciel immense et froid s'ouvrait au-dessus de la terre éteinte. Alors les étoiles naissaient, les milliers d'étoiles arrêtées dans l'espace. L'homme au fusil, celui qui guidait la troupe, appelait Nour [son fils] et il lui montrait la pointe de la petite Ourse, l'étoile solitaire qu'on nomme le Cabri, puis, à l'autre extrémité de la constellation, Kochab la bleue. Vers l'est, il montrait à Nour le pont où brillent les cinq étoiles Alkaïd, Mizar, Alioth, Megrez, Fecda. Tout à fait à l'est, à peine au-dessus de l'horizon, couleur de cendre, Orion venait de naître, avec Alnilam un peu penché de côté comme le mât d'un navire. Il connaissait toutes les étoiles, il leur donnait parfois des noms étranges, qui étaient comme des commencements d'histoires. Alors il montrait à Nour la route qu'il suivrait le jour, comme si les lumières qui s'allumaient dans le ciel traçaient les chemins que doivent parcourir les hommes sur la terre. Il y avait tant d'étoiles ! La nuit du désert était pleine de ces feux qui palpitaient doucement, tandis que le vent passait et repassait comme un souffle. C'était un pays hors du temps, loin de l'histoire des hommes, peut-être, un pays où plus rien ne pouvait apparaître ou mourir, comme s'il était déjà séparé des autres pays, au sommet de l'existence terrestre. Les hommes regardaient souvent les étoiles, la grande voie blanche qui fait comme un pont de sable au-dessus de la terre.

Questions

1. Où se situe la scène ? Quelle atmosphère se dégage de cette description* ? Appuyez-vous en particulier sur les indices de temps et sur le rythme des phrases*.
2. Quels liens unissent les personnages ? Quelles relations entretiennent-ils avec la nature ? Quel est le rôle de « l'homme au fusil » (l. 11) ?
3. Quel est le registre* dominant de ce texte ?
4. **Exercice d'écriture.** Nour, adulte, se remémore avec nostalgie cette longue marche aux côtés de son père dans le désert. Racontez ce souvenir en une quinzaine de lignes.

Aide à l'écriture

- **Situation d'énonciation** : Nour écrit aujourd'hui et il est adulte. Le récit à la 3e personne devient un récit à la 1re personne.
- **Procédés de l'élégie*** : amplification, travail sur le rythme des phrases, images élogieuses, vocabulaire des sensations.

Texte 4 Jean-Claude Servais, *L'Assassin qui parlait aux oiseaux*, Servais/Dupuis, 2005.

Jean-Claude Servais est scénariste et dessinateur de bande dessinée. Après avoir publié ses premières planches dans le journal *Spirou* puis dans *Le Journal de Tintin*, il a fait paraître des albums chez Casterman et chez Dupuis.

Lisez la planche de BD de la page 137 puis répondez aux questions suivantes.

Questions

1. Quelle est la situation de Blaise ? Quelles sont les réactions des camarades de classe ? Commentez les plans* des vignettes* 3, 4, 5 et 6 et leur enchaînement*. Quel est l'effet produit ? Comment expliquez-vous le comportement des autres élèves ? Qu'en pensez-vous ?
2. Étudiez les variations du point de vue dans cette planche* et examinez en particulier la première et la dernière vignette* : que représentent-elles ? Comment comprenez-vous le choix du dessinateur ?

MES CHERS ENFANTS, JE VOUS PRÉSENTE VOTRE NOUVEAU CONDISCIPLE, IL EST ARRIVÉ HIER AU VILLAGE AVEC SA MAMAN. IL HABITE DÉSORMAIS LA PETITE MAISON DE LA RUELLE.
POUR QUE NOUS PUISSIONS MIEUX FAIRE CONNAISSANCE, TU VAS NOUS ÉCRIRE TON NOM AU TABLEAU, MON GARÇON, QUE TOUT LE MONDE LE VOIE BIEN !
Blaise Van Hopp
BLAISE, QUEL PRÉNOM TARTE !
J'VOUDRAIS PAS M'APPELER COMME ÇA !
COMME VOUS POUVEZ LE CONSTATER, VAN HOPPEN N'EST PAS UN NOM DE CHEZ NOUS, C'EST UN NOM...
C'EST UN NOM FLAMAND, M'SIEUR !
OUI, TU AS RAISON, LOUISE ! VAN HOPPEN, C'EST LE NOM DE SA MAMAN. IL LE PORTE PARCE QUE, CONTRAIREMENT À VOUS TOUS, BLAISE N'A PAS LA CHANCE D'AVOIR UN PAPA.
MAIS ALORS, M'SIEUR, C'EST UN ENFANT DE COUCOU !
HA! HA! HA!
SILENCE! CALMEZ-VOUS !
3

Parcours d'une œuvre intégrale

Sylvie Germain, *Jours de Colère*, Éditions Gallimard, 1989.

L'histoire de tous, de chacun, toujours recommencée : marcher, marcher jour après jour sur la terre, défier la pesanteur et l'immobilité, arpenter les chemins du temps, du réel et du rêve, scruter la nuit et la lumière, prêter l'oreille aux dits du vent, aux paroles des autres, au sourd chant de la terre, aux clameurs de l'Histoire, au bruit confus de son propre sang charriant tant de mystères, d'échos et de questions.

Sylvie Germain, *Éclats de sel*, Éditions Gallimard, 1996.

L'action se situe dans les forêts du Morvan, un monde où bûcherons et bouviers mènent l'existence âpre des gens de la terre. C'est là que vivent trois générations de Mauperthuis, dont l'aïeul, Ambroise, ravagé par la jalousie et la colère, n'a de cesse de persécuter les siens. En dépit de cette haine meurtrière, ses neuf petits-fils possèdent un amour absolu de la nature et de la vie.

La forêt

Sylvie Germain décrit à plusieurs reprises la forêt du Morvan qui semble façonner ceux qui l'habitent.

Ils étaient hommes des forêts. Et les forêts les avaient faits à leur image. À leur puissance, leur solitude, leur dureté. Dureté puisée dans celle de leur sol commun, ce socle de granit d'un rose tendre vieux de millions de siècles, bruissant de sources, troué d'étangs, partout saillant d'entre les herbes, les fougères et les ronces. Un même chant les habitait, hommes et arbres. Un chant depuis toujours confronté au silence, à la roche. Un chant sans mélodie. Un chant brutal, heurté comme les saisons – des étés écrasants de chaleur, de longs hivers pétrifiés sous la neige. Un chant fait de cris, de clameurs, de résonances et de stridences. Un chant qui scandait autant leurs joies que leurs colères.

Car tout en eux prenait des accents de colère, même l'amour. Ils avaient été élevés davantage parmi les arbres que parmi les hommes, ils s'étaient nourris depuis l'enfance des fruits, des végétaux et des baies sauvages qui poussent dans les sous-bois et de la chair des bêtes qui gîtent dans les forêts ; ils connaissaient tous les chemins que dessinent au ciel les étoiles et tous les sentiers qui sinuent entre les arbres, les ronciers et les taillis et dans l'ombre desquels se glissent les renards, les chats sauvages et les chevreuils, et les venelles que frayent les sangliers. Des venelles tracées à ras de terre comme les herbes et les épines en parallèle à la Voie lactée, comme en miroir. Comme en écho aussi à la route qui conduisait les pèlerins de Vézelay vers Saint-Jacques-de-Compostelle. Ils connaissaient tous les passages séculaires creusés par les bêtes, les hommes et les étoiles.

Questions

1. Commentez cette description* de la forêt en vous appuyant sur les éléments qui la composent. Quelles sont ses différentes fonctions* ? Quel est l'effet produit ?
2. Comparez les hommes et le lieu. Que constatez-vous ?

Les hommes

Le 15 août donne lieu à une procession religieuse aux abords de la forêt : Ambroise Mauperthuis, maître du domaine forestier, interdit à son fils et sa famille d'assister à la cérémonie. Les neuf petits-fils passent outre cette interdiction.

Les fils d'Éphraïm avançaient à pas vifs vers le cœur de la clairière, sans prêter la moindre attention à la foule. Louison-la-Cloche carillonnait avec une allégresse croissante tandis que les frères du Matin commençaient à battre un rythme lent et qu'Éloi-l'Ailleurs jouait en sourdine de l'accordéon. Blaise-le-Laid frappa un coup de gong et les neuf frères poussèrent à l'unisson une clameur. [...] Le Laid frappa à nouveau sur son gong ; les autres recommencèrent à jouer en sourdine – rythme des bois frappés, accordéon, arc-à-neuf-cordes et grelots du carillon qui s'égayait de plus en plus. Ils s'étaient rapprochés de la statue de Notre-Dame-des-Hêtres qu'ils entouraient. Louison sautillait et agitait à toute vitesse sa hampe à clochettes, les autres intensifiaient leur rythme. Et soudain le son de la trompette s'élança, éclaboussure d'or jaillie du corps de Simon-l'Emporté, crevant la terre et filant droit vers le soleil pour souligner d'un trait étincelant la joie et la splendeur du jour. Alors les autres donnèrent libre cours à leur force, à leur entrain. Fernand-le-Fort bondit auprès de Simon et se mit à scander le rythme en accéléré, il battait des mains, faisait claquer ses pieds contre le sol de plus en plus violemment, il trépignait, proférait de grands cris. Han han ha ! et ses frères les faisaient ricocher. Simon-l'Emporté entraînait tous leurs cris, leurs sons, leurs résonances, dans le sillon flamboyant percé par sa trompette. Il arrachait les souffles hors des entrailles, des gorges, les projetait en plein ciel, les faisait rouler en pleine lumière. Il se balançait en jouant, tantôt cambré, tantôt courbé, et ses frères s'agitaient autour de lui, ils tournaient, ils sautaient, ils riaient et jouaient à grand éclat. C'était là leur offrande, – non plus seulement les fleurs et les fruits de la terre mais leur vigueur, leur jeunesse, l'impétuosité de leurs cœurs, la magnifique ampleur de leurs souffles, de leurs rires. Ils étaient les messagers des arbres parmi lesquels ils vivaient depuis toujours.

Questions

1. Relevez les éléments du registre épique* : amplifications*, rythme* des phrases, noms des personnages.
2. **Mise en voix.** Lisez ce texte à haute voix en prenant soin de mettre en évidence les procédés du registre épique.

La rencontre

La jeune Camille a été recueillie et élevée par Ambroise Mauperthuis. Choyée et gâtée, elle a cependant toujours vécu isolée, « comme un oiseau en cage. » Lors de sa première apparition publique, le jour de la procession, elle a provoqué la fureur du vieux en dansant sur la musique des frères Mauperthuis. Un après-midi de lessive, elle a croisé Simon…

Fatiguée par les heures de rinçage au lavoir, tout éblouie par la réverbération des immenses draps blancs, Camille s'était allongée dans l'herbe, entre les draps humides, et s'était assoupie. Elle avait dormi jusqu'au soir. C'était la Fine qui l'avait réveillée lorsqu'elle l'avait appelée pour le dîner. Elle s'était levée, le corps doucement engourdi par sa longue sieste au soleil dans l'odeur de l'herbe et des fleurs et la senteur des draps, dans la chaleur de la terre. Elle avait dormi dans la tiédeur et la rondeur du jour comme au creux d'une épaule. En longeant les bâtiments de la ferme, elle avait croisé Simon-l'Emporté qui sortait de l'étable. Elle, chancelante presque dans la lumière du jour tombant, comme une somnambule rose et dorée, lui, dressé dans l'ombre fraîche de la porte de l'étable. Elle s'était arrêtée, incertaine, les yeux soyeux encore de sommeil ; elle l'avait regardé avec étonnement et lui avait souri. Il n'avait fait qu'un pas, l'avait prise par la taille et l'avait embrassée. Elle était rentrée à la ferme retrouver la Fine. Elle n'avait pas échangé un seul mot avec Simon. Ils s'étaient embrassés à la tombée du jour, entre ombre et lumière, entre fraîcheur et chaleur, entre sommeil et veille. Mais après le dîner, à l'heure de monter dans sa chambre, Camille était ressortie en secret et s'était glissée jusqu'au pré. Simon était là.

Questions

1. Commentez le rythme du récit* et le point de vue* adopté. Quel est l'effet produit ?
2. Montrez en quoi la nature participe de l'éveil amoureux de Camille.
3. « Elle, chancelante presque dans la lumière du jour tombant, comme une somnambule rose et dorée, lui, dressé dans l'ombre fraîche de la porte de l'étable. » (l. 8-10) : quelles remarques pouvez-vous faire sur cette phrase ? En vous appuyant sur les portraits* des personnages et sur les indications de temps, précisez l'atmosphère de cette rencontre et le registre* dominant du texte.

La colère

Ambroise Mauperthuis apprend l'amour qui unit son petit-fils Simon à Camille. Fou de jalousie, il enferme Camille et la retient prisonnière.

La folie d'Ambroise Mauperthuis se doublait d'une parfaite lucidité, et efficacité. Il avait depuis son retour de la forêt réussi à enfermer Camille en lieu sûr, à chasser la Fine, à déclarer sa ferme citadelle interdite. Il lui restait à présent à chasser Simon-l'Emporté. Ce dernier n'allait pas tarder à venir à la ferme, c'était déjà l'heure de panser et de nourrir les bœufs.

Il l'attendit dans la cour, devant la porte de l'étable. Il s'était muni d'un hoyau[1]. Il avait choisi dans la resserre aux outils le hoyau au tranchant le plus acéré, au manche

1. **Hoyau :** petite houe à lame courbe.

le plus long. Il le tenait en travers de sa poitrine, solidement. Simon arriva. Avant qu'il ne parvienne à la ferme, Louison-la-Cloche l'avait averti de la dispute qui avait éclaté dans la forêt à l'heure du déjeuner. Simon s'avança vers le vieux d'un pas décidé. Mais lorsqu'il fut à quelques pas de lui, l'autre brandit son arme et lui cria : « Tu n'entreras pas ! Tu n'entreras jamais plus dans ma ferme ! Des bouviers, ça manque pas dans l'pays. Dès demain j'en prendrai un nouveau. Toi tu vas partir. Pas seulement de ma ferme, mais du Leu-aux-Chênes. Tu vas quitter le pays. Va te chercher ailleurs des filles à trousser ! Et si tu pars pas, et c'te nuit même encore, j'irai aux gendarmes. La Camille elle est mineure, t'as pas de droit sur elle. J'dirai qu'tu lui as fait violence. J'te ferai envoyer au trou, t'entends ? — J'entends rien, répondit Simon. Camille elle dira la vérité, j'lui ai jamais fait violence. Si j'pars, c'est seulement avec elle. — Ah ! tu m'tiens tête, hein ? Mais qu'est-ce t'es pour croire ça, dis ? T'oublies qu't'es rien, rien qu'un pauvre, un manant. J'peux t'faire arrêter par les gendarmes si j'veux. C'est moi qui suis l'plus fort, pas toi ! Et puis, tu sais quoi ? Si tu quittes pas le pays c'te nuit même, j'embauche plus ni ton salaud d'père ni tous tes brigands d'frères. Ça j'l'f'rai, compte sur moi, et sans tarder encore ! j'vous fous tous dehors. Et alors, où qu'vous irez tous, où qu'vous trouverez du travail, de quoi qu'vous vivrez ? Vous faudra tous quitter vot'taudis du Bout. Alors tu disparais, et pour toujours, sinon j'fais c'que j'dis. Te v'là prévenu. J'l'ferai, pour sûr ! » Simon perdit contenance. Il n'avait pas peur des gendarmes, mais ça, la misère des siens, déjà si pauvres, tout juste subsistant, il ne pouvait pas accepter. Il ne pouvait pas supporter l'idée de les voir tous chassés hors de leur ferme, loin du hameau, contraints à aller mendier du travail ailleurs. Il se sentit pris au piège, vaincu avant d'avoir pu livrer combat. Le vieux n'hésiterait pas une seconde à exécuter ses menaces, il n'avait jamais hésité à faire du mal quand la colère le prenait, sans pitié ni remords. « Camille où elle est ? demanda-t-il d'une voix altérée. — Elle est où qu'elle doit être ! Dans ma ferme. La voilà sage maint'nant. Elle a compris elle aussi. On s'moque pas d'moi, non mais ! On m'tient pas tête ! Elle obéit. Elle sortira pas. Tu peux gueuler tout ton soûl, elle viendra pas. J'l'ai mise au pas, c'te nigaude qui croyait me tromper. Elle a assez menti comme ça. »

[…] Simon, qui d'ordinaire s'emportait pour un rien, restait planté à trois pas du vieux, la tête basse, les bras ballants. Ses mains tremblaient, non de colère, mais de détresse. C'était son cœur, c'était toute sa force, qui étaient emportés. La menace que le vieux venait de lancer contre sa famille le forçait à se soumettre, d'emblée et sans recours, et son impuissance l'accablait. D'une voix sourde, qui tremblait presque, il demanda encore : « Rouzé… j'voudrais juste, une dernière fois… à lui, j'peux bien dire adieu… à lui au moins… laisse-moi donc entrer dans l'étable un instant pour voir Rouzé. » Rouzé était l'un des bœufs dont il s'occupait, celui auquel allait sa préférence. Il se sentait si démuni, si perdu soudain, si douloureusement seul, vaincu et humilié, qu'il lui fallait trouver un appui, quel qu'il fût. Il éprouvait le besoin, avec urgence, avec passion, d'enlacer le cou de l'animal, de poser son visage contre sa tête, d'enfouir sa peine dans l'odeur si douce et tiède de la bête, et de laisser rouler le long de son poitrail les larmes qui déjà lui brûlaient les joues. [...] Le vieux riait d'un air mauvais, et, plus il riait, plus son souffle se condensait en buée blanchâtre qui voilait son visage. Ambroise Mauperthuis parut soudain à Simon terriblement proche et lointain à la fois, — un être plus tout à fait humain, mais ensorcelé, maléfique. Comme si les esprits les plus noirs de la forêt l'avaient saisi à l'âme. Comme si à force de s'embuer sous le souffle de son rire malfaisant, non seulement son visage allait se voiler jusqu'à disparaître, mais tout son corps avec. Comme s'il allait se dissoudre dans l'air glacé du soir, et devenir le froid de la nuit, le froid humide qui hante les sous-bois, qui suinte le long des arbres, des pierres, des chemins ; qui suinte dans les rêves des hommes malheureux dont le sommeil n'est même pas un répit mais perdure encore, douleur, faim et souci. Ce froid qui suinte dans le tourment des pauvres, dans le cœur des déchus.

Déchu, Simon l'était. Déchu de son amour, déchu de son orgueil, de sa joie, de sa colère même. Jusqu'à ce jour il n'avait jamais souffert d'être pauvre. Il n'avait même jamais vraiment pensé qu'il l'était. Il travaillait, il aimait ce hameau et ces bois où il avait toujours vécu, il aimait ses frères.

Questions

1. Comment sont rapportées les paroles du grand-père et de Simon ? Pourquoi le narrateur fait-il ce choix ?
Quels traits du caractère de Simon nous sont révélés par ses premières paroles ?
Comment ses sentiments évoluent-ils ?
2. Quel est le point de vue* adopté pour décrire Ambroise Mauperthuis à la fin du passage ? Dans quel registre* le texte bascule-t-il ? Qu'en pensez-vous ?
3. Réécrivez cet extrait de « Tu n'entreras pas » à « j'l'ferai, pour sûr ! » (l. 12-26) au discours indirect* en respectant une syntaxe et un vocabulaire courants.

La révolte

Après de longs mois d'absence, Simon revient dans le village qu'il a dû quitter ; il décide de partir définitivement. Camille, qui s'est évadée, a choisi de l'accompagner. Avant de partir, Simon dit au revoir à sa grand-mère et à ses frères.

« Nous partons. Cette nuit même, avant que le vieux ne nous cherche. Nous irons loin, dans un pays où il ne pourra pas nous retrouver. Du travail je saurai bien en prendre n'importe où. Plus tard nous reviendrons, quand le vieux enfin n'y sera plus. Mais nous devons partir sans retard. Nous marcherons toute la nuit, je connais la forêt, je ne perdrai pas mon chemin. Nous irons en direction d'Avallon. » Ils se sentaient tous deux de force à prendre la route à travers la forêt et à marcher toute la nuit, et tout le jour suivant. De marcher jusqu'à ce que le vieux perde leurs traces.

Ils se préparèrent pour leur voyage. Edmée leur emballa de la nourriture, un peu de linge. Louison-la-Cloche appela Camille et la conduisit jusqu'à la chambre de ses parents. Il voulait chercher dans l'armoire un châle ayant appartenu à sa mère pour le lui offrir. [...]

Simon et Camille glissèrent chacun leur sac à l'épaule, firent leurs adieux à Edmée et aux frères, se faufilèrent hors de la Ferme-du-Bout. Ils se hâtèrent vers la forêt. L'aube allait poindre.

Questions

1. Comment se traduit la détermination des amants ?
2. Lisez l'interview de Sylvie Germain, page 148.
   a. Débat oral. Que pensez-vous de la révolte de Simon ? La colère est-elle nécessairement néfaste ?
   b. Exercice d'écriture. « J'ai pensé longtemps que l'éducation pouvait tout changer. » écrit Philippe Delerm (« Quelle sera votre rime ? », *Être père, disent-ils*, L'Iconoclaste, 2009).
   Écrivez un dialogue entre deux adolescents dont l'un exprime l'importance de l'éducation familiale dans la formation de chacun tandis que l'autre affirme qu'on se forme par d'autres moyens ou avec d'autres personnes *(vingt lignes environ)*.

BILAN

Histoire littéraire

- **Les plus anciennes épopées* écrites** connues sont l'*Épopée de Gilgamesch* (Mésopotamie, entre les XVIIIe et XVIIe siècles av. J.-C.) et l'*Iliade* et l'*Odyssée* d'**Homère** (entre les Xe et VIIe siècles av. J.-C.). **Virgile** s'inspire des épopées grecques d'Homère dans *L'Énéide* (entre 29 et 19 av. J.-C.). Le récit en vers des épreuves du Troyen Énée, ancêtre mythique du peuple romain, fils d'Anchise et de la déesse Aphrodite, marque l'accomplissement de la tradition épique latine.
- **Au Moyen Âge, l'épopée prend la forme de la chanson de geste** (du latin *gesta*, exploits). Par exemple, *La Chanson de Roland* (1070 environ) est un poème en vers qui exalte le modèle idéal du chevalier chrétien.
- **Les récits de chevalerie construits autour de la figure mythique du roi Arthur**, comme *Perceval ou le Conte du Graal* et *Lancelot ou Le Chevalier de la charrette* de **Chrétien de Troyes** (fin XIIe siècle), sont à l'origine du roman*, récit écrit en roman, langue parlée quotidienne, par opposition aux textes scientifiques, juridiques et religieux, toujours écrits en latin littéraire.

◎ *Le registre épique*

Caractéristique de l'épopée, on **peut retrouver ce registre dans le roman.**

◗ THÈMES

- **Origines et filiation**

– ***Cosmogonie**** (origines du monde) : « Alors les étoiles naissaient, les milliers d'étoiles arrêtées dans l'espace. » / « Ils étaient partis depuis des semaines, des mois, allant d'un puits à un autre, traversant les torrents desséchés qui se perdaient dans le sable, franchissant les collines de pierres, les plateaux. » **(Le Clézio)** ;

– ***Généalogie*** (importance du lignage*, des ancêtres, des parents et de la transmission ou de la rupture dans la construction de sa propre identité et de son destin) : « Il acceptait son destin, ne se plaignait pas, il n'avait jamais eu à regretter le choix qu'il avait fait en ce lointain matin d'octobre. Que le père aille donc son chemin, lui suivait le sien. » **(S. Germain)** ;

- **Exploit, sacrifice du héros*** qui triomphe d'obstacles surhumains : « La vie ne cessait d'arracher, sans cesse. Il respira encore une dernière fois dans les cheveux de l'enfant puis, comme à regret, il le libéra de son étreinte. Les forces le quittaient. [...] Il avait réussi. » **(Gaudé)**.

◗ PROCÉDÉS

Ce sont des procédés d'insistance et d'amplification.

- **Lexique**

  Vocabulaire mélioratif ou péjoratif* opposant les caractères qui se combattent : « ce père brutal et injuste lui était devenu indifférent. Il avait trouvé tant de tendresse et de paix. » **(S. Germain)** ; épithète de nature* : « Fernand-le-Fort » **(S. Germain)**.

- **Figures de style**
  - *Hyperboles** : « Il connaissait toutes les étoiles. » **(Le Clézio)** ;
  - *Personnifications*, allégories* mythologiques* : *La Porte des enfers*, **(Gaudé)** ;
  - *Métaphores* ou comparaisons** : « la grande voie blanche qui fait comme un pont de sable au-dessus de la terre. » **(Le Clézio)** ;
  - *Antithèses** : « Il était là, seul homme en vie parmi les morts. » **(Gaudé)**.

- **Syntaxe**
  - *Ampleur et rythme* des phrases avec anaphore*, effets de reprise* : « Alors les étoiles naissaient, les milliers d'étoiles arrêtées dans l'espace. [...] Alors, il montrait à Nour la route qu'il suivrait le jour. » **(Le Clézio)** ;
  - *Types et forme de phrases** : phrases exclamatives, interrogations rhétoriques*, tournures emphatiques avec apostrophes*.

VERS LE BAC

Chrétien de Troyes, *Lancelot ou le Chevalier de la charrette*, 1177-1181.

Traduit de l'ancien français par Daniel Poirion, Éditions Gallimard, coll. « Bibliothèque de la Pléiade », 1994.

Chrétien de Troyes est né vers 1135. Il reprend des légendes celtiques où apparaissent la cour du roi Arthur et les chevaliers de la Table ronde et transpose celles-ci dans la société courtoise de son époque. Entre 1170 et 1185, il publie, sous la tutelle de la comtesse Marie de Champagne puis du comte Philippe de Flandres, cinq romans : Erec et Enide, Cligès, Lancelot, Yvain et Perceval.

Pour en savoir plus sur le roman de chevalerie et le cycle des Romans de la Table ronde, visitez l'exposition en ligne sur le site de la Bibliothèque nationale de France consacrée au Roi Arthur : http://expositions.bnf.fr/arthur/antho/43/02.htm

Au début du roman, l'épouse du roi Arthur, Guenièvre, est enlevée par un chevalier étranger, Méléagant. Fidèle et dévoué à son roi mais aussi secrètement amoureux de la reine, le chevalier Lancelot part délivrer Guenièvre. Le roman raconte cette quête ponctuée par les épreuves et les exploits du héros. Un soir, Lancelot arrive avec ses deux compagnons au Pont de l'Épée qui sépare le royaume d'Arthur du royaume de Méléagant…

Devant l'entrée de ce pont qui était si terrible, ils descendirent de leur cheval et regardèrent l'eau traîtresse, noire, bruyante, rapide et chargée, si laide et épouvantable que l'on aurait dit le fleuve du diable ; elle était si périlleuse et profonde que toute créature de ce monde, si elle y était tombée, aurait été aussi perdue que dans la mer salée. Et le pont qui la traversait était bien différent de tous les autres ponts ; on n'en avait jamais vu, on n'en verra jamais de tel. Si vous voulez savoir la vérité à ce sujet, il n'y a jamais eu d'aussi mauvais pont, fait d'une aussi mauvaise planche : c'était une épée aiguisée et étincelante qui formait ce pont jeté au-dessus de l'eau froide ; mais l'épée, solide et rigide, avait la longueur de deux lances. [...] Ce qui achevait de démoraliser les deux compagnons qui étaient venus avec le chevalier, c'était l'apparition de deux lions, ou deux léopards, à la tête du pont, de l'autre côté de l'eau, attachés à une borne en pierre. L'eau, le pont et les lions leur inspiraient une telle frayeur qu'ils tremblaient de peur et disaient :

« Seigneur, écoutez un bon conseil sur ce que vous voyez, car vous en avez grand besoin. Voilà un pont mal fait, mal assemblé, et bien mal charpenté. Si vous ne vous repentez pas tant qu'il en est encore temps, après il sera trop tard pour le faire. Il faut montrer de la circonspection[1] en plus d'une circonstance. Admettons que vous soyez passé (hypothèse aussi invraisemblable que d'empêcher les vents de

1. **Circonspection** : prudence, retenue, dans les paroles et dans les actes.

souffler, les oiseaux de chanter, ou que de voir entrer un être humain dans le ventre de sa mère pour renaître ensuite ; une chose donc aussi impossible que de vider la mer). Comment pouvez-vous en toute certitude penser que ces deux lions enragés, enchaînés de l'autre côté, ne vont pas vous tuer, vous boire le sang des veines, manger votre chair et puis ronger vos os ? Il me faut déjà beaucoup de courage pour oser jeter les yeux sur eux et les regarder. Si vous ne vous méfiez pas ils vous tueront, sachez-le bien. Ils auront vite fait de vous briser et de vous arracher les membres, et ils seront sans merci. Mais allons, ayez pitié de vous-même, et restez avec nous ! Vous seriez coupable envers vous-même si vous vous mettiez si certainement en péril de mort, de propos délibéré[2]. »

Alors il leur répondit en riant :

« Seigneurs, je vous sais gré de vous émouvoir ainsi pour moi ; c'est l'affection et la générosité qui vous inspirent. Je sais bien que vous ne souhaiteriez en aucune façon mon malheur ; mais ma foi en Dieu me fait croire qu'Il me protégera partout : je n'ai pas plus peur de ce pont ni de cette eau que cette terre dure, et je vais risquer la traversée et m'y préparer. Plutôt mourir que faire demi-tour ! »

Ils ne savent plus que dire, mais la pitié les fait pleurer et soupirer tous deux très durement. Quant à lui, il fait de son mieux pour se préparer à traverser le gouffre. Pour cela il prend d'étranges dispositions, car il dégarnit ses pieds et ses mains de leur armure : il n'arrivera pas indemne, ni en bon état de l'autre coté ! Mais ainsi il se tiendra bien sur l'épée plus tranchante qu'une faux, de ses mains nues, et débarrassé de ce qui aurait pu gêner ses pieds : souliers, chausses et avant-pieds[3]. Il ne se laissait guère émouvoir par les blessures qu'il pourrait se faire aux mains et aux pieds ; il préférait se mutiler que de tomber du pont et prendre un bain forcé dans cette eau dont il ne pourrait jamais sortir. Au prix de cette terrible douleur qu'il doit subir, et d'une grande peine, il commence la traversée ; il se blesse aux mains, aux genoux, aux pieds, mais il trouve soulagement et guérison en Amour qui le conduit et mène, lui faisant trouver douce cette souffrance. S'aidant de ses mains, de ses pieds et de ses genoux, il fait tant et si bien qu'il arrive sur l'autre rive. Alors lui revient le souvenir des deux lions qu'il pensait avoir vus quand il était encore de l'autre côté ; il cherche du regard mais il n'y avait même pas un lézard, ni aucune créature susceptible de lui faire du mal. Il met sa main devant son visage pour regarder son anneau[4] et il a la preuve, comme il n'y apparaît aucun des deux lions qu'il pensait avoir vus, qu'il a été victime d'un enchantement, car il n'y a là âme qui vive. Quant à ceux qui sont

2. **De propos délibéré** : volontairement.
3. **Avant-pied** : bandes de peau ou d'étoffe destinées à protéger le pied.
4. La Dame du Lac, la fée Viviane, a recueilli et éduqué Lancelot pour être un parfait chevalier après la mort de son père, le roi Ban. Elle lui a offert cet anneau magique qui a le pouvoir de rompre les sortilèges.

restés sur l'autre rive, voyant qu'il a ainsi traversé, ils se réjouissent comme il est bien normal ; toutefois ils ne savent rien de ses blessures. Mais lui considère s'en être tiré à bon compte pour n'avoir pas subi là plus de dommage. Il étanche sur tout son corps le sang de ses blessures avec sa chemise. Alors il voit devant lui une tour si solidement construite qu'il n'en a jamais vu d'aussi impressionnante.

À une fenêtre s'était appuyé le roi Bademagu qui était très subtil[5], avec un sens aigu de l'honneur et du bien, et dont le plus grand souci était de défendre et pratiquer partout la loyauté, mais son fils [Méléagant], qui mettait tout son zèle à faire tout le contraire en toutes circonstances, prenant plaisir à se montrer déloyal, et ne se fatiguant ni ne s'ennuyant jamais dans le mal, la trahison et le crime, s'était appuyé à ses côtés.

5. **Subtil** : fin, intelligent, perspicace.

Lecture (9 points)

1. Quels sont les différents points de vue adoptés pour décrire le Pont de l'Épée et l'autre rive ? Quel est l'effet produit ? Précisez les différentes fonctions de la description dans ce récit. (3 pts)
2. Montrez en quoi Lancelot est un héros. (4 pts)
3. Quel est le registre dominant de ce texte ? Justifiez votre réponse en vous appuyant sur des éléments précis. (2 pts)

Écriture d'invention (11 points)

Sujet. *Méléagant est furieux de la réussite de Lancelot tandis que Bademagu admire son courage. Le père* « fait la leçon » *à son fils et, par reconnaissance pour l'action de Lancelot, tente de convaincre Méléagant, au nom de l'honneur et de la sagesse, de* « choisir une issue pacifique » *et de délivrer la reine Guenièvre.*

Rédigez le dialogue entre le père et le fils, sachant que l'argumentation de Bademagu commence ainsi : « Fils, il serait courtois de ta part de renoncer...» et que la réponse de Méléagant est sans appel.
(25 lignes environ pour la leçon de Bademagu, 3 lignes pour la réponse de Méléagant).

Perspectives

Interview de Sylvie Germain accordée aux auteurs du manuel en novembre 2010.

Comment définissez-vous la colère ?

S.G. — C'est une émotion violente, chargée d'agressivité dont le degré de violence peut parfois monter à l'aigu. C'est une flambée des sens, des nerfs, du cœur et de l'esprit : tout se concentre, se confond et entre en ébullition. Et là réside le danger de la colère : elle congédie la pensée, elle prive du pouvoir de raisonner ; en un sens, elle « abrutit » en nous réduisant à une boule de force privée de réflexion. Mais il existe différentes sortes de colère : il y en a de furieuses, de destructrices et il y en a de « saines », et même de « saintes » ; celles-ci, provoquées par des injustices, des absurdités, des mensonges, etc., peuvent en effet être salubres dans la mesure où elles n'évacuent pas totalement la pensée ni le jugement.

Dans quelle mesure écriture et colère peuvent-elles se rencontrer ?

S.G. — Le lien se fait parfois étroit entre l'écriture et la colère : la colère peut même être un déclencheur d'écriture – mais alors il faut que cette colère initiale soit maîtrisée, réfléchie et endiguée par le travail de l'écriture (souci de construction, de structuration et de cohérence du texte) sinon le texte sera illisible, sans pertinence, sans intérêt. L'écriture ne doit pas se réduire à un défoulement de la colère, mais il peut en être un mode efficace d'expression.

Que pensez-vous de la place donnée à la famille dans notre société ? Ou, en Occident, qu'est-ce que la famille aujourd'hui ?

S.G. — Dans l'ensemble des sociétés occidentales, la famille semble de plus en plus fragilisée car souvent éclatée, recomposée, à la fois ramifiée en tous sens et sans racines réelles, sans stabilité. Mais elle résiste, s'adapte et garde sa valeur ; c'est en son sein que l'on tisse ses premiers liens affectifs (pour le meilleur et pour le pire...). La plupart des gens demeurent attachés à la famille, aux membres qui la composent (au moins à certains d'entre eux), à sa mémoire.

Dans une société où les supports de communication sont multiples (TV, internet...), quelle place les adolescents accordent-ils au livre ? Quelles qualités avez-vous relevées chez eux lors de vos différentes rencontres ?

S.G. — Le rapport au livre se transforme du fait des nouveaux supports de communication offerts, à commencer par Internet, l'iPad, bientôt le e.book. J'appartiens à une génération initiée à la lecture par voie du « livre-papier » (chaque livre étant unique, singulier par son format, son volume, sa présentation, sa texture et même son odeur) et je reste attachée à ce mode de lecture. Il m'est donc difficile d'apprécier comment fonctionne la lecture « tout électronique ». L'essentiel, me semble-t-il, est que le *désir* de lecture soit sauvegardé et vivace. Si ce désir passe désormais par de nouveaux supports et qu'il s'y épanouit, alors tant mieux.
Au cours des diverses rencontres que j'ai eues avec des élèves – de lycées très différents –, j'ai remarqué que la plupart manifestaient une vraie curiosité, qu'ils avaient beaucoup de questions à poser. L'imagination est une faculté essentielle de l'esprit et elle se nourrit de tout ; celle des adolescents est grande ouverte, vive et avide, et souple. Et c'est là que le rôle des enseignants est important et délicat : ils ont à la fois à stimuler et à canaliser cette dynamique, à former et à informer la curiosité des adolescents, à leur donner des pistes et des outils de découverte tout en respectant leur créativité.

Séquence 8

Poésie et engagement

Quand la poésie « crie, accuse, espère… »

Jeunes gens qui me lirez peut-être, pensez-y !
les bûchers ne seront jamais éteints et le feu,
pour vous, peut reprendre…
Pierre Seghers, *La Résistance et ses poètes*, Seghers, 1974.

Objectifs du référentiel

- 1.1 **Écrire pour soi et pour les autres**
  - 1.1-4 Pratiquer l'écriture d'invention
  - 1.1-5 Respecter les codes de la langue écrite, utiliser des procédés stylistiques
- 1.2 **Échanger à l'oral : s'exprimer, écouter, réagir**
  - 1.2-1 Mettre en voix
- 1.3 **Devenir un lecteur actif et critique**
  - 1.3-1 Mettre des œuvres en relation avec leur contexte historique
  - 1.3-5 Repérer, identifier et apprécier des procédés d'écriture

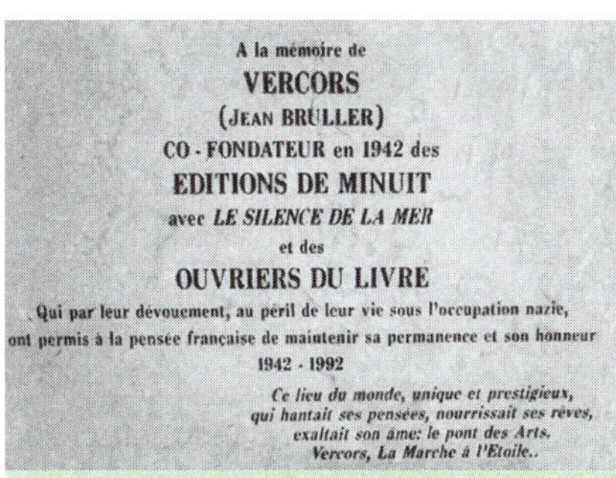

Plaque commémorative à la mémoire de Vercors, 2002, Pont des Arts, Paris

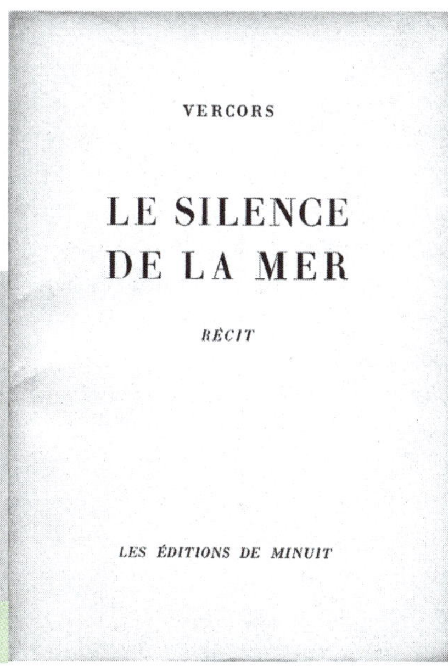

© Éditions de Minuit, 1942.

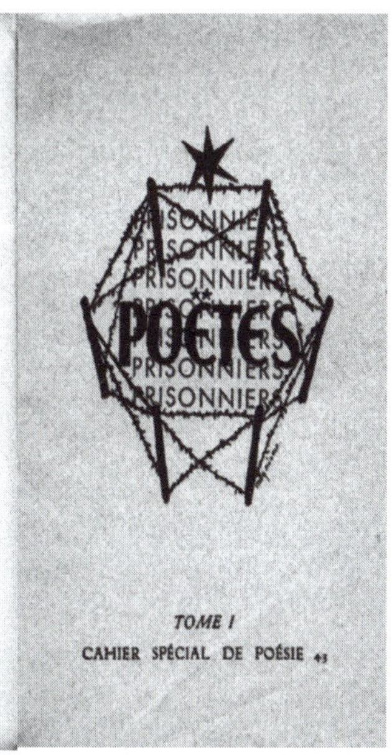

© Seghers, 1943.

Prélude

I – S'exprimer oralement

Observez et commentez les quatre images de la page précédente.

II – Confronter des documents

Document 1

Whitman[1] animé par son peuple, Hugo appelant aux armes, Rimbaud aspiré par la commune, Maïakovski[2] exalté, exaltant, c'est vers l'action que les poètes à la vue immense sont, un jour ou l'autre, entraînés. Leur pouvoir sur les mots étant absolu, leur poésie ne saurait jamais être diminuée par le contact plus ou moins rude du monde extérieur. La lutte ne peut que leur rendre des forces. Il est temps de redire, de proclamer que les poètes sont des hommes comme les autres, puisque les meilleurs d'entre eux ne cessent de soutenir que tous les hommes sont ou peuvent être à l'échelle du poète.

Devant le péril aujourd'hui couru par l'homme, des poètes nous sont venus de tous les points de l'horizon français. Une fois de plus la poésie mise au défi se regroupe, retrouve un sens précis à sa violence latente, crie, accuse, espère.

Paul Éluard, « Préface », *L'Honneur des poètes*, Éditions de Minuit, 1943.

1. **Walt Whitman** : poète américain du XIXe siècle, souhaite que la poésie exalte l'homme moderne au travail.
2. **Vladimir Maïakovski** : poète russe du début du XXe siècle, a célébré la révolution d'Octobre.

Document 2

ÉTAT FRANÇAIS
Cabinet 159.34 — *Vichy, le 24 août 1942*

Monsieur le Directeur,

La Censure Centrale (Ministère de l'Information) n'a pas été sans remarquer depuis longtemps que des revues de caractère strictement littéraire publient, de temps à autre, des poèmes, des contes, des analyses critiques où, ici et là, on peut trouver des allusions transparentes aux événements politiques actuels.

Ces allusions, pour habiles qu'elles soient, si elles échappent aux censeurs locaux, n'en sont pas moins notées à Vichy.

J'ai toujours eu le souci d'éviter en ce domaine des sanctions administratives analogues à celles prises quelquefois à l'égard des journaux quotidiens ou des grands hebdomadaires.

Toutefois ces clins d'œil complices au lecteur averti tendant à se multiplier, je me vois dans l'obligation d'en limiter l'abus.

C'est pourquoi je viens de suspendre pour deux mois la revue mensuelle *Confluences* qui, dans son numéro 12, a publié un poème de M. Aragon dont quelques-uns des vers relèvent de la tendance que je viens d'évoquer. [...]

Lettre du ministère de l'Information au directeur de la revue *Confluences*.

Questions

1. Observez le paratexte des deux documents. Qu'en déduisez-vous ?
2. Lisez les documents 1 et 2. À quel « péril aujourd'hui couru par l'homme » (l. 9) Éluard fait-il référence ?
3. **Document 1.** « Whitman animé par son peuple, Hugo appelant aux armes, Rimbaud aspiré par la commune, Maïakovski exalté, exaltant… » (l. 1-2).
   a. Pourquoi Éluard cite-t-il ces auteurs ? Qu'ont-ils en commun ?
   b. Quel procédé de style est ici employé ? Quel est l'effet produit ?
4. **Document 1.** Pour Éluard, quel est le rôle de la poésie* et du poète ? Quels arguments* emploie-t-il pour soutenir sa thèse* ?
5. **Document 2.** Selon la lettre du ministère de l'Information, « on peut trouver [dans les revues littéraires] des allusions transparentes aux événements politiques actuels. » (l. 4-5). Comment Éluard contourne-t-il la censure *?

Ce que nous avons vu

Après la Seconde Guerre mondiale, un nouveau sens du terme « engagement* » se développe. Il désigne l'« acte ou attitude de l'intellectuel, de l'artiste qui, prenant conscience de son appartenance à la société et au monde de son temps, renonce à une position de simple spectateur et met sa pensée ou son art au service d'une cause » **(Le Nouveau Petit Robert de la langue française, *2009*).**

La poésie de la Résistance est une poésie engagée, une arme capable de transgresser et de contourner la censure*. Elle engage non seulement celui qui écrit, mais aussi celui qui lit et celui qui diffuse. Si alors la parole poétique se fait parole du refus, parole du combat, parole de propagande*, elle rassemble aussi des hommes autour de ses valeurs* et de ses espoirs.

Lire, comparer, analyser, écrire

Pour commencer…

Prenez connaissance du groupement de textes suivant.

1. Quel est le thème de ce corpus ? Comment est-il abordé dans chaque poème ?
2. Quel poème préférez-vous et pourquoi ? Mettez-le en voix.
3. Relevez dans chacun de ces textes les allusions à un contexte historique précis.

Pour aller plus loin...

Texte 1 Robert Desnos, « Ce cœur qui haïssait la guerre... », *L'Honneur des poètes*, Éditions de Minuit clandestines, 1943.

Robert Desnos (1900-1945) fut poète et résistant. Pendant la Seconde Guerre mondiale, un grand nombre de ses textes sont publiés dans la clandestinité. C'est sous le nom de Pierre Andier qu'il écrit « Ce cœur qui haïssait la guerre... », le 14 juillet 1943. En février 1944, il est arrêté par la Gestapo et déporté à Auschwitz. Il meurt en 1945 dans un camp de concentration en Tchécoslovaquie.

Ce cœur qui haïssait la guerre voilà qu'il bat pour le combat et la bataille !
Ce cœur qui ne battait qu'au rythme des marées, à celui des saisons, à celui des heures du jour et de la nuit,
Voilà qu'il se gonfle et qu'il envoie dans les veines un sang brûlant de salpêtre[1] et de haine
Et qu'il mène un tel bruit dans la cervelle que les oreilles en sifflent
Et qu'il n'est pas possible que ce bruit ne se répande pas dans la ville et la campagne
Comme le son d'une cloche appelant à l'émeute et au combat.
Écoutez, je l'entends qui me revient renvoyé par les échos.
Mais non, c'est le bruit d'autres cœurs, de millions d'autres cœurs battant comme le mien à travers la France.
Ils battent au même rythme pour la même besogne tous ces cœurs,
Leur bruit est celui de la mer à l'assaut des falaises
Et tout ce sang porte dans des millions de cervelles un même mot d'ordre :
Révolte contre Hitler et mort à ses partisans !
Pourtant ce cœur haïssait la guerre et battait au rythme des saisons,
Mais un seul mot : Liberté a suffi à réveiller les vieilles colères
Et des millions de Français se préparent dans l'ombre à la besogne que l'aube proche leur imposera.
Car ces cœurs qui haïssaient la guerre battaient pour la liberté au rythme même des saisons et des marées, du jour et de la nuit.

1. **Salpêtre** : moisissures qui se forment sur les vieux murs.

Questions

1. Quelle vision de la guerre ce poème exprime-t-il ? Relevez le champ lexical* du bruit. Par quelle image et quelles sonorités* est-il renforcé ? Quel est l'effet produit ?
2. Robert Desnos emploie à plusieurs reprises le mot « cœur ». Où ? Que signifie le passage du singulier au pluriel ? Quelles expressions utilise-t-il pour renforcer cette idée ?
3. Commentez le premier vers* « Ce cœur qui haïssait la guerre voilà qu'il bat pour le combat et la bataille ! » Comment ce vers et les temps verbaux structurent-ils le texte ?
4. Quels sont les deux registres* présents dans ce poème ? Soulignez-en les procédés caractéristiques.
5. Quelle est la visée de ce texte ? En quoi est-il poétique ?

Texte 2 Jean Tardieu, « Oradour… », *Les Lettres françaises n° 19*, Éditions Gallimard, août 1944 (non signé).

Quelques jours après le débarquement en Normandie, en juin 1944, les divisions SS remontent du Sud vers le Nord. Elles arrivent à Oradour-sur-Glane, village du Limousin, région où la Résistance est particulièrement active. Jean Tardieu (1903-1995) retrace le massacre des habitants.
« Oradour » est le dernier poème imprimé clandestinement à Paris.

Oradour n'a plus de femmes
Oradour n'a plus un homme
Oradour n'a plus de feuilles
Oradour n'a plus de pierres
Oradour n'a plus d'église
Oradour n'a plus d'enfants

Plus de fumée plus de rires
Plus de toits plus de greniers
Plus de meules plus d'amour
Plus de vin plus de chansons.

Oradour, j'ai peur d'entendre
Oradour, je n'ose pas
Approcher de tes blessures
De ton sang de tes ruines,
Je ne peux je ne peux pas
Voir ni entendre ton nom.

Oradour je crie et hurle
Chaque fois qu'un cœur éclate
Sous les coups des assassins
Une tête épouvantée
Deux yeux larges deux yeux rouges
Deux yeux graves deux yeux grands
Comme la nuit la folie
Des yeux de petits enfants
Ils ne me quitteront pas

Oradour je n'ose plus
Lire ou prononcer ton nom.
Oradour honte des hommes
Oradour honte éternelle
Nos cœurs ne s'apaiseront
Que par la pire vengeance
Haine et honte pour toujours.

Oradour n'a plus de forme
Oradour, femmes ni hommes
Oradour n'a plus d'enfants
Oradour n'a plus de feuilles
Oradour n'a plus d'église
Plus de fumées plus de filles
Plus de soirs ni de matins
Plus de pleurs ni de chansons.

Oradour n'est plus qu'un cri
Et c'est bien la pire offense
Au village qui vivait
Et c'est bien la pire honte
Que de n'être plus qu'un cri,
Nom de la haine des hommes
Nom de la honte des hommes
Le nom de notre vengeance
Qu'à travers toutes nos terres
On écoute en frissonnant.
Une bouche sans personne,
Qui hurle pour tous les temps.

Questions

1. À quel événement tragique Jean Tardieu fait-il référence dans ce poème ?
2. Qui parle ? Quels sentiments éprouve le poète ?
3. Quels sont les mètres* présents dans ce poème ? Quel rythme* créent-ils ? Quels autres procédés d'écriture participent à la construction du rythme ?
4. Comment le poète traduit-il l'horreur du massacre d'Oradour (forme des phrases, vocabulaire, champs lexicaux*…) ?
5. Quel est l'effet produit par l'anaphore* « Oradour » ? Quelle est la visée* de ce poème ?

Texte 3 Jacques Prévert, « Barbara », *Paroles*, Éditions Gallimard, 1946.

Dans le recueil Paroles, Jacques Prévert (1900-1977) dénonce la guerre et toutes les formes d'oppression. Dans « Barbara », il évoque le souvenir de sa rencontre éphémère avec une femme, « image » qui reste à jamais associée à la Seconde Guerre mondiale.*

Rappelle-toi Barbara
Il pleuvait sans cesse sur Brest ce jour-là
Et tu marchais souriante
Épanouie ravie ruisselante
Sous la pluie
Rappelle-toi Barbara
Il pleuvait sans cesse sur Brest
Et je t'ai croisée rue de Siam[1]
Tu souriais
Et moi je souriais de même
Rappelle-toi Barbara
Toi que je ne connaissais pas
Toi qui ne me connaissais pas
Rappelle-toi
Rappelle-toi quand même ce jour-là
N'oublie pas
Un homme sous un porche s'abritait
Et il a crié ton nom
Barbara
Et tu as couru vers lui sous la pluie
Ruisselante ravie épanouie
Et tu t'es jetée dans ses bras
Rappelle-toi cela Barbara
Et ne m'en veux pas si je te tutoie
Je dis tu à tous ceux que j'aime
Même si je ne les ai vus qu'une seule fois
Je dis tu à tous ceux qui s'aiment
Même si je ne les connais pas
Rappelle-toi Barbara
N'oublie pas
Cette pluie sage et heureuse
Sur ton visage heureux
Sur cette ville heureuse
Cette pluie sur la mer
Sur l'arsenal
Sur le bateau d'Ouessant[2]
Oh Barbara
Quelle connerie la guerre
Qu'es-tu devenue maintenant
Sous cette pluie de fer
De feu d'acier de sang
Et celui qui te serrait dans ses bras
Amoureusement
Est-il mort disparu ou bien encore vivant
Oh Barbara
Il pleut sans cesse sur Brest
Comme il pleuvait avant
Mais ce n'est plus pareil et tout est abîmé
C'est une pluie de deuil terrible et désolée
Ce n'est même plus l'orage
De fer d'acier de sang
Tout simplement des nuages
Qui crèvent comme des chiens
Des chiens qui disparaissent
Au fil de l'eau sur Brest
Et vont pourrir au loin
Au loin très loin de Brest
Dont il ne reste rien.

1. **Rue de Siam** : rue du centre de Brest.
2. **Ouessant** : île située à proximité des côtes bretonnes.

Questions

1. Analysez la situation d'énonciation* de ce poème.
2. Étudiez les temps verbaux et les champs lexicaux*. Déterminez les deux périodes auxquelles Jacques Prévert fait référence dans son poème. Relevez et commentez le vers* qui marque le passage de l'une à l'autre.
3. Le motif de la « pluie » est omniprésent. Comment évolue-t-il au fil du poème ?
4. Commentez les titres du poème et du recueil*.
5. Commentez les anaphores* employées. Quelle est la visée* de ce poème ?

Texte 4 Louis Aragon, « Strophes pour se souvenir », *Le Roman inachevé*, Éditions Gallimard, 1956.

Louis Aragon (1897-1982) a écrit ce poème en 1955 à la mémoire du groupe Manouchian, groupe de jeunes résistants d'origine étrangère, exécuté par la Gestapo le 21 février 1944. Leur condamnation a été annoncée par la diffusion d'une affiche, « L'Affiche rouge ».

Vous n'avez réclamé ni la gloire ni les larmes
Ni l'orgue ni la prière aux agonisants
Onze ans déjà que cela passe vite onze ans
Vous vous étiez servis simplement de vos armes
La mort n'éblouit pas les yeux des Partisans

Vous aviez vos portraits sur les murs de nos villes
Noirs de barbe et de nuit hirsutes menaçants
L'affiche qui semblait une tache de sang
Parce qu'à prononcer vos noms sont difficiles
Y cherchait un effet de peur sur les passants

Nul ne semblait vous voir Français de préférence
Les gens allaient sans yeux pour vous le jour durant
Mais à l'heure du couvre-feu des doigts errants
Avaient écrit sous vos photos MORTS POUR LA FRANCE
Et les mornes matins en étaient différents

L'Affiche rouge, 1944, CHAN, Paris.

Tout avait la couleur uniforme du givre
À la fin février pour vos derniers moments
Et c'est alors que l'un de vous dit calmement
Bonheur à tous Bonheur à ceux qui vont survivre
Je meurs sans haine en moi pour le peuple allemand

Adieu la peine et le plaisir Adieu les roses
Adieu la vie adieu la lumière et le vent
Marie-toi sois heureuse et pense à moi souvent
Toi qui vas demeurer dans la beauté des choses
Quand tout sera fini plus tard en *Erivan*[1]

Un grand soleil d'hiver éclaire la colline
Que la nature est belle et que le cœur me fend
La justice viendra sur nos pas triomphants
Ma Mélinée[2] *ô mon amour mon orpheline*
Et je te dis de vivre et d'avoir un enfant

Ils étaient vingt et trois quand les fusils fleurirent
Vingt et trois qui donnaient leur cœur avant le temps
Vingt et trois étrangers et nos frères pourtant
Vingt et trois amoureux de vivre à en mourir
Vingt et trois qui criaient la France en s'abattant

1. **Erivan** ou **Érévan** : capitale de l'Arménie.
2. **Mélinée** : prénom de la femme de Michel Manouchian.

Questions

1. Observez la reproduction de « L'Affiche rouge » p. 155 et dans le cahier hors-texte. Analysez-la en décrivant ses éléments constitutifs. En quoi est-ce une affiche de propagande* ?
2. **a.** Repérez dans le poème les trois situations d'énonciation*. Appuyez-vous sur les marques de personnes et les éléments typographiques.
b. Aragon donne la parole à l'un des résistants condamnés, Manouchian. En quoi ses propos, rapportés au style direct*, contrastent-ils avec l'impression que cherche à créer « L'Affiche rouge » ?
3. Comment Aragon présente-t-il « L'Affiche rouge » ? Quelle image utilise-t-il pour la désigner ? Quel est l'effet produit ?
4. Dans la troisième strophe, le poète observe les Français et oppose deux attitudes. Lesquelles ? Qu'en conclut-il ?
5. « Ils étaient vingt et trois quand les fusils fleurirent » (v. 36). Quelle visée* particulière ce passage à la 3e personne donne-t-il au poème ?
6. **Exercice d'écriture.** En vous inspirant de l'extrait rapporté en italique dans le poème d'Aragon, imaginez la lettre que Manouchian écrit à sa femme Mélinée avant d'être fusillé.

Texte 5 Marianne Cohn (dite Colin), « Je trahirai demain », Seghers, novembre 1943.

Allemande, juive et résistante, Marianne Cohn (1922-1944) est emprisonnée à Annemasse après avoir été arrêtée avec des enfants qu'elle menait en Suisse ; elle est assassinée par la Gestapo le 8 juillet 1944. Ce poème a été retrouvé après sa mort.

Je trahirai demain pas aujourd'hui.
Aujourd'hui, arrachez-moi les ongles
Je ne trahirai pas.

Vous n'avez pas le bout de mon courage.
Moi, je sais.
Vous êtes cinq mains dures avec des bagues.
Vous avez aux pieds des chaussures avec des clous.

Je trahirai demain. Pas aujourd'hui,
Demain.
Il faut la nuit pour me résoudre.
Il ne me faut pas moins d'une nuit
Pour renier, pour abjurer[1], pour trahir.

Pour renier mes amis,
Pour abjurer le pain et le vin,
Pour trahir la vie,
Pour mourir.

Je trahirai demain. Pas aujourd'hui.
La lime est sous le carreau,
La lime n'est pas pour le barreau,
La lime n'est pas pour le bourreau,
La lime est pour mon poignet.

Aujourd'hui, je n'ai rien à dire.
Je trahirai demain.

1. **Abjurer** : renier.

Questions

1. À qui renvoient les pronoms personnels « je » et « vous » ?
2. Que dénonce ici Marianne Cohn ? De quelles souffrances parle-t-elle ?
3. « Pour renier, pour abjurer, pour trahir » (v. 12) : Quelle figure de style est ici employée ? Quel est l'effet produit ?
4. De quelles trahisons est-il question dans ce poème ? Comment sont-elles évoquées par l'auteure ?
5. Montrez que le poème est construit sur une série d'oppositions*.
6. Qualifiez le rythme* du poème. Précisez sur quels procédés il repose.
7. Identifiez les différents registres* du poème. Justifiez-les en relevant des éléments du texte.
8. En quoi ce poème diffère-t-il des autres textes du groupement ?

POUR CONCLURE

Exercice d'écriture. Écrivez la préface d'un recueil de « poésie engagée ».

Aide à l'écriture

Construisez votre argumentation en vous appuyant sur les questions suivantes :

- En quoi les cinq poèmes du groupement illustrent-ils la préface* de Paul Éluard ? (Document 1, page 150)
- Est-ce que la poésie de Robert Desnos, Jean Tardieu, Jacques Prévert, Louis Aragon et Marianne Cohn « *crie, accuse, espère* » de la même manière ? Dégagez les points communs et les différences.

Parcours d'une œuvre intégrale

Paul Éluard, *Au Rendez-vous allemand*, Éditions de Minuit, 1945.

Mobilisé pendant la Grande Guerre, Eugène Émile Grindel, dit Paul Éluard (1895-1952), écrit ses premiers poèmes à la gloire des « Poilus ». Membre du mouvement Dada, il est l'un des fondateurs du groupe surréaliste avec André Breton. Son œuvre, indissociable d'un engagement artistique, est aussi marquée par son engagement politique : à partir de 1936, début de la guerre d'Espagne, il dénonce la montée du fascisme. Pendant la Seconde Guerre mondiale, il s'engage dans la Résistance. Dès 1942, il organise le Comité National des Écrivains de zone occupée et publie de nombreux poèmes clandestins.

Au Rendez-vous allemand *rassemble des poèmes réunis après la Libération et publiés en 1945 par les Éditions de Minuit. Paul Éluard en avait déjà diffusé certains clandestinement dès 1943. Cette œuvre marque à la fois l'engagement du poète et du résistant.*

Texte 1 — « Courage », 1942.

Ce poème est publié non signé dans Les Lettres françaises clandestines *en janvier-février 1943 puis repris sous le pseudonyme de Maurice Hervent dans* L'Honneur des poètes *en juillet 1943.*

Paris a froid Paris a faim
Paris ne mange plus de marrons dans la rue
Paris a mis de vieux vêtements de vieille
Paris dort tout debout sans air dans le métro
Plus de malheur encore est imposé aux pauvres
Et la sagesse et la folie
De Paris malheureux
C'est l'air pur c'est le feu
C'est la beauté c'est la bonté
De ses travailleurs affamés
Ne crie pas au secours Paris
Tu es vivant d'une vie sans égale
Et derrière la nudité
De ta pâleur de ta maigreur
Tout ce qui est humain se révèle en tes yeux
Paris ma belle ville

Fine comme une aiguille forte comme une épée
Ingénue et savante
Tu ne supportes pas l'injustice
Pour toi c'est le seul désordre
Tu vas te libérer Paris
Paris tremblant comme une étoile
Notre espoir survivant
Tu vas te libérer de la fatigue et de la boue
Frères ayons du courage
Nous qui ne sommes pas casqués
Ni bottés ni gantés ni bien élevés
Un rayon s'allume en nos veines
Notre lumière nous revient
Les meilleurs d'entre nous sont morts pour nous
Et voici que leur sang retrouve notre cœur
Et c'est de nouveau le matin un matin de Paris
La pointe de la délivrance
L'espace du printemps naissant
La force idiote a le dessous
Ces esclaves nos ennemis
S'ils ont compris
S'ils sont capables de comprendre
Vont se lever.

Questions

1. **a.** Commentez le titre du poème.
b. À quel contexte historique précis Éluard fait-il référence ici ?
2. Relevez les différentes images utilisées pour évoquer la ville de Paris ; étudiez leur évolution au fil du poème.
3. Repérez les trois étapes du poème à l'aide de la situation d'énonciation* et des champs lexicaux* dominants. Donnez-leur un titre.
4. Identifiez les procédés utilisés par l'auteur pour convaincre*.

Texte 2 « Les sept poèmes d'amour en guerre » (fragment VII), 1943.

Ce poème est publié sous le pseudonyme de Jean du Haut.

Au nom du front parfait profond
Au nom des yeux que je regarde
Et de la bouche que j'embrasse
Pour aujourd'hui et pour toujours

Au nom de l'espoir enterré
Au nom des larmes dans le noir
Au nom des plaintes qui font rire
Au nom des rires qui font peur

Au nom des rires dans la rue
De la douceur qui lie nos mains
Au nom des fruits couvrant les fleurs
Sur une terre belle et bonne

Au nom des hommes en prison
Au nom des femmes déportées
Au nom de tous nos camarades
Martyrisés et massacrés
Pour n'avoir pas accepté l'ombre

Il nous faut drainer la colère
Et faire se lever le fer
Pour préserver l'image haute
Des innocents partout traqués
Et qui partout vont triompher.

Questions

1. Qu'invoque successivement le poète ? Par quels moyens Éluard construit-il le rythme* du poème ? En quoi l'utilisation de la ponctuation* le renforce-t-elle ?
2. Comment le poète amène-t-il la dernière strophe* et la met-il en valeur ? Quel est son message ?
3. Quelle fonction Éluard attribue-t-il à la poésie ?
4. **Exercice d'écriture.** À la manière d'Éluard, composez une chanson engagée* sur un thème d'actualité. Vous veillerez à employer des procédés d'insistance* et à respecter la forme versifiée*.

Robert Capa (1913-1954), *Femme tondue pour avoir eu un enfant d'un soldat allemand*, 18 août 1944, BNF, Paris.

Texte 3 « Comprenne qui voudra », 1944.

Ce poème est publié dans Les Lettres françaises *le 29 novembre 1944.*

En ce temps-là, pour ne pas châtier les coupables, on maltraitait des filles.
On allait même jusqu'à les tondre.

Comprenne qui voudra
Moi mon remords ce fut
La malheureuse qui resta
Sur le pavé
La victime raisonnable
À la robe déchirée
Au regard d'enfant perdue
Découronnée défigurée
Celle qui ressemble aux morts
Qui sont morts pour être aimés

Une fille faite pour un bouquet
Et couverte
Du noir crachat des ténèbres

Une fille galante
Comme une aurore de premier mai
La plus aimable bête

Souillée et qui n'a pas compris
Qu'elle est souillée
Une bête prise au piège
Des amateurs de beauté

Et ma mère la femme
Voudrait bien dorloter
Cette image idéale
De son malheur sur terre.

Questions

1. De quoi est-il question dans le poème « Comprenne qui voudra » ? À qui renvoie le pronom personnel « on » dans l'exergue* ? Que pouvez-vous en déduire ?
2. Montrez que le portrait de la femme est construit sur une série d'images et d'oppositions*.
3. Quel sens attribuez-vous au titre du poème ?
4. Quelle est la visée* de ce texte ? Est-elle différente de celle des autres poèmes ? Justifiez votre réponse en vous appuyant sur des éléments précis.
5. **Débat oral.** Observez la photographie de Robert Capa : retrouvez-vous des éléments du poème de Paul Éluard ? Que pensez-vous de cette scène* ?
6. **Exercice d'écriture.** En vous inspirant du poème « Comprenne qui voudra », imaginez un dialogue* cinématographique entre deux personnages de votre choix figurant sur la photographie de Capa, page 160.

Texte 4 « Gabriel Péri », 1944.

Ce poème est publié dans L'Humanité *le 13 décembre 1944.*

Un homme est mort qui n'avait pour défense
Que ses bras ouverts à la vie
Un homme est mort qui n'avait d'autre route
Que celle où l'on hait les fusils
Un homme est mort qui continue la lutte
Contre la mort contre l'oubli

Car tout ce qu'il voulait
Nous le voulions aussi
Nous le voulons aujourd'hui
Que le bonheur soit la lumière
Au fond des yeux au fond du cœur
Et la justice sur la terre

Il y a des mots qui font vivre
Et ce sont des mots innocents
Le mot chaleur le mot confiance
Amour justice et le mot liberté
Le mot enfant et le mot gentillesse
Et certains noms de fleurs et certains noms de fruits
Le mot courage et le mot découvrir
Et le mot frère et le mot camarade
Et certains noms de pays de villages
Et certains noms de femmes et d'amis
Ajoutons-y Péri
Péri est mort pour ce qui nous fait vivre
Tutoyons-le sa poitrine est trouée
Mais grâce à lui nous nous connaissons mieux
Tutoyons-nous son espoir est vivant

Questions

1. Comment Paul Éluard désigne-t-il Gabriel Péri dans son poème ? Quelle évolution percevez-vous ?
2. Relevez les procédés d'insistance* dans la première strophe*. Précisez l'effet produit.
3. Analysez l'emploi des temps dans « Car tout ce qu'il voulait/Nous le voulions aussi/Nous le voulons aujourd'hui » (v. 7-9).
4. Dans la troisième strophe, les termes « mots » et « noms » sont récurrents. Quelles valeurs* introduisent-ils ?
5. Quels mots désignent Gabriel Péri comme un martyr ?
6. Quel est le type de phrase* utilisé dans les derniers vers ? Justifiez son emploi et commentez-le. Définissez la fonction de ce poème et le rôle du poète selon Éluard.
7. **Exercice d'écriture.** « Il y a des mots qui font vivre/Et ce sont des mots innocents/Le mot chaleur le mot confiance/Amour justice et le mot liberté/Le mot enfant et le mot gentillesse » (v. 13-17).
À la manière d'Éluard, poursuivez cet inventaire.

BILAN

Histoire littéraire

- Le poète peut, dans un contexte historique précis, décider de mettre son art au service d'une cause. On parle alors de « **poésie engagée*** ». Si l'expression n'apparaît qu'après la Seconde Guerre mondiale, d'autres convulsions de l'histoire avaient déjà suscité l'engagement des poètes.
  - Au XVIe siècle, **Agrippa d'Aubigné** dénonce dans *Les Tragiques* les persécutions des Protestants et prend violemment parti contre les guerres de religion : « Je veux peindre la France une mère affligée ».
  - Au XIXe siècle, **Hugo**, exilé à Guernesey, clame dans *Les Châtiments* son admiration pour Napoléon Ier pour mieux accabler Napoléon III : « Si l'on met un bâillon à la bouche qui parle, la parole se change en lumière, et l'on ne bâillonne pas la lumière ».
  - Durant la Seconde Guerre mondiale, **Aragon, Éluard, Desnos, Tardieu,** avec la poésie résistante clandestine, se font les hérauts des défenseurs de la patrie et de la liberté.
  - Plus tard, d'autres poètes célèbrent la grandeur de l'homme noir et dénoncent la colonisation : « Ma bouche sera la bouche des malheurs qui n'ont point de bouche, ma voix, la liberté de celles qui s'affaissent » (**Césaire**, *Cahier d'un retour au pays natal*) ; « New York ! Je dis New York, laisse affluer le sang noir dans ton sang » (**Senghor**, *Éthiopiques*).
  - D'autres circonstances amènent les écrivains à s'engager : face à la violence d'un contexte religieux, social..., ils prennent la « plume pour une épée » (**Sartre**, *Les Mots*).
- Le genre poétique est propice à l'**engagement***. D'abord, il est bien souvent de « circonstance », à l'image de *Comprenne qui voudra* (**Éluard**) : le poème engagé est toujours voué à des destinataires* particuliers. Il fait aussi référence à un contexte historique précis où des noms de lieux, de personnes et des dates sont récurrents. La poésie est, en ce sens, la mémoire des peuples.

Registres* et visées*

Les « poèmes engagés » s'inscrivent dans plusieurs **registres*** qui peuvent se mêler dans un même texte : pathétique* et tragique * (**M. Cohn**), épique* (**Desnos**), polémique* (**Éluard**), lyrique* (**Prévert**), épidictique (**Tardieu**).

Dans son combat, le poète écrit pour :

- témoigner de la réalité, révéler, dénoncer ;
- convaincre* les hommes d'adhérer à une cause, de défendre des valeurs*, d'agir ;
- rendre hommage, se souvenir, mettre en garde contre l'oubli (« devoir de mémoire ») ;
- transmettre un message d'espoir.

Procédés mis en œuvre

La situation d'énonciation* témoigne du lien que le poète veut créer avec son lecteur. Différents procédés oratoires liés à **l'énonciation** lui permettent de faire varier son point de vue et d'impliquer le destinataire.

- Le jeu sur les **pronoms personnels** est une marque de l'engagement du poète. Du « je » au « nous », du « tu » au « vous », les pronoms personnels reflètent l'engagement individuel et collectif mais aussi l'interpellation du destinataire. *Ex.* « Vous n'avez pas le bout de mon courage./Moi, je sais. » **(M. Cohn)** ;
- Les **modes** et les **temps** des verbes peuvent faire varier le ton du discours, introduire des nuances, et jouer sur le souvenir, l'action immédiate ou la lutte à mener. *Ex.* « Car tout ce qu'il voulait/Nous le voulions aussi/Nous le voulons aujourd'hui » **(Éluard)** ;
- Les **phrases de type* déclaratif, interrogatif, exclamatif** ou **injonctif** permettent également au poète d'exprimer ses émotions (surprise, étonnement, haine, colère, indignation…), son opinion ou sa volonté d'agir sur le destinataire. *Ex.* « Tutoyons-nous son espoir est vivant. » **(Éluard)** ;
- La **ponctuation** a un rôle primordial. Forte, elle reflète l'engagement du poète ; moins soutenue voire absente, elle laisse au lecteur la construction du sens ;
- Le poète peut aussi interpeller directement le destinataire avec **l'apostrophe*, l'exclamation*, l'interrogation rhétorique***… Ainsi, le pousse-t-il à réfléchir, à agir. *Ex.* « Ce cœur qui haïssait la guerre voilà qu'il bat pour le combat et la bataille ! » **(Desnos).**

Le **rythme*** et le **jeu sur les sonorités*** sont essentiels. Ils créent un dynamisme musical qui facilite la mémorisation et la diffusion des textes. On retrouve les procédés suivants : reprise d'expressions ou de structures syntaxiques : **répétitions*, anaphores*, énumérations*, gradations*** ; **rythmes binaires*** ou **ternaires*** ; **rejets*** et **enjambements*** ; **parallélismes*** et **oppositions*** ; **assonances*** et **allitérations***.

Enfin, la cohérence thématique des poèmes est assurée par l'emploi de réseaux **lexicaux*** : la pluie, la violence, le sang, la guerre… **(Prévert).**

VERS LE BAC

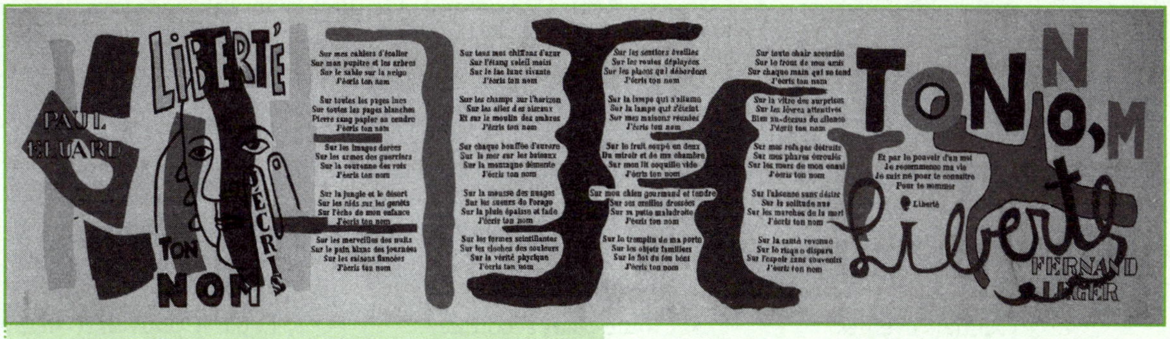

Fernand Léger (1881, 1955), illustration du poème de Paul Éluard, 1952-1953.

Paul Éluard, « Liberté », *Poésie et vérité,* Éditions de Minuit, 1942.

Le titre initial de ce poème de Paul Éluard, « Une seule pensée », souligne l'intention première du poète de dédier ce poème à Nusch, la femme qu'il aime. Puis il décide de faire de cet hymne* à l'amour, un hymne à la vie. Désormais intitulé « Liberté », le poème témoigne d'une « volonté très quotidienne, très appliquée, celle de se libérer de l'Occupant ».

Repris en ouverture du recueil *Poésie et Vérité* en 1942, le poème connaîtra un destin hors du commun puisqu'il sera parachuté en avril 1943 par la Royal Air Force, l'aviation anglaise, pour soutenir les Résistants.

Sur mes cahiers d'écolier
Sur mon pupitre et les arbres
Sur le sable sur la neige
J'écris ton nom

Sur toutes les pages lues
Sur toutes les pages blanches
Pierre sang papier ou cendre
J'écris ton nom

Sur les images dorées
Sur les armes des guerriers
Sur la couronne des rois
J'écris ton nom

Sur la jungle et le désert
Sur les nids sur les genêts
Sur l'écho de mon enfance
J'écris ton nom

Sur les merveilles des nuits
Sur le pain blanc des journées
Sur les saisons fiancées
J'écris ton nom

Sur tous mes chiffons d'azur
Sur l'étang soleil moisi
Sur le lac lune vivante
J'écris ton nom

Sur les champs sur l'horizon
Sur les ailes des oiseaux
Et sur le moulin des ombres
J'écris ton nom

Sur chaque bouffée d'aurore
Sur la mer sur les bateaux
Sur la montagne démente
J'écris ton nom

Sur la mousse des nuages
Sur les sueurs de l'orage
Sur la pluie épaisse et fade
J'écris ton nom

Sur les formes scintillantes
Sur les cloches des couleurs
Sur la vérité physique
J'écris ton nom

Sur les sentiers éveillés
Sur les routes déployées
Sur les places qui débordent
J'écris ton nom

Sur la lampe qui s'allume
Sur la lampe qui s'éteint
Sur mes maisons réunies
J'écris ton nom

Sur le fruit coupé en deux
Du miroir et de ma chambre
Sur mon lit coquille vide
J'écris ton nom

Sur mon chien gourmand et tendre
Sur ses oreilles dressées
Sur sa patte maladroite
J'écris ton nom

Sur le tremplin de ma porte
Sur les objets familiers
Sur le flot du feu béni
J'écris ton nom

Sur toute chair accordée
Sur le front de mes amis
Sur chaque main qui se tend
J'écris ton nom

Sur la vitre des surprises
Sur les lèvres attentives
Bien au-dessus du silence
J'écris ton nom

Sur mes refuges détruits
Sur mes phares écroulés
Sur les murs de mon ennui
J'écris ton nom

Sur l'absence sans désir
Sur la solitude nue
Sur les marches de la mort
J'écris ton nom

Sur la santé revenue
Sur le risque disparu
Sur l'espoir sans souvenir
J'écris ton nom

Et par le pouvoir d'un mot
Je recommence ma vie
Je suis né pour te connaître
Pour te nommer

Liberté.

Lecture (9 points)

1. Comment ce poème est-il composé ? Précisez l'effet produit. (2 pts)
2. Le poète évoque différents « lieux » d'écriture. Commentez leur variété. Justifiez votre réponse en vous appuyant sur les procédés mis en œuvre. (5 pts)
3. Quelle est la visée de ce poème ? (2 pts)

Écriture d'invention (11 points)

Sujet. Résistant, vous lisez le poème de Paul Éluard qui vient d'être parachuté sur votre refuge. Vous souhaitez à votre tour mobiliser les maquisards. Rédigez la lettre qui leur sera diffusée de manière clandestine.

- Votre texte, de 25 lignes environ, s'inscrira dans les registres lyrique et épique.

Séquence 9

Les grands discours qui font l'histoire

Les concepts de vérité, de justice et de compassion ne peuvent être rejetés comme rebattus quand ils sont souvent les seuls remparts qui se dressent contre un pouvoir impitoyable.

Aung San Suu Kyi, « Discours du 9 juillet 1990 », *Une Révolution des consciences*, Seuil.

Objectifs du référentiel

1.2 **Échanger à l'oral : s'exprimer, écouter, réagir**
- 1.2-1 Mettre en voix
- 1.2-2 Reformuler, exposer, débattre
- 1.2-4 Maîtriser les procédés de la parole efficace

1.3 **Devenir un lecteur actif et critique**
- 1.3-1 Mettre des œuvres en relation avec leur contexte historique
- 1.3-4 Repérer, identifier et apprécier des procédés d'écriture

Prélude

I – Observer, identifier et rechercher

1. En vous aidant de la liste de noms proposée (Simone Veil, Jean-Marie Gustave Le Clézio, Martin Luther King) et de la liste des discours tenus (discours de réception du prix Nobel de littérature, discours en faveur de l'avortement, discours contre les discriminations raciales), identifiez les personnalités photographiées dans les reproductions de la page précédente.
2. Quels indices liés à l'image et au paratexte vous ont permis d'identifier les différentes personnalités ?
3. Quelles différences dans l'attitude pouvez-vous noter entre les orateurs représentés ? À quoi sont-elles dues ?
4. **Recherche documentaire.** Choisissez une de ces personnalités et recherchez les informations qui vous permettent de la présenter très brièvement, de préciser le contenu de son discours et les circonstances dans lesquelles celui-ci a été tenu (quand ? où ? pourquoi ?).
5. **Débat oral.** Faut-il défendre encore aujourd'hui les valeurs* pour lesquelles ces différentes personnalités ont combattu ?

II – Lire et débattre

Texte — Charles de Gaulle, « Extrait du discours du 18 juin 1940 », *Discours et Messages, 1940-1946*, Plon, 1970.

Le général de Gaulle au micro de la BBC le 18 juin 1940.

Au lendemain du discours du maréchal Pétain qui demande l'armistice, le général de Gaulle, réfugié à Londres, lance un appel à la résistance le 18 juin 1940 sur les ondes de la BBC. Cet appel, qui n'a pas été enregistré, fut publié dans la presse française le lendemain de sa diffusion.

[...] Les chefs qui, depuis de nombreuses années, sont à la tête des armées françaises, ont formé un gouvernement. Ce gouvernement, alléguant la défaite de nos armées, s'est mis en rapport avec l'ennemi pour cesser le combat.

Certes, nous avons été, nous sommes, submergés par la force mécanique, terrestre et aérienne de l'ennemi.

Infiniment plus que leur nombre, ce sont les chars, les avions, la tactique des Allemands qui nous font reculer. Ce sont les chars, les avions, la tactique des Allemands qui ont surpris nos chefs au point de les amener là où ils en sont aujourd'hui.

Mais le dernier mot est-il dit ? L'espérance doit-elle disparaître ? La défaite est-elle définitive ? Non !

Croyez-moi, moi qui vous parle en connaissance de cause et vous dis que rien n'est perdu pour la France. Les mêmes moyens qui nous ont vaincus peuvent faire venir un jour la victoire.

Car la France n'est pas seule ! Elle n'est pas seule ! Elle n'est pas seule ! Elle a un vaste Empire derrière elle. Elle peut faire bloc avec l'Empire britannique qui tient la mer et continue la lutte. Elle peut, comme l'Angleterre, utiliser sans limites l'immense industrie des États-Unis.

Cette guerre n'est pas limitée au territoire malheureux de notre pays. Cette guerre n'est pas tranchée par la bataille de France. Cette guerre est une guerre mondiale. Toutes les fautes, tous les retards, toutes les souffrances, n'empêchent pas qu'il y a, dans l'univers, tous les moyens nécessaires pour écraser un jour nos ennemis. Foudroyés aujourd'hui par la force mécanique, nous pourrons vaincre dans l'avenir.

Moi, Général de Gaulle, actuellement à Londres, j'invite les officiers et les soldats français qui se trouvent en territoire britannique ou qui viendraient à s'y trouver, avec leurs armes ou sans leurs armes, j'invite les ingénieurs et les ouvriers spécialistes des industries d'armement qui se trouvent en territoire britannique ou qui viendraient à s'y trouver, à se mettre en rapport avec moi.

Quoi qu'il arrive, la flamme de la résistance française ne doit pas s'éteindre et ne s'éteindra pas.

Demain, comme aujourd'hui, je parlerai à la Radio de Londres.

Questions

1 Reformulez le contexte historique et la situation de communication : qui parle ? À qui ? De quoi ?

Énonciation* Quels sont les pronoms personnels utilisés par de Gaulle ? Commentez ce choix. Quelle image l'orateur veut-il donner de lui-même ?

Observez l'emploi des temps : quelle évolution constatez-vous ?

Quel message* de Gaulle cherche-t-il à faire passer ?

2 Étudiez l'argumentation.

a. Dégagez les principales étapes du discours : quel est le rôle des trois premiers paragraphes ? À quel moment précis de Gaulle rejette-t-il la proposition d'armistice faite par le gouvernement de Pétain ? Au nom de quels arguments* ? Où commence véritablement l'appel à la résistance ?

b. Observez les enchaînements entre les différents paragraphes : quelles sont la place et la fonction des connecteurs logiques*? Par quels autres moyens l'auteur structure-t-il son discours ?

c. Quels sentiments le général de Gaulle cherche-t-il à éveiller ? Quelles valeurs* défend-il ?

3 Appréciez la force persuasive du discours.

a. Relisez à voix haute les paragraphes 6 et 7 : quels sont les effets produits par les répétitions et le rythme des phrases ?

b. « Quoi qu'il arrive, la flamme de la résistance française ne doit pas s'éteindre et ne s'éteindra pas. » (l. 30-31) : analysez la métaphore*, la modalité* de la phrase et la valeur des temps des verbes.

Trouvez-vous que cet appel s'adresse plus à notre raison ou à notre sensibilité ?

4 Exercice d'écriture et de mise en voix.

Relisez les lignes 24 à 30 du texte ci-dessus.

À la manière du général de Gaulle, rédigez un paragraphe de 6 lignes environ, dans lequel, vous projetant dans un homme ou une femme politique passé(e) ou contemporain(e), vous invitez des destinataires clairement identifiés à vous rejoindre dans un combat que vous préciserez. Vous respecterez les répétitions et les rythmes binaires* de l'exemple proposé et conclurez votre propos par une métaphore*.

Vous lirez votre paragraphe à la classe en adoptant un ton solennel et une gestuelle adaptée.

Lecture d'image et débat oral

À partir d'une analyse de l'image, initiez dans la classe un débat sur la place du discours politique dans la société actuelle.

Ce que nous avons vu

Un discours est un texte prononcé devant un public qui peut être acquis à l'orateur ou lui être hostile. Il peut revêtir de nombreuses formes : discours politique prononcé lors d'un meeting ou à la tribune d'une Assemblée, discours de remerciement à l'issue d'une remise de prix, discours d'hommage prononcé dans le cadre d'une cérémonie officielle, discours judiciaire (plaidoirie* ou réquisitoire*)... Il a pour but de convaincre* et/ou de persuader* en faisant appel au raisonnement et/ou à la sensibilité du public et en mobilisant des valeurs* à caractère universel.

Lire, comparer, analyser, écrire

Pour commencer...

À la lecture du seul paratexte des trois discours présentés ci-après, dites quelles sont les différences en termes de situation de communication et en termes de visée*.

Texte 1 Cicéron, *Première Catilinaire,* 63 av. J.-C.

Catilina (108, 62 av. J.-C.), propréteur romain et chef de conspirations, a projeté d'assassiner le consul Cicéron et d'incendier Rome. Informé de cette conjuration, Cicéron convoque aussitôt le sénat dans le temple de Jupiter Stator. Catilina s'y rend, probablement pour détourner les soupçons. Cicéron lui adresse alors la harangue connue sous le nom de Première Catilinaire.*

Cesare Maccari (1840-1919), *Cicéron démasque Catilina*, 1889, Palazzo Madama, Rome.

Jusques à quand abuseras-tu de notre patience, Catilina ? Combien de temps encore serons-nous ainsi le jouet de ta fureur ? Où s'arrêteront les emportements de cette audace effrénée ? Ni la garde qui veille la nuit sur le mont Palatin, ni les postes répandus dans la ville[1], ni l'effroi du peuple, ni le concours de tous les bons citoyens, ni le choix, pour la réunion du sénat, de ce lieu le plus sûr de tous[2], ni les regards ni le visage de ceux qui t'entourent[3], rien ne te déconcerte ? Tu ne sens pas que tes projets sont dévoilés ? Tu ne vois pas que ta conjuration reste impuissante, dès que nous en avons tous le secret ? Penses-tu qu'un seul de nous ignore ce que tu as fait la nuit dernière et la nuit précédente, où tu es allé, quels hommes tu as réunis, quelles résolutions tu as prises ?

Ô temps ! ô mœurs ! Le sénat connaît tous ces complots, le consul les voit ; et Catilina vit encore. Il vit ? Que dis-je ? Il vient au sénat ; il prend part aux conseils de la république ; son œil choisit et désigne tous ceux d'entre nous qu'il veut immoler. Et nous, hommes pleins de courage, nous croyons assez faire pour la république, si nous échappons à sa fureur et à ses poignards. Il y a longtemps, Catilina, que le consul aurait dû t'envoyer à la mort, et faire tomber sur ta tête le coup fatal dont tu menaces les nôtres.

Eh quoi ! Un citoyen illustre, le grand pontife P. Scipion[4], frappa de mort, sans être magistrat, T. Gracchus pour une légère atteinte aux institutions de la république ; et nous, consuls, nous laisserons vivre Catilina, qui aspire à désoler l'univers par le meurtre et par l'incendie ? Je ne rappelle pas l'exemple trop ancien de C. Servilius Ahala[5] tuant de sa propre main Sp. Mélius, qui cherchait à faire une révolution. C'est qu'il y avait autrefois dans cette république, oui, il y avait des hommes assez courageux pour infliger des châtiments plus sévères à un citoyen pernicieux qu'à l'ennemi le plus acharné. Nous sommes armés contre toi, Catilina, d'un sénatusconsulte[6] d'une rigueur terrible ; ni la sagesse ni l'autorité de cet ordre ne manquent à la république ; c'est nous, je le dis ouvertement, c'est nous consuls qui lui manquons.

---

1. Lorsque le sénat avait appris que Mallius avait pris les armes en Étrurie, il avait demandé, par mesure de précaution, que des postes soient établis dans tous les quartiers de la ville.
2. Vu la situation de crise, Cicéron avait choisi le temple de Jupiter Stator qui était au pied du mont Palatin et à l'extrémité d'une grande voie de la ville : cette situation le mettait ainsi à l'abri d'une expédition armée.
3. Lorsque Catilina était entré dans le sénat, les sénateurs lui avaient manifesté ouvertement leur mépris.
4. P. Scipion avait tué de sa main, au milieu du forum, le tribun T. Gracchus qui cherchait à soulever le peuple contre le sénat.
5. **C. Servilius Ahala** : général de cavalerie ayant tué Sp. Mélius, qui aspirait à devenir tyran et qui refusait d'obéir aux ordres du dictateur en place, le célèbre Cincinnatus.
6. **Sénatusconsulte** : décret voté par le sénat qui autorisait les consuls à exercer temporairement une véritable dictature.

Questions

1 **a.** Observez le système d'énonciation* et la modalité* des phrases : à quelle personne le 1er paragraphe est-il rédigé ? Quel type de phrase* est utilisé ? Pour quels effets ?
b. Pourquoi, dans le 2e paragraphe, Cicéron parle-t-il de Catilina à la 3e personne ? Et quelles personnes utilise-t-il pour parler de lui-même ?

2 P. Scipion et T. Gracchus, C. Servilius Ahala et Sp. Mélius : pourquoi Cicéron rappelle-t-il ces exemples historiques célèbres dans le 3e paragraphe ?

3 Relevez les procédés d'insistance*. Cicéron s'adresse-t-il uniquement à Catilina ? À qui s'adresse-t-il surtout ? Dans quel but ?

4 En vous appuyant sur la lecture expressive du texte, précisez le registre* du discours.

5 **Recherche lexicale.** Recherchez dans le dictionnaire :
- le sens du terme « catilinaire ». Pourquoi peut-il être rapproché du terme « philippique » ?
- le sens de la citation latine *O tempora ! O mores !* Dans quelles circonstances emploie-t-on cette exclamation de nos jours ?

Texte 2 André Malraux, « Discours lors du transfert des cendres de Jean Moulin au Panthéon, 19 décembre 1964 », *Oraisons funèbres, Œuvres complètes*, Éditions Gallimard, 1971.

En 1964, le général de Gaulle décide le transfert au Panthéon des cendres de Jean Moulin, grande figure de la Résistance, mort sous la torture en 1943. L'écrivain André Malraux, alors ministre des Affaires culturelles, est chargé de prononcer l'oraison funèbre.
L'extrait choisi correspond à la péroraison du discours.*

Chef de la Résistance martyrisé dans des caves hideuses, regarde de tes yeux disparus toutes ces femmes noires qui veillent nos compagnons : elles portent le deuil de la France, et le tien. Regarde glisser sous les chênes nains du Quercy, avec un drapeau fait de mousselines nouées, les maquis que la Gestapo ne trouvera jamais parce qu'elle ne croit qu'aux grands arbres. Regarde le prisonnier qui entre dans une villa luxueuse et se demande pourquoi on lui donne une salle de bains – il n'a pas encore entendu parler de la baignoire. Pauvre roi supplicié des ombres, regarde ton peuple d'ombres se lever dans la nuit de juin constellée de tortures. Voici le fracas des chars allemands qui remontent vers la Normandie à travers les longues plaintes des bestiaux réveillés : grâce à toi, les chars n'arriveront pas à temps. Et quand la trouée des Alliés commence, regarde, préfet, surgir dans toutes les villes de France les commissaires de la République – sauf lorsqu'on les a tués. Tu as envié, comme nous, les clochards épiques de Leclerc : regarde, combattant, tes clochards sortir à quatre pattes de leurs maquis de chênes, et arrêter avec leurs mains paysannes formées aux bazookas l'une des premières divisions cuirassées de l'empire hitlérien, la division *Das Reich*.

Comme Leclerc entra aux Invalides, avec son cortège d'exaltation dans le soleil d'Afrique et les combats d'Alsace, entre ici, Jean Moulin, avec ton terrible cortège. Avec ceux qui sont morts dans les caves sans avoir parlé, comme toi ; et même, ce qui est peut-être plus atroce, en ayant parlé ; avec tous les rayés et tous les tondus des camps de concentration, avec le dernier corps trébuchant des affreuses files de Nuit et Brouillard, enfin tombé sous les crosses ; avec les huit mille Françaises qui ne sont pas revenues des bagnes, avec la dernière femme morte à Ravensbrück pour avoir donné asile à l'un des nôtres. Entre, avec le peuple né de l'ombre et disparu avec elle – nos frères dans l'ordre de la Nuit… Commémorant l'anniversaire de la Libération de Paris, je disais : « Écoute ce soir, jeunesse de mon pays, ces cloches d'anniversaire qui sonneront comme celles d'il y a quatorze ans. Puisses-tu, cette fois, les entendre : elles vont sonner pour toi. »

L'hommage d'aujourd'hui n'appelle que le chant qui va s'élever maintenant, ce *Chant des partisans* que j'ai entendu murmurer comme un chant de complicité, puis psalmodier dans le brouillard des Vosges et les bois d'Alsace, mêlé au cri perdu des moutons des tabors, quand les bazookas de Corrèze avançaient à la rencontre des chars de Rundstedt lancés de nouveau contre Strasbourg. Écoute aujourd'hui, jeunesse de France, ce qui fut pour nous le Chant du Malheur. C'est la marche funèbre des cendres que voici. À côté de celles de Carnot avec les soldats de l'an II, de celles de Victor Hugo avec *Les Misérables*, de celles de Jaurès veillées par la Justice, qu'elles reposent avec leur long cortège d'ombres défigurées. Aujourd'hui, jeunesse, puisses-tu penser à cet homme comme tu aurais approché tes mains de sa pauvre face informe du dernier jour, de ses lèvres qui n'avaient pas parlé ; ce jour-là, elle était le visage de la France…

Questions

1 **a.** À qui s'adresse Malraux dans les deux premiers paragraphes ? Quel est l'effet produit par le tutoiement ? Relevez les apostrophes* qui caractérisent son destinataire*. Sur quoi mettent-elles l'accent ?
b. À qui l'auteur s'adresse-t-il dans le dernier paragraphe ? Justifiez ce changement de destinataire.

2 Étudiez les champs lexicaux*. Quels sont les plus utilisés et quels effets produisent-ils sur la sensibilité du lecteur ? Montrez qu'à travers l'hommage vibrant à Jean Moulin, Malraux met en avant des valeurs* humanistes.

3 Repérez les répétitions majeures à l'intérieur des deux premiers paragraphes. Quels effets produisent-elles ? Identifiez le ou les registre(s)* dominant(s) du discours.

4 **Mise en voix.** Lisez à voix haute le texte de Malraux en mettant l'accent sur les répétitions qui rythment le discours. Confrontez votre lecture avec l'enregistrement vidéo du discours de Malraux. Quels sentiments vous inspirent le style de l'orateur et le cérémonial ?

Pour aller plus loin

a. Dans les *Antimémoires*, essai autobiographique publié en 1967, Malraux revient sur les circonstances de ce discours.

Le lendemain matin, pendant que je prononce l'oraison funèbre, le vent glacé rabat mes notes sur le micro avec un bruit de ressac. À droite et à gauche, mais en arrière, les porteurs de drapeaux et les compagnons de la Libération ; devant, au pied des deux palais, les officiels. Le général de Gaulle, dans le long manteau que je lui ai vu seulement sur les photos du débarquement, est resté debout, et nul ne s'est assis. Rue Soufflot, la foule. La Marche lugubre de Gossec descend du dôme avec le battement grave de ses tambours de guerre. Le vent siffle dans le micro, fait tourbillonner sur les pavés une poussière gelée. Place du vent semblable aux places solennelles des rêves, avec la musique d'outre-tombe, le vide, des uniformes au loin ; derrière moi la masse des colonnes du Panthéon, et partout l'appel d'une attention aussi vivante qu'une présence dans la nuit.

• Quels éléments du décor* et de la mise en scène* contribuent à en accroître la solennité ?

b. **Exercice d'écriture et mise en voix**

Pour rendre son discours encore plus solennel et pathétique*, Malraux recourt à une figure de style que l'on nomme prosopopée* : celle-ci consiste à « mettre en scène les absents, les morts, les êtres surnaturels, ou même les êtres inanimés ; (à) les faire agir, parler, répondre » (Fontanier).

Imaginez l'oraison funèbre d'un personnage célèbre du passé dans laquelle vous vous adressez au défunt. À travers l'hommage que vous lui rendez, vous célébrez les valeurs* qu'il incarne et qui peuvent servir d'exemple à la jeunesse.

Vous confèrerez à votre prosopopée des accents lyriques*.

Lisez votre texte à la classe à haute voix.

Aide à l'écriture

Pour produire un discours, il convient :

– **dans la phase de l'invention** : de faire une part à l'ethos*, au logos* et au pathos* en soignant l'image de l'orateur, en mobilisant des arguments pertinents, en suscitant des sentiments qui entraînent l'adhésion du public ;

– **dans la phase de la disposition** : d'assurer une progression argumentative convaincante et persuasive par des articulations logiques* et/ou par des reprises de termes qui assurent la continuité du propos, par des procédés d'annonce et de rappel, par des interrogations rhétoriques* qui structurent et dynamisent le discours. On s'attachera plus particulièrement à l'exorde* (entrée en matière) et à la péroraison* (conclusion) ;

– **dans la phase de l'élocution** : de mobiliser des procédés oratoires qui renforcent le discours et le rendent plus expressif et persuasif :

- les images (comparaisons* et métaphores*),
- les figures d'opposition : antithèses*, oxymores*…,
- les figures d'insistance : hyperboles*, anaphores*…,
- les figures de rythme : parallélismes*, rythmes binaires ou ternaires*.

Selon les effets que l'on veut produire et les sentiments que l'on cherche à susciter, on privilégiera le registre polémique* ou les registres pathétique* et lyrique* voire tragique* que l'on pourra même combiner pour plus d'efficacité ;
– **dans la phase de l'action** : d'incarner le discours que l'on tient en soignant l'articulation, le débit et l'intonation, en regardant l'auditoire (lorsqu'il y a présence effective du public), en ménageant des effets de rythme (pauses, accélérations…).

Pour trouver des sources d'inspiration, vous pouvez consulter des discours composés par des lycéens et des étudiants sur les sites www.memorial-caen.fr/concours/ *(concours de plaidoiries) et* www.jeuneciceron.fr *(site du prix du discours politique) et les écouter en action.*

Texte 3 Robert Badinter, « Discours à l'Assemblée nationale le 17 septembre 1981 ».

En juin 1981, l'avocat Robert Badinter, depuis longtemps partisan de l'abolition de la peine de mort, est nommé ministre de la Justice par François Mitterrand, qui vient d'être élu président de la République. Chargé d'accomplir la promesse faite pendant la campagne électorale d'abolir la peine de mort, Badinter prononce le 17 septembre 1981 devant les députés de l'Assemblée nationale un long plaidoyer abolitionniste.

Il s'agit bien, en définitive, dans l'abolition, d'un choix fondamental, d'une certaine conception de l'homme et de la justice. Ceux qui veulent une justice qui tue, ceux-là sont animés par une double conviction : qu'il existe des hommes totalement coupables, c'est-à-dire des hommes totalement responsables de leurs actes, et qu'il peut y avoir une justice sûre de son infaillibilité au point de dire que celui-là peut vivre et que celui-là doit mourir.

À cet âge de ma vie, l'une et l'autre affirmations me paraissent également erronées. Aussi terribles, aussi odieux que soient leurs actes, il n'est point d'hommes en cette terre dont la culpabilité soit totale et dont il faille pour toujours désespérer totalement. Aussi prudente que soit la justice, aussi mesurés et angoissés que soient les femmes et les hommes qui jugent, la justice demeure humaine, donc faillible.

Et je ne parle pas seulement de l'erreur judiciaire absolue, quand, après une exécution, il se révèle, comme cela peut encore arriver, que le condamné à mort était innocent et qu'une société entière – c'est-à-dire nous tous – au nom de laquelle le verdict a été rendu, devient ainsi collectivement coupable puisque sa justice rend possible l'injustice suprême. Je parle aussi de l'incertitude et de la contradiction des décisions rendues qui font que les mêmes accusés, condamnés à mort une première fois, dont la condamnation est cassée pour vice de forme, sont de nouveau jugés et, bien qu'il s'agisse des mêmes faits, échappent, cette fois-ci, à la mort, comme si, en justice, la vie d'un homme se jouait au hasard d'une erreur de plume d'un greffier. Ou bien tels condamnés, pour des crimes moindres, seront exécutés, alors que d'autres, plus coupables, sauveront leur tête à la faveur de la passion de l'audience, du climat ou de l'emportement de tel ou tel.

Cette sorte de loterie judiciaire, quelle que soit la peine qu'on éprouve à prononcer ce mot quand il y va de la vie d'une femme ou d'un homme, est intolérable. Le plus haut magistrat de France, M. Aydalot, au terme d'une longue carrière tout entière consacrée à la justice et, pour la plupart de son activité, au parquet, disait qu'à la mesure de sa hasardeuse application, la peine de mort lui était devenue, à lui magistrat, insupportable. Parce qu'aucun homme n'est totalement responsable, parce qu'aucune justice ne peut être absolument infaillible, la peine de mort est moralement inacceptable. Pour ceux d'entre nous qui croient en Dieu, lui seul a le pouvoir de choisir l'heure de notre mort. Pour tous les abolitionnistes, il est impossible de reconnaître à la justice des hommes ce pouvoir de mort parce qu'ils savent *qu'elle est faillible*.

Le choix qui s'offre à vos consciences est donc clair : ou notre société refuse une justice qui tue et accepte d'assumer, au nom de ses valeurs fondamentales – celles qui l'ont faite grande et respectée entre toutes – la vie de ceux qui font horreur, déments ou criminels ou les deux à la fois, et c'est le choix de l'abolition ; ou cette société croit, en dépit de l'expérience des siècles, faire disparaître le crime avec le criminel, et c'est l'élimination.

Cette justice d'élimination, cette justice d'angoisse et de mort, décidée avec sa marge de hasard, nous la refusons. Nous la refusons parce qu'elle est pour nous l'anti-justice, parce qu'elle est la passion et la peur triomphant de la raison et de l'humanité.

Questions

1. Relevez dans les trois premiers paragraphes les arguments* des partisans de la peine capitale.
   Quels arguments Robert Badinter leur oppose-t-il ?
   « [...] en dépit de l'expérience des siècles » (l. 39) : en quoi cette expression dans l'avant-dernier paragraphe constitue-t-elle un nouvel argument en faveur de l'abolition ?
2. Reprenez les paragraphes un par un et reformulez le plan suivi par l'auteur.
   Pourquoi celui-ci recourt-il à l'exemple de M. Aydalot dans le 4e paragraphe ?
3. « Cette sorte de loterie judiciaire » (l. 24), « une justice qui tue » (l. 35-36) : commentez ces expressions. En quoi permettent-elles de dévaloriser le discours adverse ? Quelle est la nature des mots « intolérable » (l. 25), « insupportable » (l. 29), « inacceptable » (l. 31) ? Comment sont-ils construits ? Que traduisent-ils de l'état d'esprit de l'orateur ?
4. Relisez attentivement le dernier paragraphe : au nom de quelles valeurs* faut-il, selon l'auteur, refuser la peine capitale ? Par quels moyens Robert Badinter met-il en relief le choix à accomplir ? Mettez la dernière phrase en relation avec la première : en quoi la complète-t-elle ?

Pour conclure

1. Pourquoi les trois discours composant ce groupement, au-delà des circonstances qui les ont vus naître, sont-ils selon vous restés dans l'Histoire ?
2. L'argumentation emprunte souvent à la démonstration* et à la persuasion* : quelle est la part de l'une et de l'autre dans les trois discours ? Ces parts sont-elles faciles à démêler ? Pourquoi ?
3. À quel discours avez-vous été le plus sensible ? Pour quelles raisons ?
4. **Activité pluridisciplinaire.** *Analyse de quatrième de couverture, recherche documentaire et écriture.*

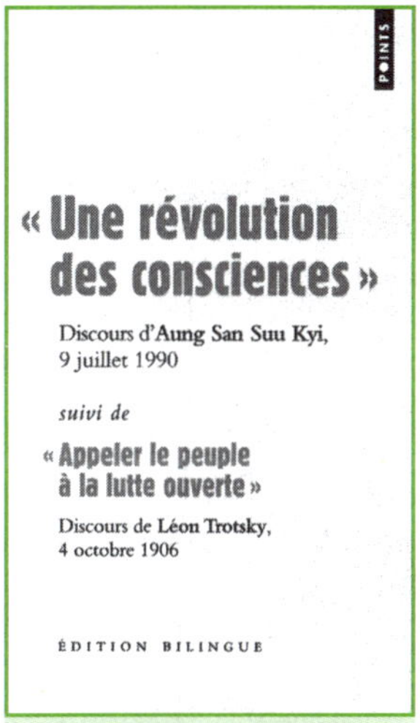

1re de couverture © Points.

Assignée à résidence depuis les années 1990, persécutée par la junte militaire au pouvoir en Birmanie, Aung San Suu Kyi, prix Nobel de la paix en 1991, continue de prôner la non-violence. C'est dans les fondements du bouddhisme qu'elle puise son énergie politique : pour elle, la libération du peuple passe par une révolution des esprits. Moins d'un siècle plus tôt, en 1906, Trotsky justifiait la nécessité d'une insurrection armée pour lutter contre un État par nature violent. Ainsi s'opposent deux visions de la révolution, deux stratégies pour servir un même but : l'émancipation des peuples.

4e de couverture.

À la manière des éditions Seuil, qui présentent une collection consacrée à « des discours qui ont marqué l'Histoire, incarnés par des figures d'exception », élaborez une quatrième de couverture qui mette en perspective deux personnalités politiques et leurs deux discours.
Dans une note d'intention adressée à l'éditeur, justifiez votre rapprochement.

Parcours d'une œuvre intégrale

Victor Hugo, *Discours sur la misère prononcé à l'Assemblée nationale le 9 juillet 1849.*

Depuis juin 1848, le vicomte Arnaud de Melun proposait sans succès la constitution d'une commission parlementaire pour « enquêter sur la condition morale et matérielle des classes laborieuses ». Pour soutenir Melun, Victor Hugo monta à la tribune et prononça le fameux « Discours sur la misère » le 9 juillet 1849.

Texte 1

Cet extrait se situe après les nombreuses interruptions animant le début de la séance. Victor Hugo ne sera plus interrompu par la suite, ni par le Président de séance, ni par des députés en particulier.

Avant le 13 juin, une sorte de tourmente agitait cette Assemblée ; votre temps si précieux se perdait en de stériles et dangereuses luttes de paroles ; toutes les questions, les plus sérieuses, les plus fécondes, disparaissaient devant la bataille à chaque instant livrée à la tribune et offerte dans la rue. (*C'est vrai !*) Aujourd'hui le calme s'est fait, le terrorisme s'est évanoui, la victoire est complète. Il faut en profiter. Oui, il faut en profiter ! Mais savez-vous comment ?

Il faut profiter du silence imposé aux passions anarchiques pour donner la parole aux intérêts populaires. (*Sensation*) Il faut profiter de l'ordre reconquis pour relever le travail, pour créer sur une vaste échelle la prévoyance sociale ; pour substituer à l'aumône qui dégrade (*Dénégations à droite*) l'assistance qui fortifie ; pour fonder de toutes parts, et sous toutes les formes, des établissements de toute nature qui rassurent le malheureux et qui encouragent le travailleur ; pour donner cordialement, en améliorations de toutes sortes, aux classes souffrantes, plus, cent fois plus que leurs faux amis ne leur ont jamais promis ! Voilà comment il faut profiter de la victoire. (*Oui ! Oui ! Mouvement prolongé*)

Il faut profiter de la disparition de l'esprit de révolution pour faire reparaître l'esprit de progrès ! Il faut profiter du calme pour rétablir la paix, non pas seulement la paix dans les rues, mais la paix véritable, la paix définitive, la paix faite dans les esprits et dans les cœurs ! Il faut, en un mot, que la défaite de la démagogie soit la victoire du peuple ! (*Vive adhésion*)

Questions

1. En vous appuyant sur les éléments fournis par le texte et le paratexte*, précisez à quels événements historiques Victor Hugo fait référence.
2. À qui s'adresse-t-il ? Quel est le but de son discours ?
3. « substituer à l'aumône qui dégrade l'assistance qui fortifie » (l. 9-10) : comment comprenez-vous cette phrase ? Quelles remarques pouvez-vous faire sur les plans grammatical et stylistique ?
4. Quel est le rôle de l'anaphore* « Il faut profiter » ?
5. Quelles sont les valeurs* prônées par Victor Hugo ? Par quels procédés rend-il leur défense particulièrement saisissante ?
6. Cherchez l'étymologie du mot « démagogie » et commentez la construction de la dernière phrase.

Texte 2

Cet extrait constitue la fin du discours.

Je ne suis pas, Messieurs, de ceux qui croient qu'on peut supprimer la souffrance en ce monde, la souffrance est une loi divine, mais je suis de ceux qui pensent et qui affirment qu'on peut détruire la misère. (*Mouvements divers*)

Remarquez-le bien, Messieurs, je ne dis pas diminuer, amoindrir, limiter, circonscrire, je dis détruire. (*Nouveaux murmures à droite*) La misère est une maladie du corps social comme la lèpre était une maladie du corps humain ; la misère peut disparaître comme la lèpre a disparu. (*Oui ! Oui ! À gauche*) Détruire la misère ! Oui, cela est possible. (*Mouvement. Quelques voix : Comment ? Comment ?*) Les législateurs et les gouvernants doivent y songer sans cesse ; car, en pareille matière, tant que le possible n'est pas fait, le devoir n'est pas rempli. (*Très bien ! Très bien !*).

La misère, Messieurs, j'aborde ici le vif de la question, voulez-vous savoir où elle en est, la misère ? Voulez-vous savoir jusqu'où elle peut aller, jusqu'où elle va, je ne dis pas en Irlande, je ne dis pas au Moyen Âge, je dis en France, je dis à Paris, et au temps où nous vivons ? Voulez-vous des faits ?

Il y a dans Paris… (*L'orateur s'interrompt.*)

Mon Dieu, je n'hésite pas à les citer, ces faits. Ils sont tristes, mais nécessaires à révéler ; et tenez, s'il faut dire toute ma pensée, je voudrais qu'il sortît de cette Assemblée, et au besoin j'en ferai la proposition formelle, une grande et solennelle enquête sur la situation vraie des classes laborieuses et souffrantes en France. (*Très bien* !) Je voudrais que tous les faits éclatassent au grand jour. Comment veut-on guérir le mal si l'on ne sonde pas les plaies ? (*Très bien ! Très bien !*)

Voici donc ces faits :

Il y a dans Paris, dans ces faubourgs de Paris que le vent de l'émeute soulevait naguère si aisément, il y a des rues, des maisons, des cloaques, où des familles, des familles entières, vivent pêle-mêle, hommes, femmes, jeunes filles, enfants, n'ayant pour lits, n'ayant pour couvertures, j'ai presque dit pour vêtements, que des monceaux infects de chiffons en fermentation, ramassés dans la fange du coin des bornes, espèce de fumier des villes, où des créatures humaines s'enfouissent toutes vivantes pour échapper au froid de l'hiver. (*Mouvement*)

Voilà un fait. En voulez-vous d'autres ? Ces jours-ci, un homme, mon Dieu, un malheureux homme de lettres, car la misère n'épargne pas plus les professions libérales que les professions manuelles, un malheureux homme est mort de faim, mort de faim à la lettre, et l'on a constaté, après sa mort, qu'il n'avait pas mangé depuis six jours. (*Longue interruption*) Voulez-vous quelque chose de plus douloureux encore ? Le mois passé, pendant la recrudescence du choléra, on a trouvé une mère et ses quatre enfants qui cherchaient leur nourriture dans les débris immondes et pestilentiels des charniers de Montfaucon ! (*Sensation*)

Eh bien, Messieurs, je dis que ce sont là des choses qui ne doivent pas être ; je dis que la société doit dépenser toute sa force, toute sa sollicitude, toute son intelligence, toute sa volonté, pour que de telles choses ne soient pas ! Je dis que de tels faits, dans un pays civilisé, engagent la conscience de la société tout entière ; que je m'en sens, moi, qui parle, complice et solidaire (*Mouvement*), et que de tels faits ne sont pas seulement des torts envers l'homme, que ce sont des crimes envers Dieu ! (*Sensation prolongée*)

Voilà pourquoi je suis pénétré, voilà pourquoi je voudrais pénétrer tous ceux qui m'écoutent de la haute importance de la proposition qui vous est soumise. Ce n'est qu'un premier pas, mais il est décisif. Je voudrais que cette assemblée, majorité et minorité, n'importe, je ne connais pas, moi, de majorité et de minorité en de telles questions ; je voudrais que cette Assemblée n'eût qu'une seule âme pour marcher à ce grand but magnifique, à ce but sublime, l'abolition de la misère ! (*Bravo ! – Applaudissements*)

Et, Messieurs, je ne m'adresse pas seulement à votre générosité, je m'adresse à ce qu'il y a de plus sérieux dans le sentiment politique d'une assemblée de législateurs ! Et, à ce sujet, un dernier mot : je terminerai par là.

Messieurs, comme je vous le disais tout à l'heure, vous venez, avec le concours de la garde nationale, de l'armée et de toutes les forces vives du pays, vous venez de raffermir l'État ébranlé encore une fois. Vous n'avez reculé devant aucun péril, vous n'avez hésité devant aucun devoir. Vous avez sauvé la société régulière, le gouvernement légal, les institutions, la paix publique, la civilisation même. Vous avez fait une chose considérable… Eh bien ! Vous n'avez rien fait ! (*Mouvement*)

Vous n'avez rien fait, j'insiste sur ce point, tant que l'ordre matériel raffermi n'a point pour base l'ordre moral consolidé ! (*Très bien ! Très bien ! – Vive et unanime adhésion*) Vous n'avez rien fait tant que le peuple souffre ! (*Bravos à gauche*) Vous n'avez rien fait tant qu'il y a au-dessous de vous une partie du peuple qui désespère ! Vous n'avez rien fait, tant que ceux qui sont dans la force de l'âge et qui travaillent peuvent être sans pain ! Tant que ceux qui sont vieux et qui ont travaillé peuvent être sans asile ! Tant que l'usure dévore nos campagnes, tant qu'on meurt de faim dans nos villes (*Mouvement prolongé*), tant qu'il n'y a pas des lois fraternelles, des lois évangéliques qui viennent de toutes parts en aide aux pauvres familles honnêtes, aux bons paysans, aux bons ouvriers, aux gens de cœur ! (*Acclamation*) Vous n'avez rien fait, tant que l'esprit de révolution a pour auxiliaire la souffrance publique ! Vous n'avez rien fait, rien fait, tant que dans cette œuvre de destruction et de ténèbres, qui se continue souterrainement, l'homme méchant a pour collaborateur fatal l'homme malheureux !

Vous le voyez, Messieurs, je le répète en terminant, ce n'est pas seulement à votre générosité que je m'adresse, c'est à votre sagesse, et je vous conjure d'y réfléchir. Messieurs, songez-y, c'est l'anarchie qui ouvre les abîmes, mais c'est la misère qui les creuse. (*C'est vrai ! C'est vrai !*) Vous avez fait des lois contre l'anarchie, faites maintenant des lois contre la misère ! (*Mouvement prolongé sur tous les bancs. L'orateur descend de la tribune et reçoit les félicitations de ses collègues.*)

Questions

1. Reformulez en quelques lignes les grandes étapes du discours.
2. Quels sont les arguments* de Victor Hugo pour faire « des lois contre la misère » (l. 79) ?
3. Quel est l'effet produit par la succession d'exemples* précis ? Quels sentiments l'auteur cherche-t-il à susciter ? Caractérisez le registre* de ces deux paragraphes.
4. Quelle image Victor Hugo veut-il donner de lui-même ? Quelle image des députés cherche-t-il à construire pour emporter leur adhésion* et pour dépasser le clivage gauche/droite ?
5. Commentez les réactions de l'auditoire rapportées entre parenthèses. De quels sentiments sont-elles les manifestations ?
6. À quels procédés oratoires* êtes-vous le plus sensible ? Pourquoi ?
7. **Synthèse.** Confrontez les extraits 1 et 2 et dites, en les justifiant, quelles évolutions vous constatez sur le plan de l'énonciation* et du registre*.

Mise en voix (par petits groupes)

Vous lirez la fin du discours de Victor Hugo en veillant à mettre en voix* et en scène* les réactions de l'auditoire. Vous n'hésiterez pas à recourir à des bruitages pour donner l'illusion du nombre et du mouvement.

Prolongements

Le 10 février 1851, Victor Hugo entreprend un voyage dans les quartiers populaires de Lille. Ce voyage nourrira le « Discours sur les caves de Lille ».

Texte Victor Hugo, *Discours sur les caves de Lille,* 1851.

[...] Figurez-vous ces caves dont rien de ce que je vous ai dit ne peut vous donner l'idée ; figurez-vous ces cours qu'ils appellent des courettes, resserrées entre de hautes masures, sombres, humides, glaciales, méphitiques, pleines de miasmes stagnants, encombrées d'immondices, les fosses d'aisance à côté des puits !

Hé mon Dieu ! ce n'est pas le moment de chercher des délicatesses de langage !

Figurez-vous ces maisons, ces masures habitées du haut en bas, jusque sous terre, les eaux croupissantes filtrant à travers les pavés dans ces tanières où il y a des créatures humaines. Quelquefois jusqu'à dix familles dans une masure, jusqu'à dix personnes dans une chambre, jusqu'à cinq ou six dans un lit, les âges et les sexes mêlés, les greniers aussi hideux que les caves, des galetas où il entre assez de froid pour grelotter et pas assez d'air pour respirer !

Et au milieu de tout cela le travail sans relâche, le travail acharné, pas assez d'heures de sommeil, le travail de l'homme, le travail de la femme, le travail de l'âge mûr, le travail de la vieillesse, le travail de l'enfance, le travail de l'infirme, et souvent pas de pain et souvent pas de feu, et cette femme aveugle, entre ses deux enfants dont l'un est mort et l'autre va mourir, et ce filetier phtisique[1] agonisant, et cette mère épileptique qui a trois enfants et qui gagne trois sous par jour !

Figurez-vous tout cela et si vous vous récriez, et si vous doutez, et si vous niez... Ah ! vous niez ! Eh bien, dérangez-vous quelques heures, venez avec nous, incrédules et nous vous ferons voir de vos yeux, toucher de vos mains, les plaies, les plaies saignantes de ce Christ qu'on appelle le peuple !

Car, eh mon Dieu ! pourquoi vous méprenez-vous ? Parler pour les pauvres, ce n'est pas parler contre les riches ! A quelque opinion qu'on appartienne, est-ce que ce n'est pas votre avis à tous ?

Messieurs, on est venu plus d'une fois jeter le cri d'alarme dans cette Assemblée. On vous a dit, comme je viens de le faire, mais à un point de vue autre que le mien, au point de vue du passé, tandis que je me place, moi, au point de vue de l'avenir, on vous a dit que le mal croissait, que le flot montait, que le danger social grandissait d'instant en instant.

Eh bien ! moi aussi, je viens faire ma dénonciation à cette tribune...

Messieurs, je vous dénonce la misère qui n'est pas seulement la souffrance de l'individu, qui est la ruine de la société, la misère qui a fait les jacqueries[2], qui a fait Buzançais[3], qui a fait juin 1848 !

1. **Phtisique** : atteint de tuberculose.
2. **Jacquerie** : révolte (à l'origine, dans les campagnes).
3. **Buzançais** : ville du centre de la France d'où partit, en 1847, en période de disette, une révolte populaire très sévèrement réprimée.

Je vous dénonce la misère, cette longue agonie du pauvre qui se termine par la mort du riche !

Législateurs, la misère est la plus implacable ennemie des lois ! Poursuivez-la, frappez-la, détruisez-la !

Question

Confrontez le *Discours sur la misère* et le *Discours sur les caves de Lille* : quel est celui qui vous touche le plus ? Pourquoi ?

BILAN

◎ La situation de discours

La situation de **discours** suppose une situation de communication particulière qui met aux prises **quelqu'un qui parle** avec un **auditoire** précis.

- D'une part, l'orateur s'implique au travers :
  - des **marques de l'énonciation*** (pronoms, adjectifs possessifs de la 1re et/ou de la 3e personne) ;
  - des **marques de la subjectivité*** (procédés de modalisation*, lexique valorisant ou dévalorisant*) ;
  - des **indices de lieu et de temps** qui situent l'énoncé par rapport à celui qui parle.
- D'autre part l'orateur fait apparaître son auditoire à travers :
  - les **marques de la 2e personne** (du singulier et du pluriel le plus souvent) ;
  - l'**apostrophe*** qui interpelle le public ;
  - les **impératifs*** qui donnent des ordres ou qui poussent à agir ;
  - les **questions oratoires*** qui mobilisent l'attention de l'auditoire.
- Le discours a une visée* **argumentative** : il peut avoir pour but de convaincre* un auditoire de la culpabilité ou de l'innocence d'un prévenu (**Catilina**), de la justesse et de la noblesse d'une cause (défense de l'abolition de la peine de mort). Même l'hommage à un défunt ou le discours de remerciement mettent en jeu des valeurs dont l'orateur tient à persuader* l'auditoire (les valeurs de courage et de résistance dans l'hommage à Jean Moulin par exemple). Car au-delà de l'argumentation qu'il déploie, le discours – et notamment le discours politique – doit pousser l'auditoire à agir : s'engager dans la Résistance (**De Gaulle**), châtier le conspirateur (**Cicéron**), voter pour l'abolition de la peine capitale (**Badinter**).

◎ *Histoire littéraire*

- L'exercice du discours renvoie à la **rhétorique***, terme issu du grec *rhêtorikê* (« art oratoire »). La rhétorique est née au ve siècle av. J.-C. en Grèce et elle s'est développée à Rome, dans la formation des magistrats et des orateurs politiques. Considéré comme le plus grand orateur de l'Antiquité grecque, **Démosthène** (384, 322 av. J.-C.) illustre cette longue tradition de l'éloquence au service du bien commun. **Aristote** (384, 322 av. J.-C.) a rédigé le premier « système complet de la rhétorique » (*La Rhétorique*), complété et enrichi par les traités de l'orateur latin **Cicéron** (*De Oratore*, les *Topiques*).

- L'art de convaincre s'appuie sur trois dimensions majeures :
  - l'**ethos*** désigne l'image que l'orateur donne de lui-même. Il cherche à s'attirer la bienveillance des destinataires et renvoie une image crédible, voire exemplaire (attitude de bon sens, d'autorité morale…) ;
  - le **logos*** désigne le discours, la raison. Pour convaincre et agir sur la raison de l'auditoire, l'orateur s'appuie sur un raisonnement et des arguments rationnels pertinents ;
  - le **pathos*** désigne les passions. Pour influencer son public et susciter son adhésion, l'orateur agit sur les émotions et sur la sensibilité, en éveillant des sentiments forts (colère, crainte, pitié…). Il a recours à des moyens d'expression variés (exclamations*, apostrophes*, rythme de la phrase*…).

- La lecture des traités d'éloquence gréco-romains nourrit les joutes oratoires du Moyen Âge et les discours humanistes du xvie siècle. Elle marque les *Oraisons funèbres* de **Bossuet** et, au xviiie siècle, les philosophes des Lumières contribuent à diffuser dans leurs œuvres cet art du discours. Et même si l'éloquence demeure écrite comme dans le *Discours sur l'origine et les fondements de l'inégalité parmi les hommes* (1755) de **Rousseau**, elle reste un moyen efficace de répandre les idées nouvelles.

- Pendant la Révolution, l'éloquence orale retrouve le champ politique à travers les harangues* des grands tribuns que furent **Mirabeau, Vergniaud, Danton** ou **Robespierre.** L'éloquence parlementaire culmine sous la IIIe République avec des orateurs comme **Gambetta, Ferry, Barrès ou Jaurès.** Les appels* du 18 et du 22 juin du **général de Gaulle** témoignent de l'efficacité de la parole politique, lorsqu'elle est juste et déterminée.

- Aujourd'hui, les grands discours politiques semblent être aux mains des experts en communication mais il suffit que de grands défis se profilent pour que l'art oratoire retrouve sa profondeur et son efficacité : **Villepin** s'opposant à la guerre en Irak à la tribune des Nations Unies, **Obama** proposant son programme de réunification nationale à Nashua le 8 janvier 2008 et ponctuant son discours du fameux « *Yes. We. Can.* »

VERS LE BAC

Danton, *Appel à l'Assemblée législative*, le 2 septembre 1792.

Les Prussiens assiègent Verdun ; la situation semble désespérée.

Il est bien satisfaisant, Messieurs, pour les ministres[1] du peuple libre, d'avoir à lui annoncer que la patrie va être sauvée. Tout s'émeut, tout s'ébranle, tout brûle de combattre.

Vous savez que Verdun n'est point encore au pouvoir de nos ennemis. Vous savez que la garnison a promis d'immoler le premier qui proposerait de se rendre.

Une partie du peuple va se porter aux frontières, une autre va creuser des retranchements, et la troisième, avec des piques, défendra l'intérieur de nos villes. Paris va seconder ces grands efforts. Les commissaires de la Commune vont proclamer, d'une manière solennelle, l'invitation aux citoyens de s'armer et de marcher pour la défense de la patrie. C'est en ce moment, Messieurs, que vous pouvez déclarer que la capitale a bien mérité de la France entière. C'est en ce moment que l'Assemblée nationale va devenir un véritable comité de guerre.

Nous demandons que vous concouriez, avec nous, à diriger le mouvement sublime du peuple, en nommant des commissaires qui nous seconderont dans ces grandes mesures. Nous demandons que quiconque refusera de servir de sa personne, ou de remettre ses armes, soit puni de mort.

Nous demandons qu'il soit fait une instruction aux citoyens pour diriger leurs mouvements. Nous demandons qu'il soit envoyé des courriers dans tous les départements pour les avertir des décrets que vous aurez rendus. Le tocsin qu'on va sonner n'est point un signal d'alarme, c'est la charge sur les ennemis de la patrie. (*On applaudit*). Pour les vaincre, il nous faut de l'audace, encore de l'audace, toujours de l'audace, et la France est sauvée ! (*Les applaudissements recommencent.*)

1. Danton est ministre de la justice.

Lecture (9 points)

1. Analysez la situation d'énonciation. Comment Danton parvient-il à impliquer son auditoire ? (2 pts)
2. Quels sont les arguments avancés par Danton pour conduire les députés à déclarer la mobilisation générale ? Montrez comment son discours est habilement composé. (4 pts)
3. D'où vient l'efficacité rhétorique de cet appel ? Relevez et commentez deux procédés distincts. (3 pts)

Écriture d'invention (11 points)

Sujet. Le prix Jeune Cicéron récompense un discours politique sur une thématique d'actualité. Cette année, il est demandé de rédiger un appel à des conditions de logement décentes pour tous.

▸ Vous rédigez cet appel en mobilisant des arguments et des procédés oratoires qui emportent l'adhésion (25 lignes environ).

Séquence 10

Les écrits des philosophes

Débats et combats des Lumières

la raison détermine le philosophe.
Les autres hommes sont emportés par leurs passions,
sans que les actions qu'ils font soient précédées de la réflexion : ce sont des hommes
qui marchent dans les ténèbres ; au lieu que le philosophe, dans ses passions mêmes,
n'agit qu'après la réflexion ; il marche la nuit, mais il est précédé d'un flambeau.

Dumarsais, article « Philosophe », *L'Encyclopédie*, 1757.

Objectifs du référentiel

1.1 **Écrire pour soi et pour les autres**

- 1.1-3 Rédiger un discours argumentatif, prendre en compte la thèse adverse, énoncer un point de vue, le soutenir par des arguments, conclure
- 1.1-5 Respecter les codes de la langue écrite, utiliser des procédés stylistiques

1.2 **Échanger à l'oral : s'exprimer, écouter, réagir**

- 1.2-4 Maîtriser les procédés de la parole efficace

1.3 **Devenir un lecteur actif et critique**

- 1.3-1 Mettre des œuvres en relation avec leur contexte historique
- 1.3-3 Analyser la dimension symbolique d'un personnage, d'une situation, d'une œuvre

Joseph Wright of Derby (1734-1797), *Un philosophe fait une leçon sur le planétarium de table*, 1764-1766, Museum and Art Gallery, Derby.

Prélude

I – Rechercher, réfléchir et confronter des idées

Le frontispice de l'*Encyclopédie* est une gravure représentative des Lumières.

On aperçoit à l'arrière-plan les colonnes d'un temple. Une lumière émane du personnage central. Cette femme, recouverte d'un voile, représente la Vérité. Derrière elle à droite, la Raison et la Philosophie tentent d'arracher ce voile. À gauche, l'Imagination tient une couronne de fleurs pour embellir la Vérité. En dessous, viennent les arts et les sciences : théologie, musique, littérature, peinture, sculpture, histoire, agriculture…

Tous ces personnages, qui portent la toge antique, représentent la Connaissance. En bas, à gauche, un groupe de personnes représente le Peuple, venu faire une offrande à ce temple.

Benoît-Louis Prévost (1747-1804), *Frontispice de l'Encyclopédie*, 1772, d'après un dessin de Charles-Nicolas Cochin fils, BNF, Paris.

Questions

1. Précisez la définition du mot *allégorie** et vérifiez en quoi il s'applique à cette gravure.
2. Rapprochez cette gravure du tableau qui illustre la séquence (page précédente et cahier hors-texte). Montrez la place qu'occupe la lumière dans chacun des supports. Relisez l'exergue* page 185 et expliquez la métaphore* qui a donné son nom au siècle des Lumières.
3. Faites une recherche sur les Lumières et montrez en quoi le tableau de Joseph Wright of Derby est représentatif de ce mouvement qui privilégie la démarche scientifique comme moyen de connaissance du monde.

II – Observer et analyser des documents

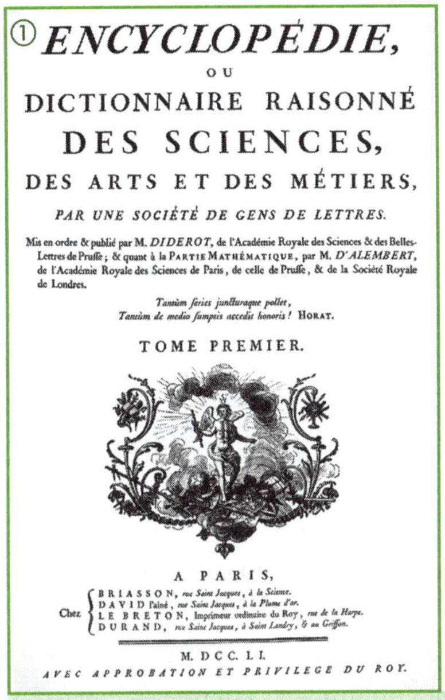
① *ENCYCLOPÉDIE,*
OU
DICTIONNAIRE RAISONNÉ
DES SCIENCES,
DES ARTS ET DES MÉTIERS,
PAR UNE SOCIÉTÉ DE GENS DE LETTRES.
Mis en ordre & publié par M. *DIDEROT*, de l'Académie Royale des Sciences & des Belles-Lettres de Pruſſe ; & quant à la PARTIE MATHÉMATIQUE, par M. *D'ALEMBERT*, de l'Académie Royale des Sciences de Paris, de celle de Pruſſe, & de la Société Royale de Londres.
Tantùm ſeries juncturaque pollet,
Tantùm de medio ſumptis accedit honoris ! HORAT.
TOME PREMIER.
A PARIS,
Chez BRIASSON, *rue Saint Jacques, à la Science.*
DAVID l'aîné, *rue Saint Jacques, à la Plume d'or.*
LE BRETON, Imprimeur ordinaire du Roy, *rue de la Harpe.*
DURAND, *rue Saint Jacques, à Saint Landry, & au Griffon.*
M. DCC. LI.
AVEC APPROBATION ET PRIVILEGE DU ROY.

②
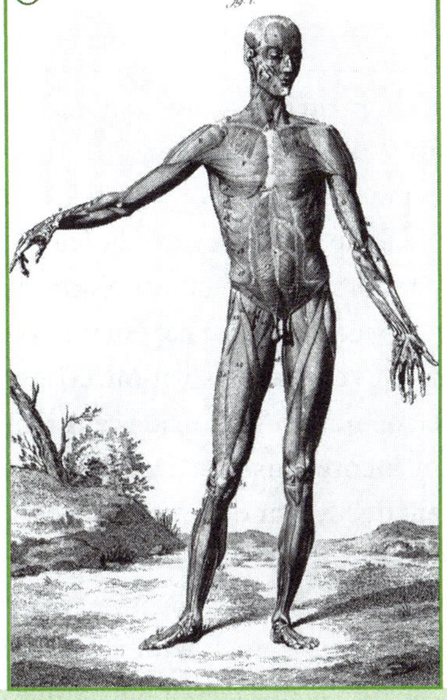

③
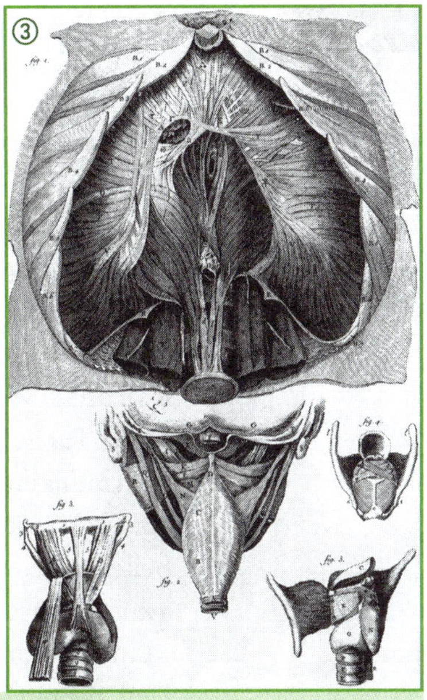

Pages extraites de l'*Encyclopédie* : ① page de titre ; ② et ③ planches « Anatomie ».

1. **Recherche.** Qu'est-ce que *L'Encyclopédie* ? Qui sont les auteurs et les contributeurs du projet ? Que savez-vous de cette entreprise de rédaction ?
2. *L'Encyclopédie* comporte 33 volumes dont 11 de planches. Observez les planches « anatomie » ci-dessus. En quoi la démarche est-elle novatrice ? En quoi est-elle audacieuse pour l'époque ?

Ce que nous avons vu

Les Philosophes désignent au XVIII**e **siècle les écrivains, les penseurs et les savants. Leurs écrits prennent des formes diverses et jouent un rôle primordial dans la diffusion du savoir. Ainsi, l'*Encyclopédie *entame-t-elle l'inventaire de toutes les connaissances : « tout examiner, tout remuer sans exception et sans ménagement » (Diderot, article « Encyclopédie »,* Encyclopédie*). Elle constitue à la fois une réflexion sur l'organisation des savoirs et, malgré la censure, un outil de promotion des idées nouvelles.

Les Lumières s'opposent à l'obscurantisme et défendent les valeurs de la raison : la science, qui permet d'expliquer le monde, conduit au progrès et au bonheur de l'humanité.

Lire, comparer, analyser, écrire

Texte 1 Bernard Le Bouyer de Fontenelle, « La Dent d'or », *Histoire des oracles*, 1686.

Assurons-nous bien du fait, avant de nous inquiéter de la cause. [...]

En 1593, le bruit courut que les dents étant tombées à un enfant de Silésie, âgé de sept ans, il lui en était venu une d'or, à la place d'une de ses grosses dents. Horatius, professeur en médecine à l'université de Helmstad, écrivit, en 1595, l'histoire de cette dent, et prétendit qu'elle était en partie naturelle, en partie miraculeuse, et qu'elle avait été envoyée de Dieu à cet enfant pour consoler les chrétiens affligés par les Turcs. Figurez-vous quelle consolation, et quel rapport de cette dent aux chrétiens et aux Turcs. En la même année, afin que cette dent d'or ne manquât pas d'historiens, Rullandus en écrit encore l'histoire. Deux ans après, Ingolsteterus, autre savant, écrit contre le sentiment que Rullandus avait de la dent d'or, et Rullandus fait aussitôt une belle et docte réplique. Un autre grand homme, nommé Libavius, ramasse tout ce qui avait été dit sur la dent, et y ajoute son sentiment particulier. Il ne manquait autre chose à tant de beaux ouvrages, sinon qu'il fût vrai que la dent était d'or. Quand un orfèvre l'eût examinée, il se trouva que c'était une feuille d'or appliquée à la dent avec beaucoup d'adresse ; mais on commença par faire des livres, et puis on consulta l'orfèvre. Rien n'est plus naturel que d'en faire autant sur toutes sortes de matières. Je ne suis pas si convaincu de notre ignorance par les choses qui sont, et dont la raison nous est inconnue, que par celles qui ne sont point, et dont nous trouvons la raison. Cela veut dire que non seulement nous n'avons pas les principes qui mènent au vrai, mais que nous en avons d'autres qui s'accommodent très bien avec le faux.

Questions

1. Recherchez la définition du mot « oracle » puis expliquez le choix du titre du recueil, *Histoire des oracles*.
2. Quels indices présentent les différents écrits sur la dent d'or comme des récits historiques exposant des faits véridiques ? Quelle est la fonction de ces écrits ?
3. Étudiez l'énonciation*. Identifiez les passages dans lesquels Fontenelle est présent dans le récit. Quel jugement porte-t-il sur les savants et sur leurs méthodes ? Quels procédés utilise-t-il pour mettre le lecteur de son côté ?
4. Étudiez l'organisation de l'argumentation.
   a. « Assurons-nous bien du fait, avant de nous inquiéter de la cause » (l. 1). Dans quel domaine de connaissance cette recommandation générale a-t-elle cours, d'ordinaire ? Si on la néglige, à quelles conséquences s'expose-t-on ?
   b. Comment la morale de la fin du passage se distingue-t-elle du reste du texte ? Quels principes méthodiques Fontenelle défend-il ?
   c. En précisant la fonction de l'histoire de « La Dent d'or » dans cette argumentation, dites quel est le type de raisonnement* adopté par Fontenelle.

Texte 2 Jean-Pierre Claris de Florian, *Les Deux Jardiniers*, 1755-1794.

Deux frères jardiniers avaient par héritage
Un jardin dont chacun cultivait la moitié ;
Liés d'une étroite amitié,
Ensemble ils faisaient leur ménage.
L'un d'eux, appelé Jean, bel esprit, beau parleur,
Se croyait un très grand docteur ;
Et Monsieur Jean passait sa vie
À lire l'almanach, à regarder le temps
Et la girouette et les vents.
Bientôt, donnant l'essor à son rare génie,
Il voulut découvrir comment d'un pois tout seul
Des milliers de pois peuvent sortir si vite ;
Pourquoi la graine du tilleul,
Qui produit un grand arbre, est pourtant plus petite
Que la fève qui meurt à deux pieds du terrain ;
Enfin par quel secret mystère
Cette fève qu'on sème au hasard sur la terre
Sait se retourner dans son sein,
Place en bas sa racine et pousse en haut sa tige.
Tandis qu'il rêve et qu'il s'afflige
De ne point pénétrer ces importants secrets,
Il n'arrose point son marais ;
Ses épinards et sa laitue
Sèchent sur pied ; le vent du nord lui tue
Ses figuiers qu'il ne couvre pas.
Point de fruits au marché, point d'argent dans la bourse ;
Et le pauvre docteur, avec ses almanachs,
N'a que son frère pour ressource.
Celui-ci, dès le grand matin,
Travaillait en chantant quelque joyeux refrain,
Bêchait, arrosait tout du pêcher à l'oseille.
Sur ce qu'il ignorait sans vouloir discourir,
Il semait bonnement pour pouvoir recueillir.
Aussi dans son terrain tout venait à merveille ;
Il avait des écus, des fruits et du plaisir.
Ce fut lui qui nourrit son frère ;

Observer le concret pour obtenir la vérité. Ce goût pour le cartésianisme est l'une des causes des évolutions techniques du XVIIIe siècle. La foi dans le progrès touche tous les domaines. Partout on veut expérimenter : marine, armée, industrie… Ainsi dans toute l'Europe se multiplient des sociétés d'agriculture entre les années 1750 et 1780. Ces sociétés pratiquent des expérimentations, diffusent leurs résultats, encouragent la réflexion en matière agronomique… Autre visage des Lumières.

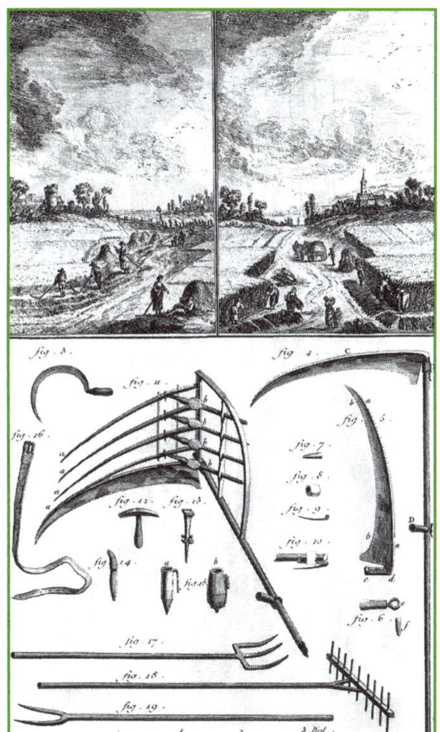

Planche « agriculture », *Encyclopédie.*

Et quand Monsieur Jean tout surpris
S'en vint lui demander comment il savait faire :
Mon ami, lui dit-il, voici tout le mystère :
Je travaille, et tu réfléchis ;
Lequel rapporte davantage ?
Tu te tourmentes, je jouis ;
Qui de nous deux est le plus sage ?

Questions

1 **a.** Observez le mode de présentation des personnages (choix des noms et pronoms, caractérisation directe* et indirecte*).
b. Identifiez la valeur des différents présents dans ce récit au passé : en quoi nous permet-elle de mieux connaître les personnages ?

2 L'apologue* désigne un court récit exposé sous forme allégorique* et qui renferme un enseignement, une leçon de morale pratique : en quoi ce texte se conforme-t-il à cette définition ?

3 Reformulez les morales proposées par les textes de Florian et de Fontenelle en quelques mots.
- Quelle est la place laissée au lecteur dans la découverte de chacune de ces morales ?
- Que peut-on en conclure sur les fonctions de l'apologue ?

Texte 3 Denis Diderot, « Jugement au voyage de Bougainville », *Supplément au voyage de Bougainville*, 1772.

A. — Cette superbe voûte étoilée, sous laquelle nous revînmes hier, et qui semblait nous garantir un beau jour, ne nous a pas tenu parole.

B. — Qu'en savez-vous ?

A. — Le brouillard est si épais qu'il nous dérobe la vue des arbres voisins.

B. — Il est vrai ; mais si ce brouillard, qui ne reste dans la partie inférieure de l'atmosphère que parce qu'elle est suffisamment chargée d'humidité, retombe sur la terre ?

A. — Mais si au contraire il traverse l'éponge, s'élève et gagne la région supérieure où l'air est moins dense, et peut, comme disent les chimistes, n'être pas saturé ?

B. — Il faut attendre.

A. — En attendant, que faites-vous ?

B. — Je lis.

A. — Toujours ce *Voyage de Bougainville* ?

B. — Toujours.

A. — Je n'entends rien à cet homme-là. L'étude des mathématiques, qui suppose une vie sédentaire, a rempli le temps de ses jeunes années ; et voilà qu'il passe subitement d'une condition méditative et retirée au métier actif, pénible, errant et dissipé de voyageur.

B. — Nullement. Si le vaisseau n'est qu'une maison flottante, et si vous considérez le navigateur qui traverse des espaces immenses, resserré et immobile dans une enceinte assez étroite, vous le verrez faisant le tour du globe sur une planche, comme vous et moi le tour de l'univers sur votre parquet. […]

A. — Que pensez-vous de son Voyage ?

B. — Autant que j'en puis juger sur une lecture assez superficielle, j'en rapporterais l'avantage à trois points principaux : une meilleure connaissance de notre vieux domicile et de ses habitants ; plus de sûreté sur des mers qu'il a parcourues la sonde à la main, et plus de correction dans nos cartes géographiques. Bougainville est parti avec les lumières nécessaires et les qualités propres à ces vues : de la philosophie, du courage, de la véracité ; un coup d'œil prompt qui saisit les choses et abrège le temps des observations ; de la circonspection, de la patience ; le désir de voir, de s'éclairer et de s'instruire ; la science du calcul, des mécaniques, de la géométrie, de l'astronomie ; et une teinture suffisante d'histoire naturelle. […]

A. — N'assure-t-il pas que les animaux sauvages s'approchent de l'homme, et que les oiseaux viennent se poser sur lui, lorsqu'ils ignorent le danger de cette familiarité ?

B. — D'autres l'avaient dit avant lui.

A. — Comment explique-t-il le séjour de certains animaux dans des îles séparées de tout continent par des intervalles de mer effrayants ? Qui est-ce qui a porté là le loup, le renard, le chien, le cerf, le serpent ?

B. — Il n'explique rien ; il atteste le fait.

A. — Et vous, comment l'expliquez-vous ?

B. — Qui sait l'histoire primitive de notre globe ? Combien d'espaces de terre, maintenant isolés, étaient autrefois continus ? Le seul phénomène sur lequel on pourrait former quelque conjecture, c'est la direction de la masse des eaux qui les a séparés. […]

A. — Et du sauvage, qu'en pense-t-il ?

B. — C'est, à ce qu'il paraît, de la défense journalière contre les bêtes, qu'il tient le caractère cruel qu'on lui remarque quelquefois. Il est innocent et doux, partout où rien ne trouble son repos et sa sécurité. Toute guerre naît d'une prétention commune à la même propriété. L'homme civilisé a une prétention commune, avec l'homme civilisé, à la possession d'un champ dont ils occupent les deux extrémités ; et ce champ devient un sujet de dispute entre eux.

[…] Il n'entend rien à nos usages, à nos lois, ou il n'y voit que des entraves déguisées sous cent formes diverses ; entraves qui ne peuvent qu'exciter l'indignation et le mépris d'un être en qui le sentiment de la liberté est le plus profond des sentiments.

A. — Est-ce que vous donneriez dans la fable de Taïti ?

B. — Ce n'est point une fable ; et vous n'auriez aucun doute sur la sincérité de Bougainville, si vous connaissiez le supplément de son voyage.

A. — Et où trouve-t-on ce supplément ?

B. — Là, sur cette table.

A. — Est-ce que vous ne me le confierez pas ?

B. — Non ; mais nous pourrons le parcourir ensemble, si vous voulez.

A. — Assurément, je le veux. Voilà le brouillard qui retombe, et l'azur du ciel qui commence à paraître. Il semble que mon lot soit d'avoir tort avec vous jusque dans les moindres choses ; il faut que je sois bien bon pour vous pardonner une supériorité aussi continue !

Questions

1. **Recherche.** Qui est le navigateur Bougainville ? Retracez son périple. Quel est l'intérêt d'un tel voyage ? Qu'apprend-on de ce personnage dans la description qu'en font A et B ?
2. Quelle forme d'écrit choisit ici Diderot ? Pourquoi ?
3. Quel est le premier sujet abordé par les personnages A et B ? Que pensez-vous de cette entrée en matière ? Confrontez celle-ci à la constatation finale de A : « Voilà le brouillard qui retombe, et l'azur du ciel qui commence à paraître » (l. 60-61). Quel est le mode de raisonnement privilégié par B ?
4. Quelle est la méthode retenue par Bougainville dans le cadre de ses explorations ? Rapprochez cette démarche de celle des philosophes dans les textes 1 et 2 et de celle de B dans ce texte.
5. Quelle vision du « sauvage » est proposée dans cet extrait ? Que fait apparaître la confrontation des cultures ?

Texte 4 César Dumarsais, article « Philosophe », *Encyclopédie,* Tome VII, 1757.

Le philosophe est la figure qui incarne le mouvement des Lumières. Mais de quelles qualités doit-il faire preuve ? Quelle méthode doit-il suivre et quel est l'esprit qui l'anime ? Dans l'article « philosophe » de L'Encyclopédie *de Diderot et D'Alembert, César Dumarsais brosse le portrait de « l'homme éclairé ».*

Les autres hommes sont déterminés à agir sans sentir ni connaître les causes qui les font mouvoir, sans même songer qu'il y en ait. Le philosophe au contraire démêle les causes autant qu'il est en lui, et souvent même les prévient, et se livre à elles avec connaissance : c'est une horloge qui se monte, pour ainsi dire, quelquefois elle-même. Ainsi il évite les objets qui peuvent lui causer des sentiments qui ne conviennent ni au bien-être, ni à l'être raisonnable, et cherche ceux qui peuvent exciter en lui des affections convenables à l'état où il se trouve. La raison est à l'égard du philosophe ce que la grâce est à l'égard du chrétien. La grâce détermine le chrétien à agir ; la raison détermine le philosophe.

Les autres hommes sont emportés par leurs passions, sans que les actions qu'ils font soient précédées de la réflexion : ce sont des hommes qui marchent dans les ténèbres ; au lieu que le philosophe, dans ses passions mêmes, n'agit qu'après la réflexion ; il marche la nuit, mais il est précédé d'un flambeau. [...]

La vérité n'est pas pour le philosophe une maîtresse qui corrompe son imagination, et qu'il croie trouver partout ; il se contente de la pouvoir démêler où il peut l'apercevoir. Il ne la confond point avec la vraisemblance ; il prend pour vrai ce qui est vrai, pour faux ce qui est faux, pour douteux ce qui est douteux, et pour vraisemblable ce qui n'est que vraisemblable. Il fait plus, et c'est ici une grande perfection du philosophe, c'est que lorsqu'il n'a point de motif pour juger, il sait demeurer indéterminé. [...]

L'esprit philosophique est donc un esprit d'observation et de justesse, qui rapporte tout à ses véritables principes ; mais ce n'est pas l'esprit seul que le philosophe cultive, il porte plus loin son attention et ses soins.

L'homme n'est point un monstre qui ne doive vivre que dans les abîmes de la mer ou dans le fond d'une forêt : les seules nécessités de la vie lui rendent le commerce des autres nécessaire et dans quelqu'état où il puisse se trouver, ses besoins et le bien-être l'engagent à vivre en société. Ainsi la raison exige de lui qu'il connaisse, qu'il étudie, et qu'il travaille à acquérir les qualités sociables.

Notre philosophe ne se croit pas en exil dans ce monde ; il ne croit point être en pays ennemi ; il veut jouir en sage économe des biens que la nature lui offre ; il veut trouver du plaisir avec les autres ; et pour en trouver, il en faut faire : ainsi il cherche à convenir à ceux avec qui le hasard ou son choix le font vivre et il trouve en même temps ce qui lui convient : c'est un honnête homme qui veut plaire et se rendre utile. [...]

Le philosophe est donc un honnête homme qui agit en tout par raison, et qui joint à un esprit de réflexion et de justesse les mœurs et les qualités sociables. Entez[1] un souverain sur un philosophe d'une telle trempe, et vous aurez un souverain parfait.

1. **Enter :** greffer.

Questions

1. Construisez un tableau qui recense les défauts que Dumarsais prête aux hommes et les qualités que le philosophe doit développer.
2. Relevez les éléments qui définissent la démarche philosophique. Quels sont les outils mis en œuvre par le philosophe ? Rapprochez la position de Dumarsais de celle de Fontenelle (texte 1).
3. Que révèle la confrontation entre religion et philosophie ?
4. Le philosophe « marche la nuit, mais il est précédé d'un flambeau » (l. 13). Expliquez cette figure de style et rapprochez cette formule de la définition des Lumières.
5. Dumarsais fait l'éloge* du philosophe. Relevez les procédés (figures de style, registres...) qui le montrent. Quelle place le philosophe doit-il occuper dans la société, selon l'auteur ?
6. **Exercice d'écriture.** Rédigez l'article « Lumières » pour *L'Encyclopédie*, en vingt lignes environ. Utilisez les procédés de l'éloge*.

Texte 5 Jean-Jacques Rousseau, *Discours sur l'origine et les fondements de l'inégalité parmi les hommes*, Livre I, 1755.

« L'exemple des sauvages [...] semble confirmer que le genre humain était fait pour y rester toujours, que cet état est la véritable jeunesse du monde, et que tous les progrès ultérieurs ont été en apparence autant de pas vers la perfection de l'individu, et en effet vers la décrépitude de l'espèce ». *C'est en ces mots que Rousseau prend le contre-pied de la position favorable au progrès qui traverse le mouvement des Lumières. Une voix discordante, mais qui signe l'originalité d'une conception.*

Tant que les hommes se contentèrent de leurs cabanes rustiques, tant qu'ils se bornèrent à coudre leurs habits de peaux avec des épines ou des arêtes, à se parer de plumes et de coquillages, à se peindre le corps de diverses couleurs, à perfectionner ou à embellir leurs arcs et leurs flèches, à tailler avec des pierres tranchantes quelques canots de pêcheurs ou quelques grossiers instruments de musique ; en un mot tant qu'ils ne s'appliquèrent qu'à des ouvrages qu'un seul pouvait faire, et qu'à des arts qui n'avaient pas besoin du concours de plusieurs mains, ils vécurent libres, sains, bons, et heureux autant qu'ils pouvaient l'être par leur nature, et continuèrent à jouir entre eux des douceurs d'un commerce indépendant : mais dès l'instant qu'un homme eut besoin du secours d'un autre ; dès qu'on s'aperçut qu'il était utile à un seul d'avoir des provisions pour deux, l'égalité disparut, la propriété s'introduisit, le travail devint nécessaire, et les vastes forêts se changèrent en des campagnes riantes qu'il fallut arroser de la sueur des hommes, et dans lesquelles on vit bientôt l'esclavage et la misère germer et croître avec les moissons.

La métallurgie et l'agriculture furent les deux arts dont l'invention produisit cette grande révolution. Pour le poète, c'est l'or et l'argent, mais pour le philosophe ce sont le fer et le blé qui ont civilisé les hommes, et perdu le genre humain ; aussi l'un et l'autre étaient-ils inconnus aux sauvages de l'Amérique qui pour cela sont toujours demeurés tels ; les autres peuples semblent même être restés barbares tant qu'ils ont pratiqué l'un de ces arts sans l'autre ; et l'une des meilleures raisons peut-être pourquoi l'Europe a été, sinon plus tôt, du moins plus constamment, et mieux policée que les autres parties du monde, c'est qu'elle est à la fois la plus abondante en fer et la plus fertile en blé.

Questions

1. Reformulez la thèse défendue par Rousseau dans ce passage.
2. Comment Rousseau s'y prend-il pour faire revivre l'aube de l'humanité à son lecteur ? Qualifiez la nature décrite par Rousseau. En quoi cette vision est-elle paradoxale ? Confrontez cette vision avec celle de Diderot (texte 3).
3. Quelles sont les conséquences du progrès de la civilisation selon Rousseau ?

4 Étude de l'énonciation*. Relevez les procédés qui montrent la subjectivité* de la prise de position de Rousseau (lexique, figures de style, outils de la modalisation*, rythme des phrases…).

5 Intertextualité*. Le mythe* a pour fonction d'expliquer les origines du monde ou les phénomènes naturels mystérieux. Prenez connaissance du mythe de l'âge d'or d'Hésiode et montrez comment Rousseau le reprend à son compte pour développer le « mythe du bon sauvage » diffusé avec les Grandes Découvertes.

Texte 6 Condorcet, *Esquisse d'un tableau historique des progrès de l'esprit humain*, 1793.

Mathématicien et éditeur de Voltaire, Condorcet se tourne vers la philosophie et soutient les idéaux de la Révolution. Il vise, dans son ambitieuse entreprise, à relater l'histoire des « progrès de l'esprit humain ». Dans cet extrait, il propose une définition de « l'esprit des Lumières ».

En Angleterre, Collins et Bolingbroke, en France, Bayle, Fontenelle, Voltaire, Montesquieu et les écoles formées par ces hommes célèbres, combattirent en faveur de la vérité, employant tour à tour toutes les armes que l'érudition, la philosophie, l'esprit, le talent d'écrire peuvent fournir à la raison ; prenant tous les tons, employant toutes les formes, depuis la plaisanterie jusqu'au pathétique, depuis la compilation la plus savante et la plus vaste, jusqu'au roman, ou au pamphlet du jour ; couvrant la vérité d'un voile qui ménageait les yeux trop faibles, et laissait le plaisir de la deviner ; caressant les préjugés avec adresse, pour leur porter des coups plus certains ; n'en menaçant presque jamais, ni plusieurs à la fois, ni même un seul tout entier ; consolant quelquefois les ennemis de la raison, en paraissant ne vouloir dans la religion qu'une demi-tolérance, dans la politique qu'une demi-liberté ; ménageant le despotisme quand ils combattaient les absurdités religieuses, et le culte quand ils s'élevaient contre la tyrannie ; attaquant ces deux fléaux dans leur principe, quand même ils paraissaient n'en vouloir qu'à des abus révoltants ou ridicules, et frappant ces arbres funestes dans leurs racines, quand ils semblaient se borner à élaguer quelques branches égarées ; tantôt apprenant aux amis de la liberté que la superstition, qui couvre le despotisme d'un bouclier impénétrable, est la première victime qu'ils doivent immoler, la première chaîne qu'ils doivent briser ; tantôt, au contraire, la dénonçant aux despotes comme la véritable ennemie de leur pouvoir, et les effrayant du tableau de ses hypocrites complots et de ses fureurs sanguinaires ; mais ne se lassant jamais de réclamer l'indépendance de la raison, la liberté d'écrire comme le droit, comme le salut du genre humain ; s'élevant, avec une infatigable énergie, contre tous les crimes du fanatisme et de la tyrannie ; poursuivant dans la religion, dans l'administration, dans les mœurs, dans les lois, tout ce qui portait le caractère de l'oppression, de la dureté, de la barbarie ; ordonnant au nom de la nature, aux rois, aux guerriers, aux magistrats, aux prêtres de respecter le sang des hommes ; leur reprochant avec une énergique sévérité celui que leur politique ou leur indifférence prodiguait encore dans les combats ou dans les supplices ; prenant enfin, pour cri de guerre, raison, tolérance, humanité.

Questions

1. Que combattent les philosophes ? Quelle est la finalité de leur combat ? Quelles sont les valeurs* des Lumières selon Condorcet ?
2. De quelles armes disposent les philosophes pour mener à bien leur entreprise ? En quoi ce texte illustre-t-il leur méthode ? Parmi les autres textes présentés dans ce groupement, lesquels vous semblent le mieux illustrer les propos de Condorcet ?

Débat oral

Les contributeurs de *L'Encyclopédie*, les philosophes des Lumières, se sont lancés dans une entreprise ambitieuse de combat contre tous les obscurantismes.
Pensez-vous qu'une telle démarche se justifie encore aujourd'hui ? Établissez en classe et collectivement la liste des progrès accomplis et celle des obstacles au « progrès » puis improvisez par groupes de deux un dialogue entre A et B à la manière de Diderot (texte 3).

Parcours d'une œuvre intégrale

Voltaire, *Micromégas*, 1752.

Micromégas paraît en 1752, à Londres. Voltaire, à cette époque, fréquente les cours européennes. C'est un esprit brillant, curieux, capable aussi d'une ironie corrosive.
Sa connaissance de la physique de Newton et son enthousiasme pour les sciences influencent l'écriture de *Micromégas*, conte philosophique traversé par les combats des Lumières.

Micromégas raconte le voyage interplanétaire d'un géant habitant Sirius. Contraint à l'exil, il voyage en compagnie d'un habitant de Saturne. Ce périple extraordinaire conduit les deux personnages sur la Terre où ils observent avec un œil neuf et critique l'espèce humaine…

Texte 1 Micromégas : géant authentique ou double voltairien ?

Ce chapitre d'exposition plante le décor et présente le personnage principal, Micromégas.

La taille de Son Excellence étant de la hauteur que j'ai dite[1], tous nos sculpteurs et tous nos peintres conviendront sans peine que sa ceinture peut avoir cinquante mille pieds de roi de tour : ce qui fait une très jolie proportion.

Quant à son esprit, c'est un des plus cultivés que nous ayons ; il sait beaucoup de choses ; il en a inventé quelques-unes ; il n'avait pas encore deux cent cinquante ans, et il étudiait, selon la coutume, au collège des jésuites de sa planète, lorsqu'il devina, par la force de son esprit, plus de cinquante propositions d'Euclide. C'est dix-huit de plus que Blaise Pascal, lequel, après en avoir deviné trente-deux en se jouant, à ce que dit sa sœur, devint depuis un géomètre assez médiocre, et un fort mauvais métaphysicien. Vers les quatre cent cinquante ans, au sortir de l'enfance, il disséqua beaucoup de ces petits insectes qui n'ont pas cent pieds de diamètre, et qui se dérobent aux microscopes ordinaires ; il en composa un livre fort curieux, mais qui lui fit quelques affaires. Le muphti de son pays, grand vétillard, et fort ignorant, trouva dans son livre des propositions suspectes, malsonnantes, téméraires, hérétiques, sentant l'hérésie, et le poursuivit vivement : il s'agissait de savoir si la forme substantielle des puces de Sirius était de même nature que celle des colimaçons. Micromégas se défendit avec esprit ; il mit les femmes de son côté ; le procès dura deux cent vingt ans. Enfin le muphti fit condamner le livre par des jurisconsultes qui ne l'avaient pas lu, et l'auteur eut ordre de ne paraître à la cour de huit cents années.

Il ne fut que médiocrement affligé d'être banni d'une cour qui n'était remplie que de tracasseries et de petitesses. Il fit une chanson fort plaisante contre le muphti, dont celui-ci ne s'embarrassa guère ; et il se mit à voyager de planète en planète[2], pour achever de se former *l'esprit et le cœur*, comme l'on dit.

1. Trente-deux kilomètres de haut.
2. Micromégas voyage facilement d'étoile en étoile au moyen de la gravitation universelle. En bon élève de Newton, il annule la pesanteur et les distances en se déplaçant « comme un oiseau voltige de branche en branche ».

Questions

1. Quels éléments font de Micromégas un personnage de conte* ?

   Intertextualité*. Faites des recherches sur les géants de Rabelais et plus particulièrement sur Pantagruel.

2. Montrez que Micromégas partage les valeurs* du philosophe des Lumières par opposition au muphti. Pourquoi le géant est-il condamné à l'exil ?

3. Quel est le registre* dominant de ce texte ? Justifiez votre réponse en vous appuyant sur quelques procédés caractéristiques.

4. **Recherche.** Informez-vous sur la vie et l'œuvre de Voltaire. Mettez en évidence, dans le portrait de Micromégas, les éléments qui relèvent d'emprunts autobiographiques et font du géant un double de Voltaire.

Texte 2 Le raisonnement philosophique

Le géant Micromégas quitte sa planète lointaine et visite Saturne où il fait la connaissance du secrétaire de l'Académie que le narrateur baptise « le nain » en raison de sa petite taille : deux kilomètres de haut ! Après avoir visité Jupiter et Mars, les deux compagnons se lancent dans l'exploration de la Terre.

Le nain, qui jugeait quelquefois un peu trop vite, décida d'abord qu'il n'y avait personne sur la Terre. Sa première raison était qu'il n'avait vu personne. Micromégas lui fit sentir poliment que c'était raisonner assez mal : « Car, disait-il, vous ne voyez-pas avec vos petits yeux certaines étoiles de la cinquantième grandeur que j'aperçois très distinctement ; concluez-vous de là que ces étoiles n'existent pas ?

— Mais, dit le nain, j'ai bien tâté.

— Mais, répondit l'autre, vous avez mal senti.

— Mais, dit le nain, ce globe-ci est si mal construit, cela est si irrégulier et d'une forme qui me paraît si ridicule ! Tout semble être ici dans le chaos : voyez-vous ces petits ruisseaux dont aucun ne va de droit fil, ces étangs qui ne sont ni ronds, ni carrés, ni ovales, ni sous aucune forme régulière, tous ces petits grains pointus dont ce globe est hérissé, et qui m'ont écorché les pieds ? (Il voulait parler des montagnes.) Remarquez-vous encore la forme de tout le globe, comme il est plat aux pôles, comme il tourne autour du soleil d'une manière gauche, de façon que les climats des pôles sont nécessairement incultes ? En vérité, ce qui fait que je pense qu'il n'y a ici personne, c'est qu'il me paraît que des gens de bon sens ne voudraient pas y demeurer.

— Eh bien, dit Micromégas, ce ne sont peut-être pas non plus des gens de bon sens qui l'habitent. Mais enfin il y a quelque apparence que ceci n'est pas fait pour rien. Tout vous paraît irrégulier ici, dites-vous, parce que tout est tiré au cordeau dans Saturne et dans Jupiter. Eh ! c'est peut-être par cette raison-là même qu'il y a ici un peu de confusion. Ne vous ai-je pas dit que dans mes voyages j'avais toujours remarqué de la variété ? »

Le Saturnien répliqua à toutes ces raisons. La dispute n'eût jamais fini, si par bonheur Micromégas, en s'échauffant à parler, n'eût cassé le fil de son collier de diamants. Les diamants tombèrent, c'étaient de jolis petits carats assez inégaux, dont les plus gros pesaient quatre cents livres, et les plus petits cinquante. Le nain en ramassa quelques-uns ; il s'aperçut, en les approchant de ses yeux, que ces diamants, de la façon dont ils étaient taillés, étaient d'excellents microscopes. Il prit donc un petit microscope de cent soixante pieds de diamètre, qu'il appliqua à sa prunelle ; et Micromégas en choisit un de deux mille cinq cents pieds. Ils étaient excellents ; mais d'abord on ne vit rien par leur secours : il fallait s'ajuster.

Enfin l'habitant de Saturne vit quelque chose d'imperceptible qui remuait entre deux eaux dans la mer Baltique : c'était une baleine. Il la prit avec le petit doigt fort adroitement ; et la mettant sur l'ongle de son pouce, il la fit voir au Sirien, qui se mit à rire pour la seconde fois de l'excès de petitesse dont étaient les habitants de notre globe.

Le Saturnien, convaincu que notre monde est habité, s'imagina bien vite qu'il ne l'était que par des baleines ; et comme il était grand raisonneur, il voulut deviner d'où un si petit atome tirait son mouvement, s'il avait des idées, une volonté, une liberté.

Micromégas y fut fort embarrassé ; il examina l'animal fort patiemment, et le résultat de l'examen fut qu'il n'y avait pas moyen de croire qu'une âme fût logée là. Les deux voyageurs inclinaient donc à penser qu'il n'y a point d'esprit dans notre habitation, lorsqu'à l'aide du microscope ils aperçurent quelque chose d'aussi gros qu'une baleine qui flottait sur la mer Baltique. [...]

Micromégas étendit la main tout doucement vers l'endroit où l'objet paraissait, et avançant deux doigts, et les retirant par la crainte de se tromper, puis les ouvrant et les serrant, il saisit fort adroitement le vaisseau qui portait ces messieurs, et le mit encore sur son ongle, sans le trop presser, de peur de l'écraser. « Voici un animal bien différent du premier », dit le nain de Saturne ; le Sirien mit le prétendu animal dans le creux de sa main. Les passagers et les gens de l'équipage, qui s'étaient crus enlevés par un ouragan, et qui se croyaient sur une espèce de rocher, se mettent tous en mouvement ; les matelots prennent des tonneaux de vin, les jettent sur la main de Micromégas, et se précipitent après. Les géomètres prennent leurs quarts de cercle, leurs secteurs, et des filles lapones, et descendent sur les doigts du Sirien. Ils en firent tant qu'il sentit enfin remuer quelque chose qui lui chatouillait les doigts : c'était un bâton ferré qu'on lui enfonçait d'un pied dans l'index ; il jugea, par ce picotement, qu'il était sorti quelque chose du petit animal qu'il tenait ; mais il n'en soupçonna pas d'abord davantage. Le microscope, qui faisait à peine discerner une baleine et un vaisseau, n'avait point de prise sur un être aussi imperceptible que des hommes.

Questions

1. L'arrivée sur Terre des deux personnages donne lieu à une discussion théorique sur la manière de rechercher des traces de vie sur cette planète. Comparez les deux méthodes observées par les personnages. En quoi peut-on parler de triomphe de la démarche inductive* ?
2. Comment le Saturnien est-il présenté ?
3. Rechercher les différents sens du mot « dispute* ». Montrez comment Voltaire joue ici sur la polysémie* du mot.
4. Dans cette exploration que Voltaire qualifie de « petit voyage philosophique », que symbolise le diamant qui permet aux deux extraterrestres de découvrir que la Terre est habitée ?
5. Quel est le point de vue* adopté dans le dernier paragraphe ? Quel en est l'intérêt ?

Texte 3 Confrontation avec les Terriens

Grâce à la précision de ses observations et de ses expériences, Micromégas voit et entend enfin les habitants de la Terre. Il les interpelle au moyen d'un cornet acoustique.

« Insectes invisibles, que la main du Créateur s'est plu à faire naître dans l'abîme de l'infiniment petit, je le remercie de ce qu'il a daigné me découvrir des secrets qui semblaient impénétrables. Peut-être ne daignerait-on pas vous regarder à ma cour, mais je ne méprise personne, et je vous offre ma protection. »

Si jamais il y a eu quelqu'un d'étonné, ce furent les gens qui entendirent ces paroles. Ils ne pouvaient deviner d'où elles partaient. L'aumônier du vaisseau récita les prières des exorcismes, les matelots jurèrent, et les philosophes du vaisseau firent un système[1] ; mais quelque système qu'ils fissent, ils ne purent jamais deviner qui leur parlait. Le nain de Saturne, qui avait la voix plus douce que Micromégas, leur apprit alors en peu de mots à quelles espèces ils avaient affaire. Il leur conta le voyage de Saturne, les mit au fait de ce qu'était Monsieur Micromégas ; et, après les avoir plaints d'être si petits, il leur demanda s'ils avaient toujours été dans ce misérable état si voisin de l'anéantissement, ce qu'ils faisaient dans un globe qui paraissait appartenir à des baleines, s'ils étaient heureux, s'ils multipliaient, s'ils avaient une âme, et cent autres questions de cette nature.

Un raisonneur de la troupe, plus hardi que les autres, et choqué de ce qu'on doutait de son âme, observa l'interlocuteur avec des pinnules braquées sur un quart de cercle, fit deux stations, et à la troisième, il parla ainsi : « Vous croyez donc, Monsieur, parce que vous avez mille toises depuis la tête jusqu'aux pieds, que vous êtes un…

— Mille toises ! s'écria le nain ; juste ciel ! D'où peut-il savoir ma hauteur ? Mille toises ! Il ne se trompe pas d'un pouce ; quoi ! Cet atome m'a mesuré ! Il est géomètre, il connaît ma grandeur ; et moi, qui ne le vois qu'à travers un microscope, je ne connais pas encore la sienne !

— Oui, je vous ai mesuré, dit le physicien, et je mesurerai bien encore votre grand compagnon. » La proposition fut acceptée ; son Excellence se coucha de son long, car, s'il se fût tenu debout, sa tête eût été trop au-dessus des nuages. Nos philosophes lui plantèrent un grand arbre dans un endroit que le docteur Swift[2] nommerait, mais que je me garderai bien d'appeler par son nom, à cause de mon grand respect pour

1. **Faire un système :** formuler des hypothèses.
2. Auteur des *Voyages de Gulliver* (1726).

les dames. Puis, par une suite de triangles liés ensemble, ils conclurent que ce qu'ils voyaient était en effet un jeune homme de cent vingt mille pieds de roi.

Alors Micromégas prononça ces paroles : « Je vois plus que jamais qu'il ne faut juger de rien sur sa grandeur apparente. O Dieu ! qui avez donné une intelligence à des substances qui paraissent si méprisables, l'infiniment petit vous coûte aussi peu que l'infiniment grand ; et, s'il est possible qu'il y ait des êtres plus petits que ceux-ci, ils peuvent encore avoir un esprit supérieur à ceux de ces superbes animaux que j'ai vus dans le ciel, dont le pied seul couvrirait le globe où je suis descendu. »

Questions

1. Quelles sont les réactions des hommes quand la voix de Micromégas retentit ? Relevez des indices du jugement de l'auteur sur la situation. En quoi le comportement du géomètre diffère-t-il des autres ?
2. En vous appuyant sur l'étude du lexique, montrez l'importance que Voltaire accorde à la science comme moyen de connaissance du monde. En quoi peut-on dire que la maîtrise des sciences confère un pouvoir ?
3. À travers un relevé précis des procédés de l'ironie*, montrez quel est le registre* dominant dans ce passage.
4. **Intertextualité*.** Faites des recherches sur *Les Voyages de Gulliver* de Jonathan Swift.

Texte 4 — Où il est question du bonheur sur la Terre

Impressionnés par les connaissances scientifiques des Terriens, Micromégas et son compagnon se demandent si le bonheur qu'ils recherchent se trouve sur la Terre. S'ensuit un débat philosophique…

Micromégas parla ainsi.

« Ô atomes intelligents, dans qui l'Être éternel s'est plu à manifester son adresse et sa puissance, vous devez sans doute goûter des joies bien pures sur votre globe : car, ayant si peu de matière, et paraissant tout esprit, vous devez passer votre vie à aimer et à penser ; c'est la véritable vie des esprits. Je n'ai vu nulle part le vrai bonheur ; mais il est ici, sans doute. » À ce discours, tous les philosophes secouèrent la tête ; et l'un d'eux, plus franc que les autres, avoua de bonne foi que, si l'on excepte un petit nombre d'habitants fort peu considérés, tout le reste est un assemblage de fous, de méchants et de malheureux.

« Nous avons plus de matière qu'il ne nous en faut, dit-il, pour faire beaucoup de mal, si le mal vient de la matière ; et trop d'esprit, si le mal vient de l'esprit.

Savez-vous bien, par exemple, qu'à l'heure où je vous parle, il y a cent mille fous de notre espèce, couverts de chapeaux, qui tuent cent mille autres animaux couverts d'un turban, ou qui sont massacrés par eux, et que, presque sur toute la terre, c'est ainsi qu'on en use de temps immémorial ? »

Le Sirien frémit, et demanda quel pouvait être le sujet de ces horribles querelles entre de si chétifs animaux.

« Il s'agit, dit le philosophe, de quelque tas de boue grand comme votre talon. Ce n'est pas qu'aucun de ces millions d'hommes qui se font égorger prétende un fétu sur ce tas de boue. Il ne s'agit que de savoir s'il appartiendra à un certain homme qu'on nomme *Sultan*, ou à un autre qu'on nomme, je ne sais pourquoi, *César*. Ni l'un ni l'autre n'a jamais vu ni ne verra jamais le petit coin de terre dont il s'agit ; et presque aucun de ces animaux, qui s'égorgent mutuellement, n'a jamais vu l'animal pour lequel ils s'égorgent.

— Ah ! Malheureux ! s'écria le Sirien avec indignation, peut-on concevoir cet excès de rage forcenée ! Il me prend envie de faire trois pas, et d'écraser de trois coups de pied toute cette fourmilière d'assassins ridicules.

— Ne vous en donnez pas la peine, lui répondit-on ; ils travaillent assez à leur ruine. Sachez qu'au bout de dix ans, il ne reste jamais la centième partie de ces misérables ; sachez que, quand même ils n'auraient pas tiré l'épée, la faim, la fatigue ou l'intempérance, les emportent presque tous. D'ailleurs, ce n'est pas eux qu'il faut punir, ce sont ces barbares sédentaires qui du fond de leur cabinet ordonnent, dans le temps de leur digestion, le massacre d'un million d'hommes, et qui ensuite en font remercier Dieu solennellement. »

Le voyageur se sentait ému de pitié pour la petite race humaine, dans laquelle il découvrait de si étonnants contrastes.

Questions

1. Quelle est la conception du bonheur selon Micromégas ?
2. Un philosophe entreprend de répondre au géant. Il identifie une série d'obstacles au bonheur ; lesquels ?
3. En quoi la réponse du philosophe sur la race humaine est-elle une réfutation de l'hypothèse de Micromégas ? Quelle est la portée satirique* de cette réponse et de celle qui suit sur le pouvoir et sur la condition humaine ?
4. Quelle est la réaction de Micromégas ? Quel nouveau registre* Voltaire introduit-il ?
5. **Exercice d'écriture et mise en voix.** Vous faites vous aussi partie de l'équipage du bateau. Confiant dans les progrès de l'humanité, vous décidez d'intervenir à votre tour pour proposer votre vision aux deux visiteurs. Écrivez puis lisez votre discours à haute voix à la classe.

BILAN

Histoire littéraire

- Le terme « philosophe » désigne le nouveau type de penseur qui s'épanouit au XVIIIe siècle. En incarnant « l'esprit nouveau », caractérisé par **l'observation**, préalable indispensable à tout jugement, les précurseurs (**Bayle** et **Fontenelle**) donnent le ton dès la fin du XVIIe siècle.
  Dès lors, l'ignorance, les préjugés, les superstitions ne résistent pas à l'épreuve de l'esprit critique : « Plus les hommes seront éclairés, plus ils seront libres » assure **Voltaire**.
  Les philosophes triomphent. Même si certaines voix sont discordantes – **Rousseau** se signale par sa position originale – toutes les positions tendent vers la **quête du bonheur**.
  L'esprit philosophique quitte le cadre étroit des cabinets et des salons ; ce qui passionne, c'est le « terrain » et tous les domaines dans lesquels une amélioration de la condition de l'homme est envisageable.

- Les **découvertes scientifiques** de l'époque contribuent à cette remise en question générale. C'est la naissance d'un espoir, dont les Lumières assurent la promotion : en quittant les ténèbres, l'homme s'engage dans la voie du progrès. Savants et philosophes se confondent – Voltaire se passionne ainsi pour la physique de Newton. Les physiocrates révolutionnent la connaissance agronomique.

- *L'Esprit des Lois*, de **Montesquieu**, véritable somme politique, conditionne la **liberté** à la **séparation des pouvoirs.** La Constitution des États-Unis d'Amérique s'en inspire. Le philosophe gagne une place nouvelle dans la société et inaugure d'ambitieuses entreprises. *L'Encyclopédie* rassemble toutes les connaissances pour en assurer la diffusion. Bientôt, c'est toute l'Europe qui est gagnée à la raison triomphante.

- Au nom des Lumières les principes de la monarchie absolue sont contestés. Les droits naturels de l'Homme, liberté et égalité sont défendus par les philosophes. En 1789, la Révolution éclate en France. *La Déclaration des droits de l'homme et du citoyen* du 26 août consacre le triomphe des idées des Lumières.

Des formes argumentatives privilégiées

- **L'apologue*** : associant narration* et argumentation*, ce récit* bref présente des idées sous une forme imagée. Il véhicule une morale* et a recours au merveilleux ou à des péripéties surprenantes. Cette forme inclut la parabole* (**Fontenelle**, *La Dent d'or*), la fable* (**Claris de Florian**, *Les Deux Jardiniers*), le conte* (**Voltaire**, *Micromégas*). L'apologue utilise souvent l'exemple à valeur d'argument.

- **Le dialogue*** : ce genre remonte à l'Antiquité (*Dialogues* de **Platon**). Dans le cas du dialogue d'idées, le texte se présente comme un échange fictif. Le rapport entre les interlocuteurs détermine trois formes. Quand l'un d'entre eux est en position de supériorité, on parle de **dialogue didactique** (**Diderot**, *Supplément au Voyage de Bougainville*). Quand les interlocuteurs coopèrent et que la confrontation de leurs points de vue vise à résoudre un problème ou à énoncer une vérité, on parle de **dialogue dialectique.** Quand, enfin, les interlocuteurs s'opposent et que chacun tente d'imposer sa thèse et de réfuter celle de l'autre, on parle de **dialogue polémique** (**Voltaire**, *Micromégas*, texte 2).

Des types de raisonnement caractéristiques

- **Le raisonnement par induction*** part de faits particuliers pour arriver à une vérité générale (**Fontenelle**, *La Dent d'or*).
- **Le raisonnement par analogie*** met en relation l'objet du discours avec une autre réalité ou une autre situation : « La vérité n'est pas pour le philosophe une maîtresse qui corrompe son imagination, et qu'il croie trouver partout » (**Dumarsais**, article « Philosophe », *L'Encyclopédie*).
- **Le raisonnement par l'absurde*** non seulement réfute mais tourne en ridicule la thèse adverse en montrant l'absurdité de ses conséquences : « Le nain, qui jugeait quelquefois un peu trop vite, décida d'abord qu'il n'y avait personne sur la terre. Sa première raison était qu'il n'avait vu personne » (**Voltaire**, *Micromégas*, texte 2).

Des procédés rhétoriques à l'appui de l'argumentation

- **Les figures d'équivalence*** sont abondantes. Le raisonnement par analogie favorise le recours à la **comparaison*** et à la **métaphore***. Cette dernière permet d'éclairer les concepts de façon concrète (dimension allégorique de l'apologue, la figure du géant dans *Micromégas*).
- **Les figures d'insistance** renforcent le poids de la thèse : **hyperboles***. « Savez-vous bien, par exemple, qu'à l'heure où je vous parle, il y a cent mille fous de notre espèce, couverts de chapeaux, qui tuent cent mille autres animaux couverts d'un turban, ou qui sont massacrés par eux, et que, presque sur toute la Terre, c'est ainsi qu'on en use de temps immémorial ? » (**Voltaire**, *Micromégas*, texte 3).
- **L'ironie*** est un mode d'énonciation privilégié aux procédés innombrables reposant sur la **distanciation** entre l'énonciateur et son énoncé. Il permet, par exemple, de montrer l'incohérence d'un raisonnement (noms des savants, énoncé de leurs titres et de leurs ouvrages contrastant avec l'évidence de leur constat dans *La Dent d'or* de **Fontenelle**) ou de dire le contraire de ce que l'on pense pour montrer le ridicule de l'opinion adverse (**Voltaire**, *Micromégas*).

VERS LE BAC

Voltaire, *Micromégas*, 1752.

Micromégas, séduit par l'intelligence des hommes et leurs connaissances scientifiques, pense que la Terre est peut-être le lieu du bonheur : les philosophes s'opposent à cette vision optimiste et sont tous d'accord pour constater l'omniprésence du mal sur la Terre. Micromégas continue alors le débat et demande aux savants s'ils savent comment ils pensent et s'ils peuvent définir la nature de leur âme. Cette question métaphysique[1] oppose les philosophes qui n'en finissent plus de disputer : voici les deux dernières réponses et la fin du conte.

CHAPITRE SEPTIÈME
Conversation avec les hommes

Un petit partisan de Locke[2] était là tout auprès ; et quand on lui eut enfin adressé la parole : « Je ne sais pas, dit-il, comment je pense, mais je sais que je n'ai jamais pensé qu'à l'occasion de mes sens. Qu'il y ait des substances immatérielles et intelligentes, c'est de quoi je ne doute pas ; mais qu'il soit impossible à Dieu de communiquer la pensée à la matière, c'est de quoi je doute fort. Je révère la puissance éternelle ; il ne m'appartient pas de la borner : je n'affirme rien ; je me contente de croire qu'il y a plus de choses possibles qu'on ne pense. »

L'animal de Sirius sourit : il ne trouva pas celui-là le moins sage ; et le nain de Saturne aurait embrassé le sectateur de Locke sans l'extrême disproportion. Mais il y avait là, par malheur, un petit animalcule en bonnet carré[3] qui coupa la parole à tous les animalcules philosophes ; il dit qu'il savait tout le secret, que cela se trouvait dans la *Somme* de Saint Thomas ; il regarda de haut en bas les deux habitants célestes ; il leur soutint que leurs personnes, leurs mondes, leurs soleils, leurs étoiles, tout était fait uniquement pour l'homme. À ce discours, nos deux voyageurs se laissèrent aller l'un sur l'autre en étouffant de ce rire inextinguible qui, selon Homère, est le partage des dieux : leurs épaules et leurs ventres allaient et venaient, et dans ces convulsions le vaisseau, que le Sirien avait sur son ongle, tomba dans une poche de la culotte du Saturnien. Ces deux bonnes gens le cherchèrent longtemps ; enfin ils retrouvèrent l'équipage, et le rajustèrent fort proprement. Le Sirien reprit les petites mites ; il leur parla encore avec beaucoup de bonté, quoiqu'il fût un peu fâché dans le fond du

1. **Métaphysique** : branche de la philosophie qui s'interroge sur l'être et sur les causes de l'univers.
2. **Locke** : philosophe anglais de la fin du XVIIe siècle qui a fortement influencé les Lumières. Selon lui, l'expérience sensible est à l'origine de toute connaissance.
3. Le **bonnet carré** est porté par les docteurs de la Sorbonne, faculté de théologie dont Voltaire combat l'obscurantisme et l'intolérance. Ce savant se réfère à la doctrine de Saint Thomas d'Aquin, doctrine officielle de l'église catholique que Voltaire résume à grands traits.

cœur de voir que les infiniment petits eussent un orgueil presque infiniment grand. Il leur promit de leur faire un beau livre de philosophie, écrit fort menu pour leur usage, et que, dans ce livre, ils verraient le bout des choses.

Effectivement, il leur donna ce volume avant son départ : on le porta à Paris à l'Académie des sciences ; mais, quand le secrétaire l'eut ouvert, il ne vit rien qu'un livre tout blanc : « Ah ! dit-il, je m'en étais bien douté. »

Lecture (9 points)

1. Étudiez les interventions des savants et les réactions des géants : comment Voltaire oppose-t-il l'attitude et les propos du partisan de Locke à ceux du partisan de Saint Thomas d'Aquin ? Quelle est l'intention de l'auteur ? (5 pts)
2. Comment Voltaire souligne-t-il la disproportion entre les géants venus de l'espace et les habitants de la Terre ? Quel est l'effet produit ? Précisez le registre dominant du texte. (2 pts)
3. Quelle signification peut avoir ce « livre tout blanc » ? (2 pts)

Écriture d'invention (11 points)

Sujet. Micromégas, à l'image des philosophes des Lumières, privilégie la démarche scientifique comme moyen de connaissance du monde.

Voltaire résume dans un discours narrativisé ce que dit Micromégas aux savants : « Il leur parla encore avec beaucoup de bonté, quoiqu'il fût un peu fâché dans le fond du cœur de voir que les infiniment petits eussent un orgueil presque infiniment grand. Il leur promit de leur faire un beau livre de philosophie écrit fort menu pour leur usage, et que, dans ce livre, ils verraient le bout des choses. »

- Rédigez au discours direct ce discours de Micromégas adressé aux savants.

Votre texte comportera 25 lignes environ.

Séquence 11

Les grands et les petits discours qui font la littérature

C'est à vous, s'il vous plaît, que ce discours s'adresse.

Molière, *Le Misanthrope*, 1666.

Objectifs du référentiel

1.1 **Écrire pour soi et pour les autres**

- 1.1-1 Résumer, rendre compte, expliquer, justifier
- 1.1-3 Rédiger un discours argumentatif, prendre en compte la thèse adverse, énoncer un point de vue, le soutenir par des arguments, conclure
- 1.1-4 Pratiquer l'écriture d'invention
- 1.1-5 Respecter les codes de la langue écrite, utiliser des procédés stylistiques

1.2 **Échanger à l'oral : s'exprimer, écouter, réagir**

1.3 **Devenir un lecteur actif et critique**

- 1.3-3 Analyser la dimension symbolique d'un personnage, d'une situation, d'une œuvre
- 1.3-4 S'interroger, à partir de textes, d'œuvres, sur soi-même et sur son rapport au monde
- 1.3-5 Repérer, identifier et apprécier des procédés d'écriture

Molière, *Le Tartuffe, III. 3*, mise en scène de Jean-Pierre Vincent, Théâtre des Amandiers, Nanterre 1998.

Prélude

Lire et confronter

Texte 1 Gustave Flaubert, *Madame Bovary*, 1857.

Mise en voix et en espace. Lisez de manière expressive, puis jouez le texte de Flaubert.

— Emma…

— Monsieur ! fit-elle en s'écartant un peu.

— Ah ! vous voyez bien, répliqua-t-il d'une voix mélancolique, que j'avais raison de vouloir ne pas revenir ; car ce nom, ce nom qui remplit mon âme et qui m'est échappé, vous me l'interdisez ! Madame Bovary !… Eh ! tout le monde vous appelle comme cela !… Ce n'est pas votre nom, d'ailleurs ; c'est le nom d'un autre !

Il répéta :

— D'un autre !

Et il se cacha la figure entre les mains.

— Oui, je pense à vous continuellement !…Votre souvenir me désespère ! Ah pardon ! Je vous quitte… Adieu !… J'irai loin… si loin, que vous n'entendrez plus parler de moi !… Et cependant…, aujourd'hui…, je ne sais encore quelle force m'a poussé vers vous ! Car on ne lutte pas contre le ciel, on ne résiste point au sourire des anges ! on se laisse entraîner par ce qui est beau, charmant, adorable !

C'était la première fois qu'Emma s'entendait dire ces choses ; et son orgueil, comme quelqu'un qui se délasse dans une étuve, s'étirait mollement et tout entier à la chaleur de ce langage.

Texte 2 Roger Martin du Gard, *L'Été 1914, Les Thibault*, Éditions Gallimard, 1936.

Lecture individuelle. Lisez cet extrait comme si vous étiez vous-même témoin de la scène*.

Peu de temps avant d'être assassiné, le leader socialiste Jean Jaurès participe à Bruxelles à une rencontre internationale en faveur de la paix.

Il cria :

— Citoyens !

Sa voix, par un prodige naturel qui se répétait chaque fois qu'il montait à la tribune, couvrit, d'un coup, ces milliers de clameurs. Un silence religieux se fit : le silence de la forêt avant l'orage.

Il parut se recueillir un instant, serra les poings, et, d'un geste brusque, ramena sur sa poitrine ses bras courts. (« Il a l'air d'un phoque qui prêche » disait irrévérencieusement Paterson.) Sans hâte, sans violence au départ, sans force apparente, il commença son discours ; mais, dès les premiers mots, son organe bourdonnant, comme une cloche de bronze qui s'ébranle, avait pris possession de l'espace, et la salle, tout à coup, eut la sonorité d'un beffroi. [...]

Jaurès n'apportait rien de nouveau. Il dénonçait, une fois de plus, le danger des politiques de conquête et de prestige, la mollesse des diplomaties, la démence patriotique des chauvins, les stériles horreurs de la guerre. Sa pensée était simple ; son vocabulaire, assez restreint ; ses effets, souvent, de la plus courante démagogie. Pourtant ces banalités généreuses faisaient passer, à travers cette masse humaine à laquelle Jacques appartenait ce soir, un courant de haute tension qui la faisait osciller au commandement de l'orateur, frémir de fraternité ou de colère, d'indignation ou d'espoir, frémir comme une harpe au vent.

Questions

1. Précisez la situation de communication* dans les deux extraits. Par quels moyens chacun des deux orateurs* parvient-il à toucher son auditoire* ?
2. Analysez les images* et le rythme des phrases* dans le second extrait : à quel registre* contribuent-ils ? Quelle image le narrateur* donne-t-il de Jaurès ? Quel sentiment cherche-t-il à inspirer au lecteur ?
3. Relevez les clichés* et les procédés oratoires* dans le discours amoureux de Rodolphe. Quelle image Flaubert donne-t-il de ce prétendant ? Et d'Emma ?
4. Comment Roger Martin du Gard rapporte-t-il les propos de Jaurès ? Pourquoi n'a-t-il pas choisi le discours direct* ? Montrez en quoi le discours direct et la dimension théâtrale de la scène* dans *Madame Bovary* renforcent le côté séducteur et manipulateur du personnage* de Rodolphe.
5. **Réécriture.** À partir de « Et il se cacha la figure entre les mains » (l. 9), réécrivez les propos de Rodolphe au discours indirect libre*.
Quelles difficultés rencontrez-vous ? Pourquoi ?

Ce que nous avons vu

S'il veut toucher son auditoire*, l'orateur*, tel un acteur, doit rendre sensible son discours par des gestes, des jeux de physionomie, une diction particulièrement étudiés. C'est ce que les traités de rhétorique* nomment l'action** (actio) **et le terme lui-même qui désigne en latin le « jeu des acteurs » souligne bien le rapport étroit entre l'art rhétorique et l'art théâtral.

Qu'il s'agisse de parole amoureuse ou politique, les écrivains se sont intéressés à l'art du discours et aux moyens d'en rendre compte à l'écrit. Recourant au discours direct*, au discours indirect libre* ou au discours narrativisé*, ils se sont efforcés de faire entendre des voix dans toute leur expressivité. Mais ils se sont également interrogés sur la puissance ambivalente de l'art oratoire* qui peut aussi bien servir une argumentation* sincère et authentique qu'une argumentation sophistique*, pleine de clichés*, cherchant à manipuler.

Lire, comparer, analyser, écrire

Texte 1 Racine, *Bérénice*, Acte IV, scène 4, 1670.

Titus vient de monter sur le trône et se dispose à épouser Bérénice, reine de Palestine, qu'il aime depuis cinq ans et qui l'a suivi à Rome. Mais le Sénat est hostile à un mariage avec une reine étrangère. Avant d'affronter Bérénice, Titus médite sur la décision à prendre. Le dernier vers sera interrompu par l'arrivée de Bérénice.

TITUS, *seul*

Hé bien ! Titus, que viens-tu faire ?
Bérénice t'attend. Où viens-tu téméraire ?
Tes adieux sont-ils prêts ? T'es-tu bien consulté ?
Ton cœur te promet-il assez de cruauté ?
Car enfin au combat qui pour toi se prépare
C'est peu d'être constant, il faut être barbare.
Soutiendrai-je ces yeux dont la douce langueur
Sait si bien découvrir les chemins de mon cœur ?
Quand je verrai ces yeux armés de tous leurs charmes,
Attachés sur les miens, m'accabler de leurs larmes,
Me souviendrai-je alors de mon triste devoir ?
Pourrai-je dire enfin : « Je ne veux plus vous voir » ?
Je viens percer un cœur qui m'adore, qui m'aime.
Et pourquoi le percer ? Qui l'ordonne ? Moi-même.
Car enfin Rome a-t-elle expliqué ses souhaits ?
L'entendons-nous crier autour de ce palais ?
Vois-je l'État penchant au bord du précipice ?
Ne le puis-je sauver que par ce sacrifice ?
Tout se tait ; et moi seul, trop prompt à me troubler,
J'avance des malheurs que je puis reculer.
Et qui sait si, sensible aux vertus de la reine,
Rome ne voudra point l'avouer pour Romaine ?
Rome peut par son choix justifier le mien.
Non, non, encore un coup, ne précipitons rien.
Que Rome, avec ses lois, mette dans la balance
Tant de pleurs, tant d'amour, tant de persévérance ;
Rome sera pour nous… Titus, ouvre les yeux !
Quel air respires-tu ? N'es-tu pas dans ces lieux
Où la haine des rois, avec le lait sucée,
Par crainte ou par amour ne peut être effacée ?
Rome jugea ta Reine en condamnant ses rois.
N'as-tu pas en naissant entendu cette voix ?
Et n'as-tu pas encore ouï la renommée
T'annoncer ton devoir jusque dans ton armée ?

Et lorsque Bérénice arriva sur tes pas,
Ce que Rome en jugeait, ne l'entendis-tu pas ?
Faut-il donc tant de fois te le faire redire ?
Ah ! lâche ! fais l'amour, et renonce à l'empire ;
Au bout de l'univers va, cours te confiner,
Et fais place à des cœurs plus dignes de régner.
Sont-ce là ces projets de grandeur et de gloire
Qui devaient dans les cœurs consacrer ma mémoire ?
Depuis huit jours je règne, et, jusques à ce jour,
Qu'ai-je fait pour l'honneur ? J'ai tout fait pour l'amour.
D'un temps si précieux quel compte puis-je rendre ?
Où sont ces heureux jours que je faisais attendre ?
Quels pleurs ai-je séchés ? dans quels yeux satisfaits
Ai-je déjà goûté le fruit de mes bienfaits ?
L'univers a-t-il vu changer ses destinées ?
Sais-je combien le ciel m'a compté de journées ?
Et de ce peu de jours si longtemps attendus,
Ah ! malheureux ! combien j'en ai déjà perdus !
Ne tardons plus : faisons ce que l'honneur exige ;
Rompons le seul lien...

Questions

1. À qui le personnage* s'adresse-t-il ? Dans quel but ? Observez les pronoms personnels par lesquels il se désigne. Quel est l'effet produit ? Relevez d'autres procédés de dédoublement.

2. Observez les types de phrases* : en quoi traduisent-ils les déchirements du personnage et l'intensité du débat intérieur ? Examinez particulièrement les vers 14, 19, 24, 27. Par quels effets de versification* le trouble du héros est-il souligné ?

3. Reformulez le dilemme* auquel est confronté Titus. Quels sont les deux champs lexicaux* qui désignent cette alternative ? Comment évoluent-ils dans le discours ?

4. Analysez la composition du monologue* en dégageant les deux argumentations* contradictoires de Titus. Quels sont les arguments* en faveur de l'amour ? Quels sont les arguments en faveur du renoncement ? Quelle valeur* morale conduit finalement le héros* à la rupture ? Pouvait-il faire un autre choix ?

5. Analysez les vers 53 et 54 : à quel vers du monologue s'opposent-ils ? Commentez l'emploi de la 1re personne du pluriel.

6. Ce monologue n'a-t-il qu'une fonction délibérative* ? Caractérisez-en le registre* et dites quelles émotions il peut susciter chez le spectateur.

7. Pensez-vous que Titus est prêt à affronter Bérénice et restera fidèle à la décision énoncée au vers 54 ? Commentez les points de suspension.

8. **Mise en voix (par binôme) et mise en espace.** Faites une lecture du monologue* de Titus en mettant en évidence l'organisation dialogique* du discours. Introduisez des effets de diction et des jeux de scène (déplacements, postures, regards...) qui rendent compte de l'évolution du personnage.

9. **Écriture d'invention.** « Rompons le seul lien... » (v. 54) : en lui prêtant les réactions de votre choix, imaginez la réponse argumentée de Bérénice. Vous rédigerez ce discours en prose, en mobilisant les procédés oratoires* et le registre* adaptés à la situation.
Vous pourrez vous reporter dans *Bérénice* aux vers 1103-1197 ou aux vers 1469-1494.

Texte 2 Molière, *Le Tartuffe ou L'Imposteur*, Acte III, scène 3, 1669.

Tartuffe est un hypocrite qui manifeste un attachement feint pour la religion : ce faux-dévot exploite ainsi la crédulité du gentilhomme Orgon qui le prend pour un saint homme. Ses mensonges permettent à Tartuffe de vivre aux crochets d'Orgon et de régenter sa maison. Ici, il tente de séduire Elmire, la femme de son bienfaiteur.

TARTUFFE

Ah ! pour être dévot, je n'en suis pas moins homme ;
Et, lorsqu'on vient à voir vos célestes appas,
Un cœur se laisse prendre et ne raisonne pas.
Je sais qu'un tel discours de moi paraît étrange ;
Mais, Madame, après tout, je ne suis pas un ange ;
Et si vous condamnez l'aveu que je vous fais,
Vous devez vous en prendre à vos charmants attraits.
Dès que j'en vis briller la splendeur plus qu'humaine,
De mon intérieur[1] vous fûtes souveraine.
De vos regards divins l'ineffable douceur,
Força la résistance où s'obstinait mon cœur ;
Elle surmonta tout, jeûnes, prières, larmes,
Et tourna tous mes vœux du côté de vos charmes.
Mes yeux et mes soupirs vous l'ont dit mille fois,
Et pour mieux m'expliquer, j'emploie ici la voix.
Que si vous contemplez, d'une âme un peu bénigne,
Les tribulations[2] de votre esclave indigne,
S'il faut que vos bontés veuillent me consoler
Et jusqu'à mon néant daignent se ravaler,
J'aurai toujours pour vous, ô suave merveille,
Une dévotion à nulle autre pareille.
Votre honneur avec moi ne court point de hasard,
Et n'a nulle disgrâce à craindre de ma part.
Tous ces galants de cour, dont les femmes sont folles,
Sont bruyants dans leurs faits, et vains dans leurs paroles.
De leurs progrès sans cesse on les voit se targuer ;
Ils n'ont point de faveurs qu'ils n'aillent divulguer,
Et leur langue indiscrète, en qui l'on se confie,
Déshonore l'autel où leur cœur sacrifie :
Mais les gens comme nous brûlent d'un feu discret,
Avec qui pour toujours on est sûr du secret.

1. **Mon intérieur** : mon cœur.
2. **Tribulations** : tourment moral, considéré comme une épreuve envoyée par Dieu (vocabulaire ecclésiastique).

Le soin que nous prenons de notre renommée,
Répond de toute chose à la personne aimée ;
Et c'est en nous qu'on trouve, acceptant notre cœur,
De l'amour sans scandale et du plaisir sans peur.

ELMIRE

Je vous écoute dire, et votre rhétorique
En termes assez forts à mon âme s'explique.
N'appréhendez-vous point que je ne sois d'humeur
À dire à mon mari cette galante ardeur ?
Et que le prompt avis d'un amour de la sorte
Ne pût bien altérer l'amitié qu'il vous porte ?

TARTUFFE

Je sais que vous avez trop de bénignité[3],
Et que vous ferez grâce à ma témérité ;
Que vous m'excuserez sur l'humaine faiblesse
Des violents transports d'un amour qui vous blesse ;
Et considérerez, en regardant votre air,
Que l'on n'est pas aveugle, et qu'un homme est de chair.

3. **Bénignité** : bienveillance, bonté, douceur.

Molière, *Le Tartuffe, III. 3*, mise en scène de Marcel Maréchal avec Béatrice Agenin et Jean-Paul Bordes, Théâtre de la Criée, Marseille, 1991.

Molière, *Le Tartuffe, III. 3*, mise en scène de Jacques Weber avec Zabou et Jacques Weber, Théâtre Antoine, 1994.

Questions

1 **Recherche lexicale.** Cherchez les mots « dévot » et « étrange » dans le dictionnaire et dites pourquoi Tartuffe qualifie la situation de communication d'« étrange » (v. 4). Comment néanmoins la justifie-t-il ? Pour répondre, confrontez le premier et le dernier vers* de ce dialogue*.

2 Relevez les termes empruntés au lexique de la religion. À quel lexique sont-ils associés ? Commentez en particulier le mot « dévotion » (v. 21) : comment est-il mis en relief dans le vers ? En quoi révèle-t-il le double langage et l'hypocrisie de Tartuffe ?

3 Observez l'emploi des temps* et repérez sur l'ensemble des propos de Tartuffe les quatre parties du discours selon la rhétorique* antique : exorde*, narration des faits*, confirmation*, péroraison*. Cette construction très logique du discours vous paraît-elle compatible avec l'expression sincère des sentiments ?

4 Quelle figure de style domine l'éloge* que Tartuffe fait d'Elmire (v. 7-v.21) ? Relisez à voix haute les vers 9, 17 et 21 : quel point ont-ils en commun ? Quel est l'effet produit ?

5 Reformulez les arguments* par lesquels Tartuffe justifie sa déclaration et tente de faire céder Elmire. Ces arguments vous paraissent-ils recevables et de bonne foi ? Relevez notamment les oppositions lexicales entre les dévots et les hommes de cour. Quel argument Tartuffe veut-il faire valoir à travers ce parallèle ? De quoi fait-il explicitement l'éloge paradoxal* ?

6 Elmire est-elle dupe des propos ambigus tenus par Tartuffe ? Quels éléments de sa réplique* le prouvent ? Tartuffe vous apparaît-il un personnage* facile à démasquer ? Pourquoi ?

7 **Confrontation des textes 1 et 2.**
a. Les termes *renommée* et *honneur* sont communs au monologue* de Titus et à la tirade* de Tartuffe. Ont-ils le même sens dans chacun des deux discours ? Résonnent-ils de la même manière ?
b. Cherchez l'étymologie des adjectifs *hypocrite* et *sincère*. Que remarquez-vous ?

8 **Débat oral.** L'*ethos** de Tartuffe a été perçu de manière différente selon les époques et selon les interprétations théâtrales. Ainsi Tartuffe a-t-il été joué comme un homme paillard, attaché au plaisir, dans la tradition de la farce ou comme une figure plus complexe, moins hypocrite qu'il n'y paraît ou plus inquiétante. Dans la scène III de l'acte III que vous venez d'étudier, le personnage de Tartuffe vous apparaît-il comme ridicule ou inquiétant ?
Confrontez les photogrammes extraits de mises en scène* différentes (page 207 et 213) et dites de quelles représentations des personnages* de Tartuffe et d'Elmire et de quelle mise en espace* vous vous sentez le plus proche.

Texte 3 Diderot, *Supplément au voyage de Bougainville*, 1773.

L'ouvrage de Diderot est un conte philosophique qui se présente comme un dialogue entre deux personnages A et B. À partir d'un examen critique du récit du navigateur Bougainville, paru en 1771 et intitulé Voyage autour du monde, *les deux protagonistes dénoncent l'attitude colonisatrice des Européens. À travers l'évocation d'une société tahitienne utopique, ils discutent plus largement de l'intérêt d'une morale respectant la nature de l'homme.*
L'histoire de Polly Baker, que A réclame à B, constitue dans ce dialogue une digression qui n'est pas sans lien avec la thématique d'ensemble.

L'histoire de Polly Baker

B. La voici. Une fille, Miss Polly Baker, devenue grosse[1] pour la cinquième fois, fut traduite devant le tribunal de justice de Connecticut, près de Boston. La loi condamne toutes les personnes du sexe[2] qui ne doivent le titre de mère qu'au libertinage à une amende, ou à une punition corporelle lorsqu'elles ne peuvent payer l'amende. Miss Polly, en entrant dans la salle où les juges étaient assemblés, leur tint ce discours :

« Permettez-moi, Messieurs, de vous adresser quelques mots. Je suis une fille malheureuse et pauvre, je n'ai pas le moyen de payer des avocats pour prendre ma défense, et je ne vous retiendrai pas longtemps. Je ne me flatte pas que dans la sentence que vous allez prononcer vous vous écartiez de la loi ; ce que j'ose espérer, c'est que vous daignerez implorer pour moi les bontés du gouvernement et obtenir qu'il me dispense de l'amende. Voici la cinquième fois que je parais devant vous pour le même sujet ; deux fois j'ai payé des amendes onéreuses, deux fois j'ai subi une punition publique et honteuse parce que je n'ai pas été en état de payer. Cela peut être conforme à la loi, je ne le conteste point ; mais il y a quelquefois des lois injustes, et on les abroge ; il y en a aussi de trop sévères, et la puissance législatrice peut dispenser de leur exécution. J'ose dire que celle qui me condamne est à la fois injuste en elle-même et trop sévère envers moi. Je n'ai jamais offensé personne dans le lieu où je vis, et je défie mes ennemis, si j'en ai quelques-uns, de pouvoir prouver que j'ai fait le moindre tort à un homme, à une femme, à un enfant. Permettez-moi d'oublier un moment que la loi existe, alors je ne conçois pas quel peut être mon crime ; j'ai mis cinq beaux enfants au monde, au péril de ma vie, je les ai nourris de mon lait, je les ai soutenus de mon travail ; et j'aurais fait davantage pour eux, si je n'avais pas payé des amendes qui m'en ont ôté les moyens. Est-ce un crime d'augmenter les sujets de Sa Majesté dans une nouvelle contrée qui manque d'habitants ? Je n'ai enlevé aucun mari à sa femme, ni débauché aucun jeune homme ; jamais on ne m'a accusée de ces procédés coupables, et si quelqu'un se plaint de moi, ce ne peut être que le ministre à qui je n'ai point payé de droits de mariage. Mais est-ce ma faute ? J'en appelle à vous, Messieurs ; vous me supposez sûrement assez de bon sens pour être persuadés que je préférerais l'honorable état de femme à la condition honteuse dans laquelle j'ai vécu jusqu'à présent. J'ai toujours désiré et je désire encore de me marier, et je ne crains point de dire que j'aurais la bonne conduite, l'industrie et l'économie convenables à une femme, comme j'en ai la fécondité. Je défie qui que ce soit de dire que j'aie refusé de m'engager dans cet état. Je consentis à la première et seule proposition qui m'en ait été faite ; j'étais vierge encore ; j'eus la simplicité de confier mon honneur à un homme qui n'en avait point ; il me fit mon premier enfant et m'abandonna. Cet homme, vous le connaissez tous : il est actuellement magistrat

1. **Grosse :** enceinte.
2. **Du sexe :** de sexe féminin.

comme vous et s'assied à vos côtés ; j'avais espéré qu'il paraîtrait aujourd'hui au tribunal et qu'il aurait intéressé votre pitié en ma faveur, en faveur d'une malheureuse qui ne l'est que par lui ; alors j'aurais été incapable de l'exposer à rougir en rappelant ce qui s'est passé entre nous. Ai-je tort de me plaindre aujourd'hui de l'injustice des lois ? La première cause de mes égarements, mon séducteur, est élevé au pouvoir et aux honneurs par ce même gouvernement qui punit mes malheurs par le fouet et par l'infamie. On me répondra que j'ai transgressé les préceptes de la religion ; si mon offense est contre Dieu, laissez-lui le soin de m'en punir ; vous m'avez déjà exclue de la communion de l'église, cela ne suffit-il pas ? Pourquoi au supplice de l'enfer, que vous croyez m'attendre dans l'autre monde, ajoutez-vous dans celui-ci les amendes et le fouet ? Pardonnez, Messieurs, ces réflexions ; je ne suis point un théologien, mais j'ai peine à croire que ce me soit un grand crime d'avoir donné le jour à de beaux enfants que Dieu a doués d'âmes immortelles et qui l'adorent. Si vous faites des lois qui changent la nature des actions et en font des crimes, faites-en contre les célibataires dont le nombre augmente tous les jours, qui portent la séduction et l'opprobre[3] dans les familles, qui trompent les jeunes filles comme je l'ai été, et qui les forcent à vivre dans l'état honteux dans lequel je vis au milieu d'une société qui les repousse et qui les méprise. Ce sont eux qui troublent la tranquillité publique ; voilà des crimes qui méritent plus que le mien l'animadversion[4] des lois. »

Ce discours singulier produisit l'effet qu'en attendait Miss Baker ; ses juges lui remirent[5] l'amende et la peine qui en tient lieu. Son séducteur, instruit de ce qui s'était passé, sentit le remords de sa première conduite : il voulut la réparer ; deux jours après, il épousa Miss Baker, et fit une honnête femme de celle dont cinq ans auparavant il avait fait une fille publique.

A. Et ce n'est pas là un conte de votre invention ?

B. Non.

3. **Opprobre :** honte.
4. **Animadversion :** blâme, réprobation.
5. **Lui remirent :** lui firent grâce (de).

Questions

1. Reformulez les éléments de l'histoire et de la situation de communication* : où se passe l'action ? Pour quelle raison Polly Baker est-elle jugée ? Dans quel but s'adresse-t-elle aux magistrats ?
2. Dégagez les différentes étapes de la plaidoirie* de Polly Baker et attardez-vous sur chacune des parties :
   - l'exorde* : par quels moyens Polly Baker s'attire-t-elle la bienveillance des juges ?
   - la narration des faits* : observez le rythme* et la construction des phrases. En quoi cette narration est-elle à la fois simple et efficace ?
   - la confirmation* : relevez les questions rhétoriques*. Quelle réponse est apportée à chacune ? Quel argument*, selon vous, met particulièrement en évidence l'injustice de la situation ? Repérez l'objection* que Polly Baker reprend à son compte. Comment la réfute-t-elle ?

– la péroraison* : que pensez-vous de cette condamnation des célibataires ? Quel effet final Diderot a-t-il voulu produire ?

3. Pour « une fille malheureuse et pauvre » (l. 8), Polly Baker ne manque ni de courage ni d'éloquence*. Commentez l'emploi des verbes d'énonciation (« j'ose », « je défie ») et relevez des procédés rhétoriques (figures de style, effets de rythme…).

4. En quoi le discours de Polly Baker est-il porteur des valeurs* morales et politiques des Lumières* ?

5. **Exercice d'écriture.** « Nous parlerons contre les lois insensées jusqu'à ce qu'on les réforme », dit B dans le *Supplément au voyage de Bougainville*. À votre tour, attaquez une loi qui vous paraît insensée ou défendez une loi qui vous paraît mise à mal aujourd'hui.
Vous organiserez votre discours* en quatre parties (exorde*, narration*, confirmation*, péroraison*) en faisant apparaître deux objections* que vous réfuterez. Vous mobiliserez questions oratoires*, antithèses* et rythmes* binaires ou ternaires.

Aide à l'écriture

Pour construire un discours à visée argumentative à la manière des Anciens, il convient d'enchaîner quatre parties :

– **l'exorde*** : c'est l'entrée en matière dans laquelle l'orateur* capte l'attention du public et fait clairement apparaître l'enjeu du discours* et éventuellement ses principales articulations. Il permet à celui qui parle de justifier sa prise de parole en déployant ses qualités (honnêteté, compétence, modestie) pour s'assurer la bienveillance de l'auditoire. Il mobilise donc l'*ethos**. L'exorde peut se faire sans préliminaires (*ex abrupto*). Ex. La *Première Catilinaire* de Cicéron dans *Les grands discours qui font l'Histoire*.

– **la narration*** : c'est l'exposé des faits sur lesquels l'orateur s'appuie pour établir la conviction*. Il doit être clair, bref et paraître objectif* : il est centré sur le *logos**.

– **la confirmation*** et **la réfutation*** : c'est la partie (plus démonstrative) dans laquelle l'orateur enchaîne méthodiquement ses arguments* et réfute* ceux de l'adversaire ou anticipe d'éventuelles objections*.

– **la péroraison*** : c'est la dernière partie dans laquelle l'orateur doit emporter l'adhésion de son public. Elle est donc particulièrement soignée. Elle peut être un résumé, un appel au *pathos** (pitié, indignation…) ; elle amplifie en général le propos et recourt de manière plus appuyée aux ressources de l'*élocution**.

La rhétorique* classique distingue également trois niveaux de style selon le sujet que l'on traite et l'effet que l'on veut produire sur l'auditoire :

– le style élevé* qui convient aux sujets graves, propre à exprimer le pathos ;

– le style moyen* qui est utilisé pour exposer et expliquer ;

– le style bas ou simple* qui est utilisé pour détendre le public (humour, anecdote).

Elle conseille de les varier à l'intérieur du discours pour ne pas lasser l'auditoire.

Parcours d'une œuvre intégrale

Bertolt Brecht, « *La Femme juive* », tableau 9, *Grand-peur et misère du IIIe Reich*, 1945, L'Arche Éditeur.

Bertolt Brecht (1898-1956).

Déchu de sa nationalité allemande, Bertolt Brecht écrit *Grand-peur et misère du IIIe Reich* en exil, au moment où ses œuvres font l'objet en Allemagne d'un véritable autodafé. Composée à partir de coupures de presse et de témoignages sur la vie quotidienne sous la dictature hitlérienne, la pièce est constituée de 24 tableaux ou scènes qui montrent comment la peur s'est répandue dans toutes les couches de la société allemande.

Dans le tableau 9, intitulé « La Femme juive », il est fait allusion aux lois de Nuremberg, législation antisémite qui interdisait, entre autres discriminations, le mariage entre Juifs et citoyens de sang allemand ou apparenté.

Sur le plan scénique, c'est une des toutes premières pièces à porter sur un plateau de théâtre une conversation téléphonique.

Voici venir dans l'amalgame
Ceux auxquels il a pris leur femme,
Conjoints à présent d'une Aryenne.
À quoi bon maudire et gémir ?
À la race ils osaient faillir,
Lui, dans la race il les ramène.

Francfort, 1935. C'est le soir. Une femme fait ses malles. Elle trie ce qu'elle va emporter. Parfois, elle reprend dans la malle quelque chose qu'elle remet en place dans la chambre, pour pouvoir emporter autre chose. Elle hésite longuement à emporter une grande photographie de son mari sur la commode. Puis elle la laisse. Fatiguée, elle s'assoit un instant sur la malle, la tête dans les mains. Elle se lève et téléphone.

Texte 1

La femme. – C'est moi, Judith Keith. C'est vous Docteur ?... Bonsoir. Je vous appelais pour vous dire de chercher un quatrième au bridge, je pars en voyage... Non, pas pour très longtemps, disons tout de même pour quelques semaines... Je vais à Amsterdam... Oui, le printemps doit être beau là-bas... J'ai des amis... Non, au pluriel, quand encore vous ne le croiriez pas... Comment allez-vous faire pour jouer au bridge ?... Mais cela fait deux semaines de suite que nous ne jouons pas... Oui, bien sûr, d'ailleurs Fritz également était grippé. Il est vraiment impossible de bridger par ces grands froids, c'est ce que j'ai toujours dit !... Mais non, Docteur, comment pourrais-je ?... La dernière fois Thécla avait la visite de sa mère... Je sais... Pourquoi aurais-je pensé une chose pareille ?... Non, ce n'est pas si soudain, je le remettais depuis longtemps, mais maintenant il faut… Oui, cette sortie au cinéma, n'en parlons plus, bonjour à Thécla… Vous pourriez peut-être lui téléphoner un dimanche… Alors, au revoir !… Oui, bien sûr, avec plaisir !… Au revoir !

Elle raccroche et compose un autre numéro. […]

Anna ? C'est Judith, tu sais, je pars aujourd'hui… Non, il le faut, ça devient trop difficile… Trop difficile !… Oui, non, ce n'est pas Fritz qui veut, il ne sait encore rien, j'ai simplement fait mes bagages… Je ne crois pas… Je ne crois pas qu'il en dise grand-chose… Simplement, c'est devenu trop difficile pour lui, c'est évident… Nous n'en avons pas parlé… Nous n'en parlons jamais, absolument jamais !… Non, il n'a pas changé, au contraire… Je voulais que vous vous occupiez un peu de lui, les premiers temps… Oui, le dimanche en particulier, et conseillez-lui de déménager… L'appartement est trop grand pour lui… Je serais bien passée te dire au revoir, mais tu sais, le concierge !… Au revoir, non, ne viens pas à la gare, en aucun cas !… Au revoir, j'écrirai… Certainement.

Questions

1. Quelles informations apprenons-nous au fil de ces deux conversations sur la situation de Judith ? Comment annonce-t-elle au docteur et à Anna la nouvelle de son départ ? Soulignez que l'on passe d'un discours mondain à des confessions plus intimes.
2. Relevez les répétitions et les oppositions dans la conversation avec Anna : que traduisent-elles de l'état d'esprit de Judith ? Quels éléments témoignent de la peur face à la dictature hitlérienne ? Montrez que celle-ci s'est immiscée jusque dans l'intimité du couple. Quels sont les indices, dès la conversation avec le docteur, qui révèlent une dégradation dans les rapports sociaux et amicaux ?
3. Commentez l'exergue* poétique. Quelle tonalité confère-t-il à l'ouverture de la scène ?
4. **Exercice d'invention et de mise en voix par binôme.** Comblez les points de suspension et imaginez les réponses du docteur et d'Anna, en veillant à la cohérence et à la fluidité de l'ensemble puis jouez la scène devant la classe.
Avez-vous eu des difficultés à imaginer les ellipses* du discours ? Pourquoi ?.

Texte 2

Elle raccroche et ne compose plus d'autre numéro. Elle a fumé. Elle brûle le carnet où elle a cherché ses numéros de téléphone. Elle se promène de long en large. Puis elle commence à parler, elle répète le petit discours qu'elle compte tenir à son mari. On doit voir sur quelle chaise il est supposé être assis.

Oui, je pars, Fritz. Je suis peut-être restée trop longtemps déjà, tu dois m'en excuser, mais…

Elle s'arrête, réfléchit, et recommence autrement.

Fritz, il ne faut plus me retenir, tu ne peux pas… Il est évident que je te fais du tort, je sais, tu n'es pas un poltron, tu ne crains pas la police, mais il y a pire. Ils ne te mettront pas dans un camp, mais demain, ou après, ils t'empêcheront d'aller à la clinique, tu ne diras rien, mais tu tomberas malade. Je ne veux pas te voir ici, dans un fauteuil, passant ton temps à feuilleter des revues, c'est pur égoïsme de ma part, si je m'en vais, rien d'autre. Ne dis rien…

Elle s'arrête de nouveau et recommence tout. […]

Oui, je fais mes bagages. Ne fais pas comme si tu ne t'étais aperçu de rien ces derniers jours. Fritz, j'admets tout, sauf une chose, que nous ne nous regardions pas en face pendant la dernière heure qui nous reste. Ils n'ont pas le droit d'obtenir cela de nous, ces menteurs qui contraignent tout le monde au mensonge. Une fois, il y a dix ans, quelqu'un avait fait la réflexion que je n'avais pas le type juif, tu avais dit aussitôt : si, elle l'a. Et cela me plaisait. C'était clair. Aujourd'hui, pourquoi tergiverser ? Je fais mes bagages, parce que, sinon ils ne te laisseront plus médecin-chef. Et parce que déjà, dans ta clinique, ils ne te saluent plus, parce que, déjà la nuit, tu n'arrives plus à dormir. Je ne veux pas que tu me dises que je ne dois pas partir. Et je fais vite, pour ne pas t'entendre me dire que je dois partir. C'est une question de temps. Le caractère, c'est une question de temps. Ça dure plus ou moins, comme les gants. Il y en a de bons, qui tiennent longtemps. Mais ils ne tiennent pas éternellement. D'ailleurs, je ne suis pas en colère. Si, je le suis. Pourquoi dirais-je toujours amen ? Qu'est-ce qu'il y a de mal dans la forme de mon nez et dans la couleur de mes cheveux ? Je dois quitter cette ville, où je suis née, pour qu'ils n'aient pas à me donner ma ration de beurre. Quels hommes vous êtes, oui, toi aussi ! Vous inventez la théorie des quanta et vous vous laissez commander par des brutes qui vous donnent le monde à conquérir, mais qui vous retirent le droit de choisir votre femme. […] Et ne dis pas que tu m'enverras de l'argent, tu sais bien que tu ne le pourras pas. Et ne fais pas non plus comme si c'était seulement pour trois semaines. Tu le sais et je le sais aussi. Alors, ne dis pas : en somme, c'est l'affaire de quelques semaines, en me donnant le manteau de fourrure dont je n'aurai besoin que l'autre hiver. Et ne disons pas que c'est un malheur. Disons que c'est une honte. Oh Fritz !

Questions

1. Quels sont les effets du régime nazi sur la vie professionnelle et personnelle des individus ?
2. Observez la ponctuation : montrez comment, au fil de ses « répétitions », Judith passe par des sentiments contrastés et contradictoires. Quel sentiment domine à la fin ?
3. Relevez les impératifs* à la forme négative : qu'attend Judith de son mari ?

Texte 3

Elle s'arrête. On entend une porte. Elle s'arrange en hâte. Entre son mari.

Le mari. — Qu'est-ce que tu fais ? Tu ranges ?

La femme. — Non.

Le mari. — Pourquoi ces bagages ?

La femme. — Je veux m'en aller.

Le mari. — Qu'est-ce que cela veut dire ?

La femme. — Nous l'avons déjà envisagé, que je partirais pour quelque temps. Ce n'est pas très agréable ici.

Le mari. — Mais c'est absurde.

La femme. — Alors, je reste ?

Le mari. — Où veux-tu aller ?

La femme. — À Amsterdam. Simplement pour partir d'ici.

Le mari. — Mais tu ne connais personne là-bas.

La femme. — Non.

Le mari. — Pourquoi veux-tu partir d'ici ? Si c'est à cause de moi, tu n'as aucune raison.

La femme. — Non.

Le mari. — Tu sais bien que je n'ai pas changé, tu le sais, Judith ?

La femme. — Oui.

Il la prend dans ses bras. Ils restent silencieux, debout, au milieu des bagages.

Le mari. — Et tu n'as pas d'autre raison ?

La femme. — Tu le sais bien.

Le mari. — Ce n'est peut-être pas si bête. Tu as besoin de respirer un peu. Ici on étouffe. J'irai te chercher. Dès que j'aurai passé la frontière, je me sentirai déjà mieux.

La femme. — Oui, c'est ce que tu devrais faire.

Le mari. — Ça ne durera plus longtemps ici. D'une façon ou d'une autre, ça va changer. C'est comme une inflammation, ça élance… Mais vraiment quel malheur !

La femme. — Sûrement. Tu as vu Schoek ?

Le mari. — Oui, c'est-à-dire, dans l'escalier. Je crois qu'il déplore déjà qu'on nous ait humiliés. Il était visiblement confus. À la longue, ils ne pourront pas nous mépriser à ce point, nous, le bétail intellectuel. Ce n'est pas avec des carcasses sans colonne vertébrale qu'ils peuvent faire la guerre. Les gens ne s'esquivent pas si facilement, quand on les regarde en face. À quelle heure est ton train ?

La femme. — Neuf heures quinze.

Le mari. — Et où devrai-je t'envoyer l'argent ?

La femme. — Peut-être poste restante, à Amsterdam.

Le mari. — Je me ferai délivrer une autorisation exceptionnelle. Que diable, je ne peux pourtant pas envoyer ma femme vivre à l'étranger avec dix marks par mois ! Saloperie que tout cela ! Je me sens affreusement déprimé.

La femme. — Si tu viens me chercher, cela te fera du bien.

Le mari. — Lire une fois un journal où il y ait quelque chose.

La femme. — J'ai téléphoné à Gertrude. Elle viendra te voir.

Le mari. — Tout à fait superflu. Pour quelques semaines.

La femme *(qui a recommencé à faire ses bagages)*. — Passe-moi maintenant le manteau de fourrure, veux-tu ?

Le mari *(le lui donne)*. — En somme, c'est l'affaire de quelques semaines.

Questions

1. Relisez les dernières phrases du monologue* de la femme (page 220, l. 29-34). Confrontez maintenant ses propos et son attitude avec ceux qu'elle adopte dans le dialogue* avec son mari. Quels changements observez-vous ?
2. Caractérisez* les réactions du mari. Commentez en particulier l'enchaînement des deux phrases : « Les gens ne s'esquivent pas si facilement quand on les regarde en face. À quelle heure est ton train ? » (l. 32-33). Comment interprétez-vous son attitude ? Est-elle conforme à celle qu'avait imaginée la femme ?
3. Commentez la dernière didascalie* et la dernière réplique*. Sur quelle tonalité s'achève la pièce ?
4. Que veut dénoncer Brecht à travers « La Femme juive » ? En quoi les paroles des personnages*, telles qu'elles se succèdent (propos de la femme au téléphone / répliques* imaginées de la femme/dialogue* entre la femme et le mari), renforcent-elles sa critique ? Les personnages* sont-ils victimes ou complices du système qui les opprime ? Pourquoi ?
5. **Exercice d'écriture.** Dans *Écrits sur la politique et la société*, Brecht écrit : « Les uns avaient des quantités d'armes et ils s'en servaient, les autres n'avaient que l'arme de la raison, et ne l'utilisaient pas. » Dans deux paragraphes argumentés, expliquez cette phrase et montrez en quoi elle peut s'appliquer à « La Femme juive ».

Pour conclure

Débat oral. L'art du discours* libère-t-il les hommes ou contribue-t-il à les asservir ?
Par groupes, trouvez des arguments* et des exemples* qui illustrent chacun des termes de l'alternative* en vous appuyant sur les textes de la séquence puis définissez les caractéristiques et les conditions d'une éloquence* au service de l'homme.

BILAN

◎ *L'art oratoire*

GENRES

Dans la rhétorique classique, les discours prononcés en public sont répartis en trois genres.

1. **Le genre judiciaire** est très présent dans la tragédie* et dans le roman* (scènes de prétoire et de procès). Les personnages* évoquent des faits passés et sont amenés à se justifier, à accuser ou à se disculper : dans *Supplément au voyage de Bougainville*, Polly Baker adresse à ses juges un plaidoyer* pour se défendre des fautes dont on l'accuse.

2. **Le genre délibératif** consiste en l'examen d'opinions* souvent contradictoires dont la confrontation débouche sur la formulation du meilleur choix possible pour l'avenir. Ce type de discours est très présent dans la tragédie* et notamment dans le monologue délibératif* au cours duquel le héros*, confronté à un dilemme*, pèse le pour et le contre et s'efforce de résoudre le conflit qui le déchire. Ainsi, Titus s'exhorte à renoncer à Bérénice et à accomplir ses devoirs d'Empereur.

3. **Le genre démonstratif** ou épidictique, qui se déploie essentiellement au présent, consiste en un éloge* ou un blâme* d'une personne, d'une opinion ou d'une œuvre d'art. Il est très présent dans la poésie lyrique* et dans tout type d'énoncé de célébration ou de condamnation. Il s'appuie le plus souvent sur un lexique valorisant* ou dévalorisant* et sur des figures de style appropriées : images*, hyperboles* et périphrases* ou antithèses*, antiphrases* et ironie*. Dans sa tirade*, Tartuffe alterne l'éloge et le blâme pour tenter de séduire Elmire.

L'art oratoire traverse donc tous les genres littéraires.

PROCÉDÉS MIS EN ŒUVRE

Expression de l'intime et des sentiments ou tribune pour faire triompher des idées, le discours combine la raison et les passions pour **convaincre*** et **persuader***.

- S'il veut **convaincre**, l'orateur privilégie les différents types de raisonnement* (*inductif*, *déductif*, *par analogie*, par l'*absurde*) et des arguments* liés à la logique, aux valeurs*, à l'expérience.
- S'il veut **persuader** son auditoire et agir sur sa sensibilité, l'orateur fait appel à l'émotion et mobilise les registres* lyrique*, pathétique*, polémique* notamment.

Rythme de la phrase

Dans l'entreprise de persuasion, outre les nombreuses figures de style déjà évoquées, le travail sur le rythme de la phrase, sur les relations entre les propositions est primordial.

- Ainsi, **l'absence de mot de liaison entre les propositions** (asyndète*) produit des phrases plus proches de l'oral et traduit la rapidité ou l'intensité : « j'ai mis cinq beaux enfants au monde, au péril de ma vie, je les ai nourris de mon lait, je les ai soutenus de mon travail » (**Diderot**).
- Le **rythme de la phrase,** selon qu'il est **binaire*** (deux groupes de longueur équivalente), **ternaire*** (trois groupes de longueur équivalente) ou **croissant*** (membres de phrase de plus en plus longs) peut produire des effets très marqués et très variés :
  - Le rythme croissant des phrases (6/6/12) dans les premiers vers de Titus (« Tes adieux sont-ils prêts ? T'es-tu bien consulté ?/Ton cœur te promet-il assez de cruauté ? ») souligne la montée de l'indignation et de la tension intérieure.
  - En revanche, dans la déclaration de Rodolphe, l'enchaînement des rythmes ternaires renvoie au caractère convenu et pompeux d'un certain discours amoureux : « Car on ne lutte pas contre le ciel, on ne résiste point au sourire des anges ! on se laisse entraîner par ce qui est beau, charmant, adorable ! » (**Flaubert**).

Ces effets de rythme, au service de l'éloquence oratoire*, sont particulièrement visibles dans la période*. Celle-ci est une phrase longue – voire très longue – composée de membres variés dans laquelle les effets de symétrie et de redoublement produisent des cadences* amples et harmonieuses. Par exemple, dans l'extrait de *L'Été 1914*, le rythme régulier des deux phrases de **Roger Martin du Gard** suggère le mouvement d'électrisation qui s'empare de la foule : « Sa pensée était simple ; son vocabulaire, assez restreint ; ses effets, souvent, de la plus courante démagogie. Pourtant ces banalités généreuses faisaient passer à travers cette masse humaine à laquelle Jacques appartenait ce soir, un courant de haute tension qui la faisait osciller au commandement de l'orateur, frémir de fraternité ou de colère, d'indignation ou d'espoir, frémir comme une harpe au vent. » Après le rythme ternaire croissant de la première phrase, la seconde phrase s'amplifie, portée par le groupement ternaire* « osciller »/ « frémir »/ « frémir » et les groupements binaires* redoublés « de fraternité ou de colère »/ « d'indignation ou d'espoir ».

À ces effets de rythme se combinent des effets sonores*, assonances* en [ã] et allitérations* en [f] et [r], particulièrement évocateurs de cette onde de choc exercée par Jaurès. La période se prête donc au style oratoire* et contribue notamment aux registres* lyrique*, épique* et tragique*.

◗ Histoire littéraire

Dans la mesure où il met en scène* la parole, le théâtre* est le genre* où l'art oratoire* trouve son expression la plus variée, comme en témoignent le monologue* de Titus ou la tirade* de Tartuffe. Très appréciés au XVIIe siècle où ils sont même applaudis, ces longs monologues et ces tirades sont attaqués au XVIIIe car on estime qu'ils nuisent à la vérité du dialogue* et à la progression de l'action*. Ils constituent en tout cas pour le comédien qui les déclame une véritable performance.

Il est plus rare de trouver dans le théâtre du XXe et dans le théâtre contemporain une éloquence* aussi maîtrisée que dans le théâtre classique ou romantique et des discours construits selon les règles de la rhétorique antique. Soit la parole théâtrale s'essouffle et devient bribes soit elle se déploie dans un flux ininterrompu sans logique apparente. Dans un monde ravagé par les malheurs de l'Histoire, on ne croit plus aux vertus de la raison et du discours : les individus ne parviennent plus à communiquer, comme dans « La femme juive » ou se murent progressivement dans l'illogisme ou le silence comme les personnages de Ionesco.

VERS LE BAC

Honoré de Balzac, *Le Père Goriot*, 1834-1835.

Dans le jardin de la pension Vauquer où ils logent tous les deux dans des conditions très médiocres, Vautrin, le bagnard évadé, livre au jeune provincial Rastignac sa vision de la société.

Voilà le carrefour de la vie, jeune homme, choisissez. Vous avez déjà choisi : vous êtes allé chez notre cousin de Beauséant, et vous y avez flairé le luxe. Vous êtes allé chez madame de Restaud, la fille du père Goriot, et vous y avez flairé la Parisienne. Ce jour-là, vous êtes revenu avec un mot sur votre front, et que j'ai bien su lire : *Parvenir* ! Parvenir à tout prix. Bravo ! ai-je dit, voilà un gaillard qui me va. Il vous a fallu de l'argent. Où en prendre ? Vous avez saigné vos sœurs. Tous les frères *flouent* plus ou moins leurs sœurs. Vos quinze cents francs arrachés, Dieu sait comme !

dans un pays où l'on trouve plus de châtaignes que de pièces de cent sous, vont filer comme des soldats à la maraude[1]. Après, que ferez-vous ? Vous travaillerez ? Le travail, compris comme vous le comprenez en ce moment, donne, dans les vieux jours, un appartement chez Maman Vauquer[2] à des gars de la force de Poiret[3]. Une rapide fortune est le problème que se proposent de résoudre en ce moment cinquante mille jeunes gens qui se trouvent tous dans votre position. Vous êtes une unité de ce nombre-là. Jugez des efforts que vous avez à faire et de l'acharnement du combat. Il faut vous manger les uns les autres comme des araignées dans un pot, attendu qu'il n'y a pas cinquante mille bonnes places. Savez-vous comment on fait son chemin ici ? Par l'éclat du génie ou par l'adresse de la corruption. Il faut entrer dans cette masse d'hommes comme un boulet de canon, ou s'y glisser comme une peste. L'honnêteté ne sert à rien.

1. **Maraude** : vol de denrées (fruits, légumes, volailles…) dans les fermes et dans les jardins, commis par des soldats en campagne.
2. **Maman Vauquer** : allusion ironique à Madame Vauquer qui tient la pension où logent Vautrin et Rastignac.
3. **Poiret** : petit fonctionnaire sans envergure.

Lecture (9 points)

1. Analysez la situation d'énonciation (pronoms mais aussi modes et temps) et caractérisez la relation qu'instaure Vautrin avec Rastignac tout au long de son discours. (3 pts)
2. Quelle est la leçon donnée par Vautrin ? Par quels arguments la justifie-t-il ? (3 pts)
3. a. Étudiez l'éloquence de Vautrin (images, rythme des phrases, registre de langue…).
   b. En quoi est-elle particulièrement adaptée au jeune homme ? (3 pts)

Écriture d'invention (11 points)

Sujet. Stupéfié par le discours de Vautrin, Rastignac ne répond pas. Mais rentré chez lui, il décide d'écrire à l'ancien bagnard pour lui faire part de ses réactions (hostiles ou bienveillantes).

▸ Vous mobiliserez les arguments et le ou les registre(s) adaptés à la situation que vous aurez imaginée. Votre texte comportera 25 lignes environ.

Séquence 12

La scène contemporaine

Une tribune dans la cité

Chacun a sa place dans ce théâtre et ce théâtre a sa place dans la cité.
Jean Vilar, « À propos du Théâtre National Populaire »,
L'Express, 1er février 1963.

Le théâtre est un champ de forces, très petit, mais où se joue toujours toute l'histoire de la société, et qui, malgré son exiguïté, sert de modèle à la vie des gens, spectateurs ou pas. Laboratoire des conduites humaines, conservatoire des gestes et des voix, lieu d'expérience pour de nouveaux gestes, de nouvelles façons de dire [...] pour que change l'homme ordinaire, qui sait ?
Antoine Vitez, *Art du Théâtre N° 1, éditorial,*
Actes Sud/Théâtre National de Chaillot, 1985.

Objectifs du référentiel

1.1 Écrire pour soi et pour les autres
- 1.1-3 Rédiger un discours argumentatif, prendre en compte la thèse adverse, énoncer un point de vue, le soutenir par des arguments, conclure
- 1.1-4 Pratiquer l'écriture d'invention
- 1.1-5 Respecter les codes de la langue écrite, utiliser des procédés stylistiques

1.2 Échanger à l'oral : s'exprimer, écouter, réagir
- 1.2-1 Mettre en voix
- 1.2-2 Reformuler, exposer, débattre
- 1.2-3 Exprimer un point de vue nuancé

1.3 Devenir un lecteur actif et critique
- 1.3-1 Mettre des œuvres en relation avec leur contexte historique
- 1.3-4 S'interroger, à partir de textes, d'œuvres, sur soi-même et son rapport au monde

Théâtre du Soleil, *1789*, mise en scène d'Ariane Mnouchkine, 1970.

Prélude

I – Décrire et comparer des images

1. Observez les différents lieux théâtraux présentés pages 227 à 229 ; comparez, en particulier, les scènes sur lesquelles se produisent les comédiens. Que nous dit l'espace théâtral sur les conditions de représentation du texte de théâtre et sur la relation des acteurs et des spectateurs ?
2. Complétez vos remarques sur le lieu et le jeu au théâtre en consultant les sites officiels suivants :
   - Théâtre du globe : http://www.shakespearesglobe.com
   - Comédie française : http://www.comedie-francaise.fr
   - Théâtre du soleil : http://www.theatre-du-soleil.fr
   - Festival d'Avignon : http://www.festival-avignon.com

Théâtre grec. A. Degaine, *Histoire dessinée du théâtre*, Nizet.

De grandes fêtes célébrées en l'honneur de Dionysos, dieu du vin et de l'inspiration poétique, sont à l'origine du **théâtre grec**. Les festivités durent plusieurs jours et commencent par une procession où l'on porte la statue du dieu du temple au théâtre.

À partir de 534 av. J.-C., les Dionysies sont l'occasion de célébrer les légendes et les mythes qui fondent la démocratie athénienne. Le théâtre a pour but de divertir mais aussi d'instruire les citoyens en mettant en scène les valeurs morales de la cité.

L'hémicycle, adossé à une colline, est constitué de **gradins** de places assises. On distingue :
- **l'orchestre**, espace circulaire où évolue le chœur et qui accueille la statue de Dionysos après la procession qui l'amène de son temple au théâtre ;
- **la scène**, édifice rectangulaire devant lequel jouent les acteurs.

Théâtre romain. A. Degaine, *Histoire dessinée du théâtre*, Nizet.

Le théâtre romain prend modèle sur le théâtre grec. Plus vaste, il est construit en ville. **L'orchestre**, en demi-cercle, accueille quelques spectateurs privilégiés.
Les acteurs jouent davantage sur l'avant de **la scène**, élargi pour leur laisser plus de place.

Théâtre médiéval. A. Degaine, *Histoire dessinée du théâtre*, Nizet.

Au Moyen Âge, le théâtre naît dans l'église où l'on représente la vie et la passion du Christ, d'abord dans la nef puis sur le parvis et en différents points de la ville où parvient et d'où repart une procession.
Des éléments profanes sont progressivement introduits dans le drame liturgique (miracles et mystères) pour plaire au public (jeu et farce).

Théâtre anglais. A. Degaine, *Histoire dessinée du théâtre*, Nizet.

À partir de la fin du XVe siècle, en Angleterre, on construit les premiers théâtres en bois dans les cours d'auberge. Les acteurs jouent sur **la scène** avancée. D'autres scènes sont jouées au balcon au-dessus de la scène et en arrière-scène.

Le théâtre à l'italienne, imaginé à partir du XVIe siècle, est un édifice rectangulaire divisé en deux parties distinctes, la **scène** et la **salle** séparées par un **rideau** et un **cadre de scène**.
Les spectateurs se répartissent au parterre et sur plusieurs étages. Des balcons, loges et baignoires introduisent une hiérarchie économique et sociale.
Au XVIIe siècle, des spectateurs privilégiés sont assis sur les côtés de la scène.

Théâtre à l'italienne. A. Degaine, *Histoire dessinée du théâtre*, Nizet.

II – Observer et analyser une photographie de presse

La vedette de la manifestation parisienne, c'est elle, ce mardi 19 octobre : une grande marionnette blanche représentant la Justice, surplombant la foule du haut de son palanquin de bambou. Elle a été conçue par le Théâtre du Soleil d'Ariane Mnouchkine, qui, depuis le 23 septembre, est de toutes les manifestations [...].

Le Théâtre du Soleil pendant la manifestation du 19 octobre 2010, *La Justice et les corbeaux.*

D'emblée, la directrice du Soleil et sa troupe ont estimé qu'il leur fallait manifester « avec les moyens du théâtre. Parce que c'est justement son rôle, d'incarner du sens, de donner une forme à des rituels qui peuvent être un peu fatigués ». « Et puis nous voulions partager cette inquiétude à notre façon, en apportant de la joie, de l'émotion, de l'enthousiasme, et accompagner cette énergie d'un pays qui se réveille », précise-t-elle. [...]

Et puis il y a cette grande effigie qui survole la foule. Mnouchkine et son équipe ont sculpté sa tête d'après le tableau de Pierre-Paul Prud'hon *La Justice et la Vengeance divine poursuivant le crime.* Animée par des membres du Soleil au bout de longues tiges de bambou, la marionnette provoque tout au long du défilé une émotion palpable, surtout quand la troupe s'arrête pour jouer la scène, qui remporte un succès fou, de son attaque par de grands corbeaux noirs.

Fabienne Darge, *Le Monde,* 21 octobre 2010.

1. **Lecture d'image.** Décrivez cette photographie et commentez-la.
2. **Recherche.** Définissez les termes *palanquin, troupe, effigie, allégorie* puis documentez-vous sur le tableau de Pierre Paul Prud'hon, *La Justice et la Vengeance divine poursuivant le Crime* (Musée de l'hôtel Sandelin, Saint-Omer).
3. Lisez l'article ci-dessus et complétez vos réponses : qui manipule la marionnette ? Quel message* cette marionnette livre-t-elle ?
4. Manifestation et théâtre : dans quelle mesure peut-on comparer ces deux moyens d'expression ?

Ce que nous avons vu

L'espace théâtral réunit en un même lieu comédiens et spectateurs et les convie à partager, à travers la fiction, une certaine représentation du monde, une représentation codée, invitant le public à réfléchir, à s'investir. C'est dans ce jeu perpétuel entre l'illusion de la réalité et la réalité du spectacle qu'opère la magie du théâtre. [...]

Aller au théâtre, c'est, bien sûr, depuis des siècles, se rendre dans un lieu prévu à cet effet, avec une salle et une scène, dans un bâtiment qui s'appelle notoirement un théâtre. Mais aller au théâtre, c'est aussi se rendre à un spectacle qui peut avoir lieu dans une rue, sur une plage, sur une place publique, dans un hangar désaffecté, ou dans tout autre espace qui n'est pas conçu pour qu'un spectacle y soit joué. Le lieu théâtral peut donc être matériellement et géographiquement divers ; il varie selon les époques, les modes et les traditions. Mais l'espace théâtral est bien autre chose qu'un lieu, il le dépasse et le donne comme représentatif et imaginaire.

Christian Biet, *Un Lieu de partage,* www.cndp.fr.

Lire, comparer, analyser, écrire

Aide à la lecture

- **Exercice d'écriture.** Rédigez par groupes, en dix lignes environ, un canevas* à partir de la situation suivante : un personnage se déguise et, par ce moyen, force son interlocuteur à lui révéler la vérité.
- **Mise en espace et mise en voix.** Improvisez devant la classe à partir de ce canevas.

Texte 1 Dario Fo, *Mort accidentelle d'un anarchiste*, Dramaturgie Éditions, 1983.

Dario Fo est né en 1926 en Italie. Dramaturge, metteur en scène et acteur engagé, il fonde avec Franca Rame, son épouse, sa propre compagnie théâtrale. Il obtient le prix Nobel de littérature en 1997.

Mort accidentelle d'un anarchiste *s'inspire d'un fait réel : la mort suspecte d'un cheminot, Pinelli, tombé « accidentellement » du quatrième étage de la préfecture de police de Milan. La pièce commence par la comparution d'un fou devant un fonctionnaire de police qui lui reproche de changer perpétuellement d'identité et de profession.*

Plus tard, ce fou se déguise et se fait passer pour un magistrat supérieur venu reprendre à zéro l'enquête sur la mort de Pinelli. En présence du préfet de police lui-même, il procède à une minutieuse reconstitution des faits afin de démonter les arguments des policiers et des juges qui ont conclu l'enquête en assurant que Pinelli s'était suicidé...

LE PRÉFET. — D'accord. Les choses se sont passées à peu près ainsi. Le prévenu se trouvait là, assis exactement où vous êtes. Mon collab... je veux dire, je suis entré avec une certaine violence...

LE FOU. — Bien !

LE PRÉFET. — Et je l'ai attaqué !

LE FOU. — C'est comme cela que je vous aime !

LE PRÉFET. — Mon cher mécanicien, subversif de surcroît... cesse de te moquer de moi...

LE FOU. — Non, s'il vous plaît... Tenez-vous en au texte *(il montre les procès-verbaux.)* Il n'y a pas de censure ici... ce n'est pas ce que vous avez dit.

LE PRÉFET. — Euh... oui, j'ai dit : j'en ai marre que tu cherches à m'entuber !

LE FOU. — Vous vous en êtes tenu à entuber ?

LE PRÉFET. — Oui, sur ma parole.

LE FOU. — Je vous crois, continuez. La fin de votre tirade ?

LE PRÉFET. — Nous avons la preuve que c'est toi qui as déposé les bombes à la gare.

LE FOU. — Quelles bombes ?

Le préfet, *baissant le ton, narratif.* — Je parle de l'attentat du 25…

Le fou. — Non ! répondez dans les mêmes termes que ce soir-là. Imaginez que je suis le cheminot anarchiste. Allez, courage ! Quelles bombes ?

Le préfet. — Ne fais pas l'innocent ! Tu sais très bien de quelles bombes je veux parler : celles que vous avez placées dans des wagons à la gare centrale, il y a huit mois.

Le fou. — En aviez-vous vraiment la preuve ?

Le préfet. — Non, mais comme vous l'expliquait tout à l'heure le commissaire, il s'agissait d'une ruse classique à laquelle nous recourons souvent dans la police.

Le fou. — Ah ! quelles fines gaules… *(il flanque une claque sur l'épaule du préfet de police qui en reste abasourdi.)*

Le préfet. — Nous avions tout de même des soupçons puisque le prévenu était le seul cheminot anarchiste de Milan… il était facile de déduire que c'était lui.

Le fou. — Bien sûr ! C'est une lapalissade, une évidence, dirai-je. Puisque c'est sûrement un cheminot qui a placé les bombes au chemin de fer, nous pouvons en déduire qu'au palais de justice de Rome, c'est un juge qui a placé les autres ; sur le monument au soldat inconnu, c'est un soldat inconnu, et à la banque de l'Agriculture, c'est un banquier ou un agriculteur ou un banquier, au choix. *(Il devient subitement furieux.)* Allons, Messieurs, je suis venu faire une enquête sérieuse et non jouer aux syllogismes absurdes ! Continuons ! Je lis *(Il lit une feuille.)* « L'anarchiste ne semblait pas atteint par l'accusation, il avait un sourire incrédule. » Qui a fait cette déclaration ?

Le commissaire sportif. — C'est moi, Monsieur le juge.

Le fou. — Très bien. Donc, il souriait… Voici un autre commentaire, ce sont vos propres termes… textuellement… cités aussi par le juge qui a classé l'enquête… « L'un des facteurs de la crise suicidaire a été incontestablement la crainte de perdre sa place, d'être licencié ». Quoi ! d'abord le sourire incrédule, et puis tout à coup la peur ?… Qui a chaussé de gros sabots pour lui parler de mise à pied immédiate ?

Le commissaire sportif. — Non, je vous donne ma parole, en ce qui me concerne… je…

Le fou. — Je vous en prie, n'essayez pas de minimiser… Vous n'êtes sûrement pas des virtuoses de l'archet, vous deux… allons donc tous les policiers de la terre y vont au manche de pioche, que c'en est un plaisir. Je ne vois pas pourquoi vous seriez précisément les seuls à prendre des gants. D'ailleurs, c'est bien votre droit ! Il ne manquerait plus que cela !

Le préfet et le commissaire. — Merci, Monsieur le juge.

Le fou. — Pas de quoi. Il arrive toutefois que ce soit dangereux. On dit à un anarchiste « tes affaires vont mal, que dira le directeur des chemins de fer quand nous lui apprendrons que tu es un anarchiste… on te flanquera dehors… congédié ! » Et voilà qu'il perd courage. Un anarchiste, à dire vrai, tient plus qu'à un autre à garder sa place… Au fond ce sont de petits bourgeois… attachés à leurs petites commodités : un salaire fixe à la fin du mois, une prime… le treizième mois, la retraite, la sécurité sociale, une vieillesse sereine… personne ne pense autant à ses vieux jours qu'un anarchiste, vous pouvez m'en croire… Je parle des anarchistes de chez nous, naturellement…

ces pantouflards d'aujourd'hui... Rien à voir avec ceux d'autrefois... l'exil de terre en terre... Vous vous y connaissez... en matière d'exil, Monsieur le préfet ? Oh ! Mais qu'est-ce que je raconte ? Donc, récapitulons. Vous brisez le moral de l'anarchiste, vous le désespérez, et il saute...

LE COMMISSAIRE SPORTIF. — Permettez, Monsieur le juge, honnêtement, ce n'est pas arrivé tout de suite... Il manque mon intervention.

LE FOU. — Ah oui ! Vous avez raison... Il y a eu le fait que vous êtes d'abord sorti, Commissaire, puis rentré ; vous avez pris un temps et vous avez dit... Allez, Commissaire, récitez votre tirade... imaginez toujours que c'est moi l'anarchiste...

LE COMMISSAIRE SPORTIF. — Oui, bien sûr : « Je viens de recevoir un coup de téléphone de Rome... jolie nouvelle pour toi : ton ami, pardon, ton camarade le danseur a tout avoué... C'est lui qui a déposé la bombe à la banque de Milan. »

LE FOU. — Et lui, le cheminot, comment a-t-il pris la chose ?

LE COMMISSAIRE SPORTIF. — Mal, il a pâli... il a demandé une cigarette... il l'a allumée...

LE FOU. — Et il a sauté.

LE PRÉFET. — Non, pas tout de suite... [...]

LE FOU. — Quant à vous, Commissaire, vous avez hurlé que cet homme, de son vivant, était une fripouille, un criminel ! Au bout de deux ou trois semaines, vous avez déclaré, Monsieur le préfet, voici le document, que « naturellement », je dis bien « naturellement », on n'avait aucune preuve matérielle contre le pauvre cheminot. Exact ? Il était donc parfaitement innocent, et vous, Commissaire, vous avez même ajouté ce commentaire : « cet anarchiste était un brave garçon ».

Questions

1. Où se passe la scène ? De quoi s'agit-il ?
2. Qui sont les personnages* en présence ? Ont-ils tous les mêmes informations ?
3. **Intertextualité***. À quel personnage du théâtre le fou vous fait-il penser ?
4. Que sait le spectateur ? Quel plaisir tire-t-il de ce savoir ? Montrez que cette scène de théâtre dans le théâtre a une portée comique et satirique.
5. **Mise en voix et en espace**. Par groupes, faites pour chaque personnage (de *persona*, masque en latin), une fiche de jeu d'acteur en vous demandant ce que verra le spectateur pendant cette scène.

   a. Comment matérialiser l'espace scénique *(décor, objets, éclairage, son)* dans lequel évolue le personnage au milieu des autres ?

   b. À quels éléments d'identité (âge, sexe, etc.) et à quels archétypes (caractérisation* physique et morale du personnage, apparence, langage, opposition ou ressemblance avec les autres, valeurs*) peut-on faire référence ?

   c. Quel jeu de regard, quels gestes, quelles attitudes peut-on imaginer ? Déplacements, contacts physiques avec les autres personnages, mimiques et gestuelle, ton et débit pour chaque réplique, émotions (colère, joie, peur, etc.).

   d. Comment circule la parole (action de la parole sur les autres personnages et impression sur la salle) ?

   Mettez en commun ces travaux.

Texte 2 Heiner Müller, *Mauser*, traduction de Jean Jourdheuil, *in Hamlet-Machine*, Éditions de Minuit, 1979.

Heiner Müller.

Le dramaturge et metteur en scène allemand Heiner Müller (1929-1995) fut président de l'Académie des Arts de Berlin et directeur du Berliner Ensemble, le célèbre théâtre fondé par Bertolt Brecht. Marqué par la guerre et ses trahisons – il a seize ans à la capitulation de l'Allemagne après la Seconde Guerre mondiale, vingt ans à la création de la République démocratique allemande, vingt-quatre ans à la mort de Staline – il est témoin de la chute du mur de Berlin et de la réunification allemande. Il est l'auteur d'une œuvre considérable qui questionne la complexité du monde contemporain. Ses pièces, créées en Allemagne de l'Est et de l'Ouest, sont régulièrement jouées en France depuis les années soixante-dix.

Mauser est le nom de l'une des plus importantes usines d'armement en Europe. Cette courte pièce évoque la révolution bolchevique, ses violences et ses absurdités qui font écho à celles de toutes les révolutions. Un soldat de la révolution, dont la mission consiste à tuer des ennemis de la révolution, ne peut se libérer de l'effroi de tuer qu'en prenant lui-même du plaisir à tuer et à massacrer. Il est donc condamné à mort.
Dans cette pièce, Müller donne la parole à trois protagonistes : le chœur qui représente la révolution et deux exécuteurs officiels, un bourreau A et un bourreau B.

A. — Et j'entendis ma voix dire
Ce matin comme d'autres matins
MORT AUX ENNEMIS DE LA RÉVOLUTION et je vis
Celui qui était moi tuer quelque chose de chair sang
Et autre matière, ne demandant pas coupable ou non coupable
Ni le nom ni si c'était un ennemi
Ou pas un ennemi, et ça ne remuait plus
Mais celui qui était moi ne cessait pas de le tuer.
Il dit :/[chœur] j'ai rejeté mon fardeau
Sur ma nuque les morts ne me pèsent plus
Un homme est quelque chose dans quoi l'on tire
Jusqu'à ce que l'homme se lève des ruines de l'homme.
Et lorsqu'il avait tiré encore et encore
À travers la peau se déchirant, dans la chair
Sanglante, sur les os se brisant, il s'arc-boutait
Des pieds au cadavre.
A. [chœur][1] — Je mets sous ma botte ce que j'ai tué
Je danse sur mon mort d'un pas de danse martelé
Il ne me suffit pas de tuer, ce qui doit mourir

1. A peut être joué par un comédien, seul ou accompagné par un chœur, éventuellement de spectateurs.

Afin que la révolution soit victorieuse et qu'on cesse de tuer
Mais il faut qu'il n'y en ait plus et plus rien
Et que ça ait disparu du visage de la terre
Pour ceux qui viendront une table rase.

Chœur. — Nous entendîmes son hurlement et vîmes ce qu'il avait fait
Non sur notre ordre, il ne cessait pas de crier
Avec la voix de l'homme qui bouffe l'homme
Nous sûmes alors que sa tâche l'avait épuisé
Et son temps s'était écoulé, et nous l'emmenâmes
Un ami de la révolution comme d'autres ennemis
Et pas comme d'autres, mais son propre ennemi aussi
Sachant : le pain quotidien de la révolution
Est la mort de ses ennemis, sachant : l'herbe même
Il nous faut l'arracher, afin qu'elle reste verte.
Mais il avait rejeté son fardeau
Qu'il fallait porter jusqu'à ce que la révolution ait vaincu
Sur sa nuque les morts ne lui pesaient plus
Qui pèsent jusqu'à ce que la révolution ait vaincu
Mais son fardeau était son butin
Ainsi la révolution n'avait plus de place pour lui
Et lui-même n'avait plus de place pour lui
Si ce n'est devant les fusils braqués de la révolution

A. — Tant qu'ils ne m'enlevèrent de ma tâche
Et n'enlevèrent de ma main le revolver
Et mes doigts se tordaient encore comme autour de l'arme
Distincts de moi, je ne vis ce que j'avais fait
Et tant qu'ils ne m'emmenèrent je n'entendis
Ma voix et de nouveau le bruit de la bataille.
Qui s'était accru et s'accroissait encore.

A. [chœur] — De semblables à moi me conduisirent au mur à présent
Et moi qui le comprends ne le comprends pas.
Pourquoi.

Questions

1. Où se passe la scène ? Qui sont les personnages* présents ? Quelles sont leurs fonctions ? Comment sont-ils nommés ? Pourquoi ?
2. Que racontent les personnages ? Pourquoi A doit-il mourir ? Relevez les mots ou expressions qui témoignent de sa mort prochaine.
3. Quelle est la forme de discours* employée dans la tirade* du chœur* (lignes 24 à 41) ? En quoi cette forme surprend-elle au théâtre ? Quelle est sa fonction ?
4. Quels sont les registres* du texte ? Quelle critique implicite l'auteur formule-t-il ?

5 Débat oral. Prenez connaissance des notes de spectateur ci-dessous extraites du blog de Jacques Livchine, metteur en scène et directeur de la scène nationale de Montbéliard de 1991 à 2000.

Le sujet est simple : pour faire la révolution, il faut tuer, mais celui qui tue sera tué juste après.
Langhoff sort la panoplie du parfait Brechtien : jeu non psychologique, chœur parlé, agitation de pancartes, chansons distancées.
Mais attention ce n'est pas du clonage, tout est réinventé.
Il y a des danses sauvages, ça bouge sans arrêt, ça a du souffle…
Je suspends ma respiration, je ne décroche pas une seconde.
Pas moyen de dormir, puisque le public est invité à psalmodier le chœur. Il a reçu des cahiers en conséquence.
Pour que l'on comprenne bien, les morales sont répétées sans arrêt, écrites au mur, etc.
« Pour que quelque chose advienne, il faut que quelque chose parte. »
« L'herbe, nous devons l'arracher afin qu'elle reste verte. »

Notes rédigées par Jacques Livchine à l'issue de la représentation de la pièce de H. Müller, mise en scène par Matthias Langhoff à l'ENSATT de Lyon en avril 2008.

a. Que pensez-vous du résumé de la pièce par Jacques Livchine ? Justifiez votre réponse.
b. Commentez les choix de mise en scène de Matthias Langhoff à travers ce compte rendu. Quels choix vous semblent judicieux ou discutables ?

6 Exercice d'écriture. Chargé de la mise en scène, vous rédigez les didascalies* (décor, costumes, lumière, son, jeu des acteurs).

Aide à l'écriture

LES MÉTIERS DU THÉÂTRE

- **Le metteur en scène** prend de plus en plus d'importance dès la fin du XIXe siècle, en partie en raison des progrès techniques et des possibilités du langage scénique. Il dirige et met en scène la pièce : interprétation du texte, choix des comédiens, utilisation des possibilités scéniques à sa disposition (décor, costumes, éclairage, son et musique).
- **Le comédien** est un acteur qui incarne et joue un personnage dans une pièce de théâtre.
- **Le scénographe** est chargé d'organiser l'espace scénique dans lequel se déroulera le spectacle. Avec le metteur en scène, il précise le rapport entre la scène et la salle et définit l'espace de jeu des acteurs.
- **Le costumier** imagine et réalise les costumes.
- **L'accessoiriste** recherche ou fabrique les accessoires du décor et du jeu théâtral.
- **Le machiniste** veille, durant la représentation, au changement des décors, aux trucages, à l'apport d'accessoires.
- **L'éclairagiste** est chargé des lumières : intensité, couleurs, ombres.
- **Le régisseur** est responsable de l'organisation matérielle du spectacle durant les répétitions et les représentations.

D'après Patrice Pavis, *Dictionnaire du théâtre*, Messidor, Éditions sociales, 1987.

Texte 3 Wajdi Mouawad, *Incendies*, Actes Sud-Papiers, 2003.

Wajdi Mouawad est un auteur et metteur en scène francophone né en 1968 au Liban. *Incendies* est le deuxième volet de la tétralogie *Le sang des promesses*. Cette tétralogie a été jouée dans son intégralité, une nuit entière, à Avignon où Wajdi Mouawad était invité en tant qu'artiste associé en juillet 2009.

Nawal Marwan avait l'habitude d'assister à des procès du tribunal pénal international. Un jour, elle est rentrée chez elle et n'a plus jamais dit un mot.
Après son décès, ses jumeaux de 23 ans, Jeanne et Simon, partent en quête de leurs origines.
Dans cette scène, Jeanne échange avec Antoine, l'infirmier qui a veillé pendant six ans sur sa mère, patiente enfermée dans le silence.

18. Photographie et autobus du Sud

Antoine et Jeanne à l'université. La photo de Nawal (40 ans) et Sawda projetée au mur.

ANTOINE. — On est au pays de votre mère. C'est l'été, on le voit aux fleurs qu'il y a derrière elles. Ce sont des herbes sauvages qui poussent en juin juillet. Les arbres sont des pins parasols. Il y en a partout dans la région. On est soit le matin, soit l'après-midi à cause des ombres longues derrière elles. Ça veut dire que le soleil est bas. Si elles regardent vers l'ouest, ça veut dire que c'est l'après-midi, si elles regardent vers l'est, alors c'est le matin. Ce qui est bizarre, c'est que normalement on devrait voir l'ombre de la personne qui a pris la photo. Mais on ne la voit pas. Alors soit la photo a été prise avec un zoom, de loin, mais ça m'étonnerait parce que la photo aurait été un peu floue, ou alors c'est une photo prise en utilisant le retardeur. Il n'y a personne derrière l'appareil. Sur l'autobus dans le fond, brûlé, là, il y a des inscriptions. J'ai demandé à l'épicier au coin de ma rue qui vient du pays, il a lu : *Réfugiés de Kfar Rayat.*

JEANNE. — J'ai cherché de mon côté l'historique du procès. Un des plus longs chapitres concerne une prison construite pendant la guerre, à Kfar Rayat.

ANTOINE. — Maintenant regardez. Vous voyez, au-dessus de sa main…

JEANNE. — Qu'est-ce que c'est ?

ANTOINE. — La crosse d'un pistolet. Son amie aussi, là, on le devine sous sa chemise.

JEANNE. — Qu'est-ce qu'elles faisaient avec un pistolet ?

ANTOINE. — La photo ne le dit pas. Peut-être qu'elles travaillaient comme gardiennes de prison. La prison date de quand ?

JEANNE. — 1978. D'après le procès.

ANTOINE. — Bon. On sait que votre mère était, vers la fin des années soixante-dix, dans les environs du village de Kfar Rayat où une prison a été construite. Elle avait une amie dont on ignore le nom et toutes deux portaient des pistolets.
Silence. Ça va ? Ça va, Jeanne ? Ça va ?

JEANNE. — Non, ça ne va pas.

ANTOINE. — De quoi avez-vous peur, Jeanne ?

JEANNE. — De trouver.

ANTOINE. — Qu'est-ce que vous allez faire maintenant ?

JEANNE. — Acheter un billet d'avion.

Questions

1. Quelle est la quête de Jeanne ? Que sait-elle du passé de sa mère ? Que lui apprend Antoine ? Précisez le rôle de la première tirade* (contexte et portrait* de la mère).
2. Quel rôle joue le mot « pistolet » dans les répliques* qui suivent cette tirade ? En quoi préparent-elles le silence de Jeanne ? Comment interprétez-vous ce silence ? Quels conseils de jeu et de mise en voix donneriez-vous à l'actrice incarnant Jeanne ?
3. Commentez la forme, le rythme, le ton et l'enchaînement des répliques* qui suivent le silence. Que sous-entend la dernière réplique ?
4. **Écriture d'invention.** Jeanne est déchirée par un dilemme* : soit elle trahit les dernières volontés de sa mère en renonçant à retrouver un père qu'elle croyait mort mais elle reprend le cours tranquille de sa vie, soit elle honore fidèlement les dernières volontés de sa mère mais elle bouleverse sa vie en s'engageant dans cette quête. Écrivez ce monologue délibératif* d'une quinzaine de lignes.

Parcours d'une œuvre intégrale

Suzanne Lebeau, *Salvador, la montagne, l'enfant, la mangue*, Éd. Théâtrales Jeunesse, 2002.

Suzanne Lebeau.

Québécoise née en 1948, Suzanne Lebeau est attirée par le théâtre dès 1966. Elle se destine d'abord à une carrière d'actrice avant de fonder la compagnie Le Carrousel et de se consacrer exclusivement à l'écriture. L'importance de son œuvre et sa contribution à la dramaturgie pour jeunes publics lui valent de nombreux prix parmi lesquels le prix Collidram de littérature dramatique des collégiens en Île-de-France, le prix Sony Labou Tansi des lycéens, une distinction de la Comédie française, le prix Francophonie Jeunesse RFI pour *Salvador* et le prix Masque du texte original de l'Académie québécoise du théâtre.

Après le décès de son frère et de son père, Salvador, un enfant de la montagne d'un pays d'Amérique latine, grandit sous l'œil protecteur de sa mère. À sept ans, comme il veut subvenir aux besoins de la famille, il devient écrivain public. Adulte, devenu écrivain, il se souvient…

Le jour de ma naissance, les cloches n'ont pas sonné.

Souvenir 1

SALVADOR. (*Récit*) — Je suis né dans les montagnes à l'ombre des eucalyptus juste sous le soleil et le ciel. Tout petit je croyais qu'en grandissant je pourrais seulement en tendant le bras chasser les nuages de pluie qui attristent le cœur des gens.

Ma mère qui était une adulte et qui devait savoir que les choses ne se font pas aussi facilement se plaisait à me laisser croire que grand je serais tout-puissant. Pourtant elle avait toutes les raisons de croire que je ne ferais jamais rien de bien dans ma vie.

Je suis né plusieurs semaines en avance, si petit et si poilu qu'on lui a dit qu'elle avait accouché d'un cochon d'Inde et qu'elle avait dû faire une faute très grave pour qu'un malheur aussi grand arrive.

Le curé a refusé de sonner les cloches qui saluent les naissances dans mon village.

Mon père a refusé de me prendre dans ses bras pour me présenter au monde comme le veut la coutume.

Il avait peur de moi et croyait secrètement qu'il ne pouvait pas être le père d'un bébé aussi laid et aussi étrange.

En homme de la montagne, il a attendu en silence, convaincu que si j'étais son fils légitime le poil qui me couvrait le corps allait tomber et les mauvais présages se dissiper.

J'étais à peine plus gros qu'une petite patate et j'avais eu la mauvaise idée de naître au cœur de l'hiver le plus froid qu'on ait connu de mémoire d'homme.

Le matin mon père trouvait l'eau des cruches gelées et devait faire un feu de crottin de lama pour nous donner un simple verre d'eau.

La montagne est habile à geler jusqu'à l'âme mais elle ne connaissait pas toutes les ressources de ma mère qui avait juré que jamais un de ses fils ne mourrait avant elle.

Elle s'est battue avec la mort jusqu'au printemps. Elle me massait, me pétrissait comme elle avait appris à le faire pour le pain, me tenait serré contre son cœur, me réchauffait avec son haleine.

Quand elle ne pouvait pas me porter, elle m'installait dans un petit hamac de laine d'alpaga qu'elle avait fabriqué et me suspendait au-dessus du réchaud sur lequel elle faisait à manger.

Dès les premiers beaux jours elle sut qu'elle m'avait sauvé. Mon père me prit fièrement dans ses bras pour me montrer la couleur du ciel et ma mère me fit baptiser…

BÉNÉDICTA. — *(Voix off)* Il s'appellera Salvador.

SALVADOR (*Récit*). — Elle confondait dans son cœur de mère aimante sauveur et sauvé.

Questions

1. Qu'apprend le spectateur dans cette première scène sur le lieu, le temps et les personnages ? Commentez en particulier le nom du personnage principal. Quelles sont les particularités de cette scène d'exposition* ? Quels registres* se mêlent dans le récit de Salvador ?

2. Que peut imaginer le spectateur de la suite de l'intrigue* ? Motivez votre réponse par des repérages précis du texte.

3. **Écriture d'invention.** À sept ans, Salvador veut en savoir davantage sur sa naissance. Il demande à sa mère de la lui raconter. Imaginez le dialogue entre ces deux personnages.

Le jour où je rencontrai Enrique et réalisai que j'étais heureux.

Souvenir 7

SALVADOR (*Récit*). — Sur la pointe des pieds, je sortis par la porte qui ne grince pas et décidai d'aller à l'école chercher une réponse plus satisfaisante. Comme j'étais trop petit pour entrer, je m'assis sur le seuil de la porte.

ENRIQUE[1]. — Eh ! Petit ! Qu'est-ce que tu fais là ?

SALVADOR (*Action*). — Je cherche une réponse.

ENRIQUE. — Et tu penses la trouver ici ?

SALVADOR (Action). — C'est l'école et ma sœur Maria dit que son maître Enrique vient de très loin et qu'il sait tout.

ENRIQUE. — Enrique, c'est moi. Alors toi, c'est Salvadorcito, le petit frère ! Maria a raison en partie seulement. C'est vrai que je viens de loin, mais je ne sais pas tout. Pose ta question et je verrai si je peux y répondre.

SALVADOR (*Action*). — Je veux savoir si on vient au monde riche ou si on peut le devenir.

ENRIQUE. — C'est une grande question pour un si petit homme.

SALVADOR (*Action*). — Tu connais la réponse ?

ENRIQUE. — Il n'y a pas une bonne réponse à ta question, petit, et mon histoire à moi m'a appris qu'on peut venir au monde riche et choisir de vivre sans la richesse.

SALVADOR (*Action*). — Alors qui pourra me donner une réponse ?

ENRIQUE. — Viens me voir après l'école, on cherchera dans les livres et tu trouveras peut-être la bonne réponse pour toi. Sinon, tu apprendras des choses. Certains disent que le savoir est la plus grande richesse de l'homme.

SALVADOR (*Action*). — Après l'école ?

ENRIQUE. — N'oublie pas. Tu demandes Enrique…

SALVADOR (*Récit*). — Il me donna un bonbon qui scintillait dans le soleil. J'imaginais les yeux de Manuela et de Julio briller de plaisir en entendant le papier se déplier.

SALVADOR (*Action*). — Je devrais peut-être le partager en deux et en donner à chacun une partie ?

SALVADOR (*Récit*). — Je décidai que ce serait plus gentil pour Enrique que je goûte moi aussi au bonbon et le divisai en trois parties égales. En faisant le plus de bruit possible, je rentrai par la porte qui grince…

SALVADOR (*Action*). — Julio[1] ! Manuela[1] !

SALVADOR (*Récit*). — Ils dormaient comme des anges et le silence était si pur que j'entendais mon cœur battre comme un tambour. Ma mère fredonnait au loin, les grands apprenaient le monde sur les bancs de l'école, mon père rentrerait à la brunante[2] et me mettrait sur ses épaules pour aller chercher l'eau à la source. Je compris que riche ou pauvre j'étais heureux et m'endormis en serrant le bonbon dans ma main.

---

1. **Enrique** est l'instituteur du village. **Julio** et **Manuela** sont le petit frère et la petite sœur de Salvador.
2. **Brunante** : terme québécois qui désigne le crépuscule.

Questions

1. Pourquoi cette rencontre avec Enrique est-elle déterminante ?
2. Observez les didascalies et expliquez les mots « récit » et « action ». Comment la scène est-elle construite ? Quels problèmes de mise en scène pose-t-elle ?
3. **Écriture d'invention**. Dans un monologue* de dix lignes environ, Salvador, adulte, défend à son tour l'idée que « le savoir est la plus grande richesse de l'homme » (l. 20).

José ne rentre pas.

Souvenir 16

SALVADOR (*Récit*). — Deux ans ont passé sans apporter de réponse. José était l'homme de la famille. Il partait tôt, rentrait tard... ne prenait même pas la peine d'apporter ses livres et ses cahiers. Ma mère l'attendait en tricotant, à peine protégée du froid par son châle qui glissait de ses épaules. J'attendais avec elle au chaud dans mon lit, le cœur collé contre le cœur de Julio.
Chaque soir, José donnait à ma mère de l'argent qu'elle regardait avec surprise et colère mais qu'elle acceptait.

José rejoint Salvador dans son lit.

JOSÉ. — Dors, *pajarito*. Petit oiseau, dors. Tu as vu l'heure qu'il est ? Que va dire le maître si tu tombes endormi sur ton pupitre ? Tiens.
SALVADOR (*Récit*). — Il me donnait un biscuit, un reste de saucisse, un petit pain...
JOSÉ. — Reste petit, Salvadorcito, la vie des grands est difficile...
SALVADOR (*Récit*). — Un soir nous l'avons attendu longtemps, moi sous les couvertures, Maman à la fenêtre. L'aube pâlotte nous a trouvés frissonnants, fatigués et inquiets.
BÉNÉDICTA. — José n'est pas rentré.
SALVADOR (*Récit*). — Je lui criai avec brusquerie qu'il avait été retardé.
BÉNÉDICTA. — Ne pleure pas, Salvador...
SALVADOR (*Récit*). — Maman avait compris que je criais pour ne pas pleurer.
C'était moi maintenant l'homme de la famille et j'avais à peine sept ans.
BÉNÉDICTA. — Les enfants vieillissent trop vite dans la montagne.
Va dormir Salvador, tu n'as que la peau sur les os pour affronter le froid de l'aube.
SALVADOR (*Récit*). — La peur s'est installée dans la maison...
La peur de la montagne qui arrache les hommes à leurs familles, les enfants à leurs mères.
La peur de la nuit, du froid, et la peur la plus terrible de toutes, celle de perdre le dernier morceau de pain.

Questions

1. Quels sont les thèmes abordés ou esquissés dans ce souvenir ? Sur quel registre* ?
2. Cet extrait joue sur deux temps de narration ; lesquels ? Quel est, selon vous, l'intérêt de cette double temporalité ?
3. Commentez la composition de la pièce.
4. Quels sont les procédés d'écriture utilisés pour évoquer le dénuement de la famille ?
5. **Exercice d'écriture**. Choisissez un des métiers du théâtre (cf. fiche page 236) puis rédigez une note d'intention pour la mise en scène de cet extrait en expliquant et en argumentant précisément vos choix.

Le père et José ont disparu, tués par la répression qui s'exerce sur le peuple. Salvador, à sept ans, est l'aîné des garçons ; pour aider sa famille, il a trouvé un petit travail. Seule Ana, sa sœur, est dans le secret.

Bénédicta découvre d'où vient l'argent de la boîte fleurie.

Souvenir 18

ANA. — Laisse-moi préparer ton papier...

SALVADOR (*Récit*). – Je ne pouvais pas avoir de secret pour Ana.

ANA. — Pour les lettres d'affaires, je trace un grand carré noir et propre. Tu écriras dedans.

SALVADOR (*Récit*). — Pour les lettres d'amour elle se laissait aller à toutes ses fantaisies où les fleurs et les cœurs revenaient toujours et qui plaisaient fort à mes clients.

ANA. — Pour les lettres aux morts...

SALVADOR (*Action*). — Aux familles des morts, Ana...

ANA. — Des oiseaux, puisque les âmes s'envolent...

Salvador se sauve avec le papier préparé par Ana.

SALVADOR (*Action*). — Écrivain public, habile en tous genres de lettres...

SALVADOR (*Récit*). — Je le disais pour le plaisir car à trois heures trente, quand j'arrivais sur la place publique, les clients m'attendaient déjà.

Je me souviendrai toujours des plus petits détails de ce vendredi soir... J'écrivais une lettre qui me rappelait le combat de mon père. L'homme racontait son bout de terre qu'on lui avait volé, le froid de la nuit, la faim de ses petits...

Je me dépêchais car le soir tombait et le ciel se couvrait... Je finis la lettre sans lever les yeux... L'homme paya et je me crus libre.

BÉNÉDICTA. — Monsieur vous avez encore le temps ?

SALVADOR (*Récit*). — Je sentis mon cœur basculer dans mes talons.

SALVADOR (*Action*). — Maman !

SALVADOR (*Récit*). — Elle rougit comme une enfant prise en faute...

Benedicta cache dans son dos la feuille de papier qu'elle tendait à Salvador.

SALVADOR (*Action*). — Maman, qu'est-ce que tu fais là ?

BÉNÉDICTA. — Salvador ! C'est à moi de te demander ce que tu fais là...

SALVADOR (*Action*). — Je suis écrivain comme tu l'as dit...

BÉNÉDICTA. — J'ai dit aussi que les enfants de sept ans ne traînaient pas dans les rues le soir...

SALVADOR (*Action*). — Qui va gagner l'argent de notre avenir ?

BÉNÉDICTA. — Ce n'est pas à toi de le faire. Rentre à la maison tout de suite.

SALVADOR (*Action*). — Je peux t'aider maman...

SALVADOR (*Récit*). — Elle rougit de nouveau et je compris que sa peine de voir son fils dans la rue se doublait de la peine de voir son secret découvert...

Elle nous avait si bien caché qu'elle ne savait ni lire ni écrire...

BÉNÉDICTA. — Rentrons, Salvadoricito. Il est tard, les petits vont avoir faim.

SALVADOR (*Récit*). — Nous n'avons pas dit un mot jusqu'à la maison et le silence pesait entre nous de tous ces secrets que nous nous étions faits.

Questions

1. Qu'est-ce qu'un écrivain public ?
2. Dans cet extrait, qu'apprenons-nous sur le quotidien des villageois ?
3. Quel est le rôle d'Ana dans cette scène ?
4. Comment le secret du fils conduit-il au secret de la mère ?
5. **Écriture d'invention**. « Je me souviendrai toujours des plus petits détails de ce vendredi soir… J'écrivais une lettre qui me rappelait le combat de mon père. L'homme racontait son bout de terre qu'on lui avait volé, le froid de la nuit, la faim de ses petits… Je me dépêchais car le soir tombait et le ciel se couvrait… Je finis la lettre sans lever les yeux… L'homme paya. » (l. 13 à 17) Écrivez cette lettre d'une vingtaine de lignes.
6. Quels messages retient le spectateur de ces souvenirs à plusieurs voix ? Que dénonce l'auteure dans cette pièce ? Quelles valeurs* défend-elle ?
7. Rédigez un abécédaire de cette pièce.

BILAN

Histoire littéraire

Genres et fonctions du théâtre

- **Le théâtre naît dans la Grèce antique et connaît son apogée durant la démocratie athénienne au Vᵉ siècle avant J.-C. La représentation théâtrale est une cérémonie religieuse et civique.**
- **La tragédie* a une fonction morale : le ton élevé, la majesté des personnages, le caractère sacré des sujets suscitent la terreur et la pitié du spectateur qui s'identifie au héros. Il se libère de ces sentiments par une prise de conscience qui le purifie et le rend meilleur. Aristote appelle *catharsis** cette fonction didactique de la tragédie.**
- **La comédie* vise à divertir et à instruire le spectateur en le faisant réfléchir aux situations et questions essentielles de la condition humaine.**
- **Le théâtre classique du XVIIᵉ siècle conserve ces classifications mais la frontière entre le tragique et le comique s'estompe dans le théâtre moderne et contemporain où les dramaturges évoquent à la fois la grandeur de l'homme dans l'histoire et sa condition quotidienne. *Ex.* Musset, *Lorenzaccio* ; Anouilh, *Becket* ; Grumberg, *L'Atelier*.**

L'espace scénique contemporain

Le théâtre, de *theatron* en grec, signifie le lieu où l'on regarde. Les lieux de théâtre ont varié au cours de l'histoire. Ils témoignent de la place que l'on accorde à ce spectacle et ils conditionnent la mise en scène.

À l'époque contemporaine, la diversité des textes et des formes de spectacle où se mêlent d'autres arts comme la danse ou le mime, entraîne de nouvelles conditions de représentation. Le théâtre à l'italienne est souvent remplacé par d'autres dispositifs scéniques : scène mouvante, plateaux dispersés au milieu des spectateurs (1789), chapiteaux, gradins, et même absence de scène (théâtre de rue. *Ex.* Royal de luxe).

Le théâtre renoue ainsi avec ses origines en instaurant une relation vivante avec le public qui participe, échange, communie. La subvention du théâtre par l'État en 1945 rend au théâtre son caractère populaire et démocratique. C'est l'époque du **Théâtre National Populaire** et des grands festivals : en 1947, **Jean Vilar** crée le **festival d'Avignon.** Les grands metteurs en scène ont leur lieu de travail et de spectacle comme **Peter Brook** aux **Bouffes du Nord.** Ils dirigent parfois leur propre troupe comme **Ariane Mnouchkine** à **La Cartoucherie de Vincennes.** Ces troupes retrouvent la tradition du travail collectif, des techniques de jeu et de la participation du public. Le personnage du fou facétieux et rusé de **Dario Fo,** par exemple, doit beaucoup aux zanni*, ces valets de la commedia dell'arte* qui improvisaient des lazzi* à partir d'un canevas* sommaire. (*Ex. Mort accidentelle d'un anarchiste*).

Le refus de l'illusion

Dans la tragédie antique, le chœur est un groupe de danseurs, de chanteurs et de récitants. Plutôt que d'incarner l'action et de la montrer, comme le feront plus tard les acteurs, il commente et raconte l'histoire. Progressivement, la parole est donnée à un ou plusieurs protagonistes qui se répondent et le dialogue* prend de plus en plus d'importance.

La narration* subsiste dans la tragédie classique pour des raisons de bienséance* : le témoin ou « rapporteur » permet au spectateur d'entendre le récit des événements qui ne peuvent être montrés sur scène. *Ex.* Le récit de Théramène dans *Phèdre* de **Racine.**

À l'époque contemporaine, Brecht critique le **théâtre dramatique*** fondé sur l'illusion et l'identification au héros car elle entretient, dit-il, la passivité du public. Il lui préfère le **théâtre épique*** qui mobilise le sens critique et utilise les méthodes du chœur antique pour mettre à distance les émotions du spectateur par l'interpellation et le commentaire de l'action. Grâce à cet effet de **distanciation,** le spectateur n'oublie jamais qu'il est au théâtre ; il peut réfléchir avec objectivité* à l'expression des différentes opinions et au sens de l'Histoire. *Ex.* **Brecht, Müller, Lebeau.**

Richard Monod distingue ainsi une « **dramaturgie de l'illusion** » où le spectateur « prend le spectacle comme un réel présent auquel il lui est magiquement donné d'assister » et une « **dramaturgie de l'allusion** par laquelle les acteurs rappellent au public que l'on est au théâtre ». Au théâtre, le texte est « troué » (**Ubersfeld**), ce qui signifie que le spectateur doit prendre en charge une partie du texte et compléter les informations. C'est particulièrement vrai dans le théâtre contemporain. *Ex.* **Brecht, Lebeau, Mouawad, Grumberg.**

VERS LE BAC

Jean-Claude Grumberg, *L'Atelier*, Actes Sud-Papiers, 1985.

Jean-Claude Grumberg est auteur de théâtre et scénariste de cinéma.

En 1999, il reçoit le Molière de la meilleure pièce du répertoire pour L'Atelier. *Il écrit au sujet de cette pièce : « Le premier atelier de ma vie fut ce lieu [...] où mon père travaillait avant-guerre, dans les années cinquante ; ma mère se décida à nous en faire une chambre. Elle-même, en attendant le retour de mon père, travaillait comme finisseuse dans un atelier de confection pour hommes. Plus tard – nous n'attendions plus, ayant appris peu à peu le sens du mot «déporté» – devenu moi-même apprenti tailleur, j'ai bien connu d'autres ateliers. »*

Scène I – L'essai

Un matin de l'année 1945, très tôt. Simone, assise en bout de table, dos au public, travaille. Debout, près d'une autre table, Hélène, la patronne, travaille également. De temps en temps, elle jette un œil sur Simone.

HÉLÈNE. — Ma sœur aussi ils l'ont prise en 43...
SIMONE. — Elle est revenue ?
HÉLÈNE. — Non... elle avait vingt-deux ans. (*Silence*) Vous étiez à votre compte ?
SIMONE. — Oui, juste mon mari et moi, en saison on prenait une ouvrière... J'ai dû vendre la machine le mois dernier, il pourra même pas se remettre à travailler... J'aurais pas dû la vendre mais...
HÉLÈNE. — Une machine ça se trouve...
SIMONE. (*approuve de la tête*) — J'aurais pas dû la vendre... On m'a proposé du charbon et...

Silence

HÉLÈNE. — Vous avez des enfants ?
SIMONE. — Oui, deux garçons...
HÉLÈNE. — Quel âge ?
SIMONE. — Dix et six.
HÉLÈNE. — C'est bien comme écart... Enfin c'est ce qu'on dit... J'ai pas d'enfants...

SIMONE. — Ils se débrouillent bien, l'aîné s'occupe du petit. Ils étaient à la campagne en zone libre ; quand ils sont revenus, le grand a dû expliquer au petit qui j'étais, le petit se cachait derrière le grand il voulait pas me voir, il m'appelait Madame…

Elle rit. Gisèle vient d'entrer. Elle s'arrête un instant près du portant qui sert à la fois au presseur pour accrocher les pièces qu'il vient de finir de repasser et de vestiaire pour les ouvrières. Elle ôte sa jaquette, l'accroche, enfile sa blouse et gagne sa place. D'un signe de tête, elle salue Simone et Mme Hélène. Cette dernière fait les présentations.

Lecture (9 points)

1. Que nous apprend explicitement cette scène d'exposition sur le lieu, l'époque, l'intrigue et les personnages ? (3 pts)
2. Étudiez l'énonciation dans ce dialogue et faites les remarques nécessaires sur le rythme, l'enchaînement des répliques et les didascalies. Caractérisez les émotions exprimées par les deux femmes. (3 pts)
3. Dans ce dialogue morcelé et allusif, le lecteur est souvent amené à faire des suppositions. Précisez ce qui est sous-entendu dans certaines répliques. Quel est le message de l'auteur ? (3 pts)

Écriture d'invention (11 points)

Sujet. « Ils étaient à la campagne en zone libre ; quand ils sont revenus, le grand a dû expliquer au petit qui j'étais, le petit se cachait derrière le grand il voulait pas me voir, il m'appelait Madame… » (l. 19 à 21).

Le petit ne reconnaît pas sa mère et se sent abandonné. Son grand frère lui expose avec sérieux la situation et argumente en faveur de leur mère : elle a eu raison de les laisser à l'abri en zone libre.

▸ Rédigez la tirade du grand frère.
Votre texte comportera 25 lignes environ.

Répertoire de l'élève

Accumulation. Voir **gradation**.

Aède. Poète grec de l'Antiquité qui chante ou récite en s'accompagnant de la lyre.

Action. Ensemble des événements d'un récit, d'une pièce de théâtre… Voir **intrigue**.

Adhésion. Action de souscrire à une idée, à une thèse.

Alexandrin. Vers de 12 syllabes. Ex. : « J'i|rai|par|la|fo|rêt,| j'i|rai|par|la|mon|ta|gn(e). » (Hugo). Voir **mètre**.

Allégorie. Image développée sous la forme d'un récit (ou d'un tableau).

Allitération. Effet sonore et rythmique produit par la répétition d'un son consonne dans une phrase ou un vers. Ex. : « Vous qui vous êtes effacés sur son passage » (Bonnefoy). Voir **assonance** et **rime**.

Alternative. Choix entre deux possibilités. Voir **dilemme**.

Anaphore. Répétition de mots ou de groupes de mots ; effet d'insistance. Ex. : « Alors les étoiles naissaient, les milliers d'étoiles arrêtées dans l'espace. […] Alors, il montrait à Nour la route qu'il suivrait le jour. » (Le Clézio)

Antithèse. Opposition entre deux idées par rapprochement de mots opposés : effet de contraste. Ex. : « Il était là, seul homme en vie parmi les morts. » (Gaudé)

Aparté. Au théâtre, réplique brève que le personnage prononce pour lui-même à l'insu d'autrui ; il s'adresse en fait au public. Voir **double énonciation**.

Apologue. Récit bref associant **narration** et **argumentation**. Il présente des idées sous une forme imagée et véhicule une morale. Cette forme inclut la **parabole** (*La Dent d'or*), la fable (*Les Deux Jardiniers*), le conte philosophique (*Micromégas*).

Apostrophe. Figure de style par laquelle le locuteur s'adresse directement à son interlocuteur. Ex. : « Tu vas te libérer Paris » (Éluard).

Argument. Preuve, raison qui appuie un point de vue, une **thèse**. L'argument peut être illustré par un exemple. L'émetteur qui défend son **opinion** choisit ses arguments et ses exemples pour obtenir l'**adhésion** de celui à qui il s'adresse.

Argumentation. Forme de discours qui émet un point de vue afin de convaincre, de faire penser autrement ou de faire agir un ou des destinataire(s). Les arguments énoncés, illustrés par des exemples, dépendent de la situation de communication et de l'identité de l'émetteur et du destinataire. Voir **organisation**, **type de raisonnement**, **convaincre**, **persuader**.

Art oratoire. On distingue trois genres :
- le genre judiciaire (scènes de prétoire et de procès). Les personnages évoquent des faits passés et sont amenés à se justifier, à accuser ou à se disculper. Ex. : le **plaidoyer** de Polly Baker (Diderot) ;
- le genre délibératif. Il consiste en l'examen d'opinions souvent contradictoires dont la confrontation débouche sur la formulation du meilleur choix possible pour l'avenir. Ex. : le **monologue délibératif** de Titus au cours duquel, confronté à un **dilemme**, il s'efforce de résoudre le conflit qui le déchire (Racine) ;
- le genre démonstratif ou épidictique. Il consiste en un **éloge** ou un **blâme** d'une personne, d'une opinion ou d'une œuvre d'art. Ex. : la **tirade** de Tartuffe pour tenter de séduire Elmire (Molière).

Assonance. Effet sonore et rythmique produit par la répétition d'un son-voyelle dans une phrase ou un vers. Ex. : « Et que devant l'apparence réelle de ce qui me hante » (Desnos). Voir **allitération** et **rime**.

Asyndète. Absence de mot de liaison entre les propositions d'une phrase ou entre deux phrases.

Auditoire. Ensemble des personnes qui écoutent un discours.

Auteur. Producteur du texte. L'auteur est une personne qui appartient à la vie réelle, par opposition au narrateur dans un récit, qui est construit par le texte.

Autobiographie. Récit que l'on fait soi-même de sa propre vie. Pour convaincre son lecteur, l'auteur-narrateur-personnage s'engage à dire la vérité et conclut un **pacte** avec lui-même. Ex. : « Je dirai chaque chose comme je la sens, comme je la vois, sans recherche, sans gêne… » (Rousseau)

Bienséances. Dans le théâtre classique, ensemble des règles que le dramaturge doit respecter afin de ne pas choquer son public. Par exemple, le témoin ou « rapporteur » permet au spectateur d'entendre le récit des événements qui ne peuvent être montrés sur scène. Ex. : le récit de Théramène sur la mort violente d'Hippolyte dans *Phèdre* (Racine).

Blâme. Discours qui critique quelqu'un ou quelque chose. Voir **éloge**.

Burlesque. Traitement parodique et farcesque d'un sujet noble et héroïque.

Cadence. Rythme de la phrase ; si les membres de la phrase vont du plus court au plus long, on parle de cadence majeure et, inversement, de cadence mineure s'ils vont du plus long au plus court.

Cadre spatio-temporel. Espace et temps dans lesquels se déroulent un récit, une pièce de théâtre.

Canevas. Voir **commedia dell'arte**.

Caractérisation. Permet, dans l'œuvre de fiction, de connaître le caractère d'un personnage. Elle peut être *directe* par le biais d'adjectifs, de substantifs, de propositions relatives, ou *indirecte* par le biais du nom ou des paroles rapportées par le personnage. Voir **portrait**.

Catharsis. Voir **tragédie**.

Censure. Contrôle exercé par une autorité sur la presse et les arts.

Champ lexical. Ensemble de termes du lexique désignant une même réalité ou une même idée.

Cliché. Expression rebattue, plus ou moins attendue et figée. Voir **lieu commun**.

Comédie. Pièce de théâtre destinée à provoquer le rire. La comédie a pour but d'amuser le spectateur par des propos, des gestes et des situations. Ces procédés dénoncent les défauts des hommes et de la société. Le héros comique est d'une condition populaire, bourgeoise ou aristocratique, typique de la société de son temps. La comédie se termine de manière heureuse, par exemple : les amoureux se marient. Voir **registres littéraires**.

Comique (formes de comique). On distingue quatre formes de comique :
- le comique de situation : quiproquos, situations incongrues. Ex. : *Mort accidentelle d'un anarchiste*, Dario Fo ;
- le comique de caractère : défauts, manies... Ex. : *Tartuffe*, Molière ;
- le comique verbal : jeux de mots... ;
- le comique gestuel : grimaces, chutes, coups...

Commedia dell'arte. Genre de théâtre populaire né en Italie qui inspirera Molière et Marivaux. La première troupe de théâtre professionnel d'Europe est créée en 1545. Les comédiens jouent à partir d'un **canevas** présentant des situations stéréotypées (poursuites, bastonnades, rendez-vous secrets, etc.). Ce scénario leur permet d'improviser des **lazzi** (plaisanteries verbales et gestuelles). Les personnages, masqués le plus souvent, représentent des types humains universels dont les **zanni**, valets rusés et fourbes. Arlequin est le plus connu.

Communication. Situation dans laquelle sont échangés des messages. *Qui parle ? À qui ? Quand ? Où ? Pourquoi ?* sont des questions qui permettent de déterminer l'identité des interlocuteurs, le moment précis de la production du message, le support matériel, la visée de cette production.

Comparaison. Figure de style rapprochant deux idées ou deux réalités par l'intermédiaire d'un terme comparatif à partir d'un point commun. Ex. : « [...] la grande voie blanche qui fait comme un pont de sable au-dessus de la terre. » (Le Clézio) Il faut considérer quatre éléments :
- le comparé, l'objet que l'on compare : la voie lactée ;
- le comparant, l'objet auquel on compare : un pont de sable ;
- le point commun : la fluidité et la clarté ;
- le terme comparatif : comme, tel, ainsi que, etc. Voir **métaphore**.

Concession. Point de discussion accordé à l'adversaire. Le locuteur reconnaît en partie le point de vue adverse pour mieux affirmer le sien.

Connecteur. Mot ou locution de liaison qui organise le discours. Il existe des connecteurs spatiaux (ici, là-bas...), temporels (hier/aujourd'hui...) et logiques (et, mais, car...).

Conte. Récit bref de faits imaginaires.

Convaincre. Action d'amener par la raison le récepteur de l'argumentation à l'adhésion réfléchie à un point de vue. L'émetteur privilégie les différents **types de raisonnement** et les **arguments** liés à la logique, aux **valeurs**, à l'expérience. Voir **persuader**.

Cosmogonie. Récit mythique de la formation de l'univers et souvent des origines des sociétés.

Décor. Ensemble des éléments qui représentent les lieux où se situe l'action au théâtre.

Délibératif. Voir **art oratoire**, **dilemme**, **monologue**.

Démarche argumentative. Voir **argumentation**, **organisation**, **type de raisonnement**.

Démontrer. Action de prouver la vérité d'un fait. Voir **convaincre** et **persuader**.

Description. Discours rendant compte des composantes et caractéristiques d'un objet quel qu'il soit (être, chose, ensemble complexe). La description a différentes fonctions :

- documentaire : elle communique au lecteur un savoir sur le réel. Ex. : le labour dans le Haut-Gévaudan (Stevenson) ;
- poétique : elle propose un tableau vivant qui frappe l'imagination du lecteur comme s'il se trouvait devant la chose même. Ex. : « C'était un tableau rural vivant, affairé, délicat. » (Stevenson) ;
- symbolique : elle révèle autre chose que ce qu'elle décrit. Ex. : « Où, rimant au milieu des ombres fantastiques,/Comme des lyres, je tirais les élastiques,/ De mes souliers blessés, un pied près de mon cœur ! » (Rimbaud) ;
- argumentative : elle montre les qualités ou les défauts d'une chose vue ou d'un personnage. Ex. : l'autoportrait de Simone de Beauvoir.

Destinataire. Celui à qui est destiné le message dans la communication.

Dialogue. Ensemble des répliques échangées par des personnages.
- Dans le récit, on met des guillemets pour ouvrir et fermer l'échange de répliques et des tirets pour signaler les changements d'interlocuteurs ;
- Au théâtre, on introduit des alinéas précédés des noms des personnages, et parfois de didascalies.

Dialogue d'idées. Genre qui remonte à l'Antiquité (*Dialogues de Platon*) et présente un échange fictif entre les personnages. Le rapport entre eux détermine trois formes de dialogue :
- le dialogue didactique : l'un des personnages est en position de supériorité. Ex. : *Supplément au Voyage de Bougainville* (Diderot) ;
- le dialogue dialectique : les personnages coopèrent et la confrontation de leurs points de vue vise à résoudre un problème ou à énoncer une vérité ;
- le dialogue polémique : les personnages s'opposent et chacun tente d'imposer sa thèse et de réfuter celle de l'autre. Ex. : *Micromégas* (Voltaire).

Dialogique. Sous forme de **dialogue**.

Didascalies. Dans une pièce de théâtre, indications de mise en scène en italiques (lieu, temps, jeu, accessoires...) données par l'auteur, et qui permettent de mettre en scène ou d'imaginer, à la lecture, ce que voit le spectateur.

Dilemme. Choix difficile entre deux décisions. Titus, par exemple, a l'obligation de choisir de servir Rome ou de préserver son amour pour Bérénice (Racine).

Discours. Toute mise en pratique du langage dans une activité écrite ou orale. Par extension, on parle de *discours iconique* à propos des langages visuels. Le mot désigne en particulier un exposé oratoire devant un public.

- **Discours direct.** Paroles rapportées telles que le personnage les a prononcées. On reconnaît le discours direct grâce à un verbe introducteur de parole (*dire, répondre*), des guillemets pour ouvrir et fermer l'échange de répliques, des tirets pour signaler les changements d'interlocuteurs. Ex. : « Éphraïm se contentait de répondre : "c'est comme ça. Le vieux c'n'est qu'un patron pour nous, c'est un riche qu'a l'cœur mauvais." » (Sylvie Germain)
- **Discours indirect.** Paroles rapportées à l'intérieur du récit du narrateur. On reconnaît le discours indirect grâce à un verbe introducteur suivi d'une proposition subordonnée qui respecte la concordance des temps, la disparition des indices typographiques et des signes de l'oralité. Ex. : « et, après les avoir plaints d'être si petits, il leur demanda s'ils avaient toujours été dans ce misérable état si voisin de l'anéantissement, ce qu'ils faisaient dans un globe qui paraissait appartenir à des baleines, s'ils étaient heureux, s'ils multipliaient, s'ils avaient une âme, et cent autres questions de cette nature. » (Voltaire)
- **Discours indirect libre.** Système mixte où l'on trouve des marques du discours direct comme l'absence de verbe introducteur et le maintien de tournures expressives et des marques du discours indirect comme l'absence de guillemets et le respect de la concordance des temps dans le récit au passé. Ex. : « Matteo prit la figure de Pippo dans le creux de ses mains. [...] Se souviendrait-il de lui ? Pas par des souvenirs reconstitués, faits des récits des uns et des autres, mais un souvenir vrai, physique, précis comme un parfum ou un son ? Son fils. » (Gaudé)
- **Discours narrativisé.** Un long discours peut être résumé sans autre marque que le verbe introducteur. Ex. « Il dénonçait, une fois de plus, le danger des politiques de conquête et de prestige, la mollesse des diplomaties, la démence patriotique des chauvins, les stériles horreurs de la guerre. » (Roger Martin du Gard)
- **Discours rapporté.** Reprise par un locuteur des paroles d'un personnage. Voir **discours direct, discours indirect, discours indirect libre, discours narrativisé.**

Dispute. Débat contradictoire.

Double énonciation. Au théâtre, les personnages échangent entre eux. Par leur intermédiaire, l'auteur s'adresse également aux spectateurs.

Drame. Genre théâtral. Le drame romantique rompt avec les règles du théâtre classique. La règle des trois unités (unité de lieu, de temps, d'action) comme celle des **bienséances** ne sont plus forcément respectées. À la manière de Shakespeare, le drame mêle la **comédie** et la **tragédie**, le sublime (noblesse des sentiments, grandeur des situations) et le grotesque (rire, bassesse, laideur).

Élégie. Texte lyrique exaltant la mélancolie.

Élocution. Manière dont on parle, discours prononcé oralement.

Éloge. Discours qui vante les mérites de quelqu'un ou de quelque chose. Voir **blâme**.

Éloquence. Art de convaincre et de persuader par la parole.

Émetteur. Personne (individuelle ou collective, humaine ou figurée) qui émet un message. Il faut distinguer l'émetteur de l'auteur d'un texte, avec lequel généralement il ne se confond pas.

Engagement. « Acte ou attitude de l'intellectuel, de l'artiste qui, prenant conscience de son appartenance à la société et au monde de son temps, renonce à une position de simple spectateur et met sa pensée ou son art au service d'une cause. » (*Le Nouveau Petit Robert*) Ex. : la poésie de la Résistance.

Enjambement. Expansion de la phrase sur le(s) vers suivant(s). Ex. : « Ma seule Étoile est morte, – et mon luth constellé/Porte le Soleil noir de la Mélancolie. » (Nerval)

Énonciation. Ensemble des facteurs (moment, nombre et personnalité des locuteurs, buts poursuivis...) qui déterminent la production d'un discours. Les indices de l'énonciation traduisent le degré d'implication de l'émetteur. Dans la poésie lyrique, par exemple, l'énonciation met en valeur l'effusion des sentiments. Le poète s'exprime à la 1re personne (« je », « moi », « mon », « ma »). Il s'adresse le plus souvent directement à l'être aimé (« tu », « toi ») ; plus rarement, il parle de l'être aimé à la 3e personne (Char, Bonnefoy). Voir **lexique évaluatif**, **types de phrases**.

Énumération. Accumulation de plusieurs éléments de même niveau syntaxique. Ex. : *Gabriel Péri* (Éluard).

Épopée. Genre littéraire qui prend à l'origine la forme d'une narration en vers, orale puis écrite. Ce récit, nourri de **mythes** et de **légendes** où interviennent les puissances divines et le surnaturel, fait l'**éloge de héros** courageux et loyaux qui, par leurs justes actions, leurs exploits, leur sacrifice, célèbrent les **valeurs** communes d'un peuple et fondent son histoire et son identité. Ex. : *L'Énéide* (Virgile).

Épithète de nature. Qui exprime une qualité permanente. Ex. : « Simon l'emporté » (Sylvie Germain).

Espace scénique. Lieu et décor où se déroule l'action vue par le spectateur. Ce lieu varie au cours du temps et des modes : rue, tréteaux de foire, plateau...

Espace théâtral. Lieu où sont réunis comédiens et spectateurs : amphithéâtre, théâtre à l'italienne mais aussi rue, place publique, hangar... L'espace théâtral varie selon les époques, les modes et les traditions.

Ethos. Image que l'orateur donne de lui-même afin de s'attirer la bienveillance des destinataires et de renvoyer une image crédible, voire exemplaire : attitude de bon sens, d'autorité morale...

Excipit. Dénouement, dernières lignes d'une œuvre.

Exemple. Voir **argument**.

Exergue. Inscription en tête d'un ouvrage ou d'un chapitre.

Fable. Court récit en vers ou en prose contenant une moralité. Voir **apologue**.

Fantastique. « Le fantastique [...] se caractérise [...] par une intrusion brutale du mystère dans le cadre de la vie réelle. » (Castex)

Formes de discours. Suivant la visée, les discours adoptent des dominantes différentes.
- Le discours narratif rapporte un ou des événement(s) et le(s) situe dans le temps. Voir **récit**.
- Le discours descriptif vise à nommer, caractériser, qualifier un être, une chose. Voir **description**, **portrait**.
- Le discours explicatif cherche à faire comprendre.
- Le discours argumentatif valorise un ou plusieurs point(s) de vue, une ou plusieurs thèse(s). Voir **argumentation**, **convaincre**, **persuader**, **visée**.

On peut trouver diverses formes de discours dans un même texte.

Genre. Grande catégorie de textes, définie par des propriétés formelles. Voir **roman**, **poésie**, **théâtre**. Les genres ne sont pas exclusivement littéraires : le récit se trouve dans un roman mais aussi dans un article de journal ou une histoire drôle ; la poésie – en vers ou en prose – se trouve dans des chansons, des comptines.

Gradation. Plusieurs termes de même nature juxtaposés ou coordonnés expriment la même idée de manière de plus en plus intense. Ex. : « Je suis le ténébreux, – le veuf, – l'inconsolé [...]. » (Nerval)

Harangue. Discours solennel, appel, exhortation.

Héros. Personnage légendaire ou mythique. Personne qui se distingue par des actes ou des qualités exceptionnelles. Personnage principal dans un roman.

Histoire. Contenu du récit. Les principaux éléments qui font l'histoire sont les événements, le temps, le lieu, les personnages.

Hyperbole. Procédé d'exagération de l'expression. Ex. : « Il connaissait toutes les étoiles. » (Le Clézio)

Incipit. Début de roman. Il a pour fonction d'éveiller la curiosité du lecteur. Il doit aussi annoncer la suite du texte en permettant au lecteur d'identifier le genre du roman.

Insistance. Procédés d'insistance. Voir **anaphore**, **gradation**, **hyperbole**.

Intertextualité. Empreinte d'un texte dans un autre. Ex. : On reconnaît dans *Micromégas* de Voltaire le *Pantagruel* de Rabelais et *Les Voyages de Gulliver* de Swift.

Intrigue. Enchaînement et progression des événements dans un roman, une nouvelle, une pièce de théâtre. Voir **action**.

Ironie. Mode d'énonciation privilégié aux procédés innombrables reposant sur la distanciation entre l'énonciateur et son énoncé. Il permet, par exemple, de montrer l'incohérence d'un raisonnement (noms des savants, énoncé de leurs titres et de leurs ouvrages contrastant avec l'évidence de leur constat dans *La Dent d'or* de Fontenelle) ou de dire le contraire de ce que l'on pense pour montrer le ridicule de l'opinion adverse (*Micromégas* de Voltaire).

Inventaire. Énumération. Ex. : *Les sept poèmes d'amour en guerre* (Éluard).

Jeu. Manière d'interpréter un rôle. Voir **mise en espace**, **mise en voix**, **mise en scène**.

Lazzi. Voir **commedia dell'arte**.

Légende. Récit à caractère merveilleux où les faits historiques sont modifiés. Ex. : *La légende d'Énée*.

Lettre. Message expédié dans des conditions matérielles variables. La lettre obéit à des codes d'écriture stricts. À l'époque classique, on distingue trois étapes désignées par des termes empruntés au vocabulaire de l'éloquence : exorde (prise de contact avec le destinataire), narration (développement de l'objet du message), péroraison (conclusion, formules de politesse pour prendre congé). Ex. : Madame de Sévigné. Voir **organisation de l'argumentation**.

Lexique évaluatif. Emploi du lexique qui traduit le jugement de l'émetteur : il peut utiliser des mots **mélioratifs** ou **péjoratifs**, opposer des sensations agréables et désagréables au moyen de couples de valeurs antithétiques : beau/laid, utile/inutile, bénéfique/néfaste…

Lignage. Groupe de filiation dont tous les membres se considèrent comme descendants d'un même ancêtre. Dans l'**épopée**, le lignage du **héros** est décrit avec précision. En effet, dans la société que celui-ci a fondée, les droits et les obligations reposent sur des **valeurs** de solidarité inhérentes au clan, à la famille. Voir **épopée**.

Lieu commun. Idée banale et rebattue. Voir **cliché**.

Locuteur. Celui qui parle. Voir **communication**.

Logos. Désigne le discours, la raison. Pour convaincre et agir sur la raison de l'auditoire, l'orateur s'appuie sur un raisonnement et des arguments rationnels pertinents. Voir **convaincre**.

Lyrisme. Expression d'une émotion. (Dans l'Antiquité, la poésie lyrique est chantée et le chant s'accompagne d'une lyre.) Le narrateur exprime son émotion à la 1re personne du singulier. Le lyrisme est particulièrement présent en poésie et de nombreux poètes ont célébré l'amour mais aussi la nature, le temps qui fuit, la liberté… Ils expriment dans leurs textes des sentiments personnels (bonheur, désespoir, révolte, regrets…) qu'ils cherchent à faire partager au lecteur. On trouve également ce registre au théâtre ou dans le roman. Voir **registres littéraires**.

Message. Objet et contenu de l'acte de communication.

Métaphore. Figure de style rapprochant deux idées ou deux réalités sans outil comparatif. Ex. : « Ma seule Étoile est morte » (Nerval). La métaphore est filée quand elle se poursuit au long du texte. Voir **comparaison**.

Mètre. Unité de mesure du vers en poésie. Le mètre est déterminé par le nombre de syllabes : on compte 12 syllabes dans l'**alexandrin**, 10 dans le décasyllabe, 8 dans l'octosyllabe. Voir **vers**.

Mise en espace. Au théâtre, travail d'une scène en tenant compte des répliques et des didascalies pour adopter l'attitude physique, la démarche, la gestuelle permettant de construire le personnage et la situation.

Mise en scène. Ensemble des moyens d'interprétation scénique.

Mise en voix. Lecture d'un texte à haute voix en mettant en valeur le sens, les émotions, la sonorité des mots, le rythme des phrases ou des vers.

Modalité de la phrase. Voir **type de phrases**.

Modalisation. Ensemble des moyens d'expression qui traduisent le degré d'adhésion de l'émetteur à ce qu'il dénonce. Ce sont, par exemple, dans le registre fantastique :

- des adverbes : « vous avez été certainement victime d'une hallucination. » (Leroux) ;

- des verbes : « il semble que je l'entends » (Leroux) ;
- des adjectifs qualificatifs : « Toutefois l'événement me laissa perplexe » (Buzzati) ;
- un lexique évaluatif alternativement mélioratif et péjoratif : « Je ne comprenais pas si je vivais un rêve, si j'étais heureux ou si au contraire je suffoquais sous le poids d'une trop grande fatalité. » (Buzzati) ;
- des valeurs de temps et de mode. Le conditionnel marque ici le doute et l'incertain : « On eût dit vraiment que la bête était possédée. » (Leroux)

Monologue. Longue réplique prononcée par un personnage seul en scène. Elle permet au spectateur de connaître les pensées et les interrogations du personnage. Ex. : le monologue délibératif de Titus (Racine).

Mythe. Récit populaire ou littéraire mettant en scène des êtres surhumains et des actions extraordinaires. Ex. : les mythes de Narcisse, d'Orphée, de Faust.

Narrateur. Celui qui raconte. Le narrateur appartient au texte, par opposition à l'**auteur**.

Narration. Discours rapportant des événements.

Niveau de langue. Voir **registre de langue**.

Nouvelle. Récit bref en prose qui présente une intrigue simple.

Objectif. Qui ne fait pas intervenir d'éléments personnels dans son point de vue, son jugement. Voir **subjectif**.

Objection. Argument opposé à une affirmation pour la réfuter.

Opinion. Avis, jugement, point de vue sur un sujet. Voir **objectif**, **point de vue**, **thèse**, **subjectif**.

Opposition. Voir **antithèse**.

Organisation de l'argumentation.
La thèse peut être exposée au début de l'argumentation et éventuellement confirmée ensuite. Elle peut être exprimée après une concession ou en conclusion.
Dans la rhétorique classique appliquée au discours devant un public, on distingue les étapes suivantes :
- l'exorde : entrée en matière dans laquelle l'**orateur** capte l'attention du public et fait clairement apparaître l'enjeu du discours et éventuellement ses principales articulations ;
- la narration : exposé des faits sur lesquels l'orateur s'appuie pour établir la conviction. Il doit être clair, bref et paraître **objectif** : il est centré sur le **logos** ;
- la confirmation et la réfutation : partie plus **démonstrative** dans laquelle l'orateur enchaîne méthodiquement ses arguments et **réfute** ceux de l'adversaire ou anticipe d'éventuelles **objections** ;
- péroraison : dernière partie dans laquelle l'orateur doit emporter l'adhésion de son public. Elle est donc particulièrement soignée et peut être un résumé, un appel au **pathos** ; elle amplifie en général le propos et recourt de manière plus appuyée aux ressources de l'élocution. Voir **argumentation**, **art oratoire**, **convaincre**, **éloquence**, **persuader**.

Oxymore. Alliance de deux termes antithétiques ; effet de mise en relief. Ex. : « le Soleil noir » (Nerval).

Pacte. Voir **autobiographie**.

Parabole. Récit allégorique contenant un sens caché. Ex. : *La Dent d'or* (Fontenelle).

Paradoxe. Opinion contraire à l'opinion commune.

Parallélisme. Disposition alternée de quatre termes répartis en deux séquences syntaxiques (AB-AB). Ex. : « Au fond des yeux au fond du cœur » (Éluard).

Paratexte. Ensemble des éléments textuels qui entourent un texte écrit : titre, chapeau, notes, etc.

Parodie. Œuvre ou passage imitant avec humour ou ironie une autre œuvre au sujet sérieux. Ex. : *Mon Faust* (Valéry). Voir **burlesque**.

Pathos. Pour influencer son public et susciter son adhésion, l'orateur agit sur les émotions et sur la sensibilité, en éveillant des sentiments forts (colère, crainte, pitié…). Voir **persuader**.

Période. Phrase longue composée de membres variés dans laquelle les effets de symétrie et de redoublement produisent des **cadences** amples et harmonieuses. Ex. : le **rythme** régulier des deux phrases suggérant le mouvement d'électrisation qui s'empare de la foule (Martin du Gard).

Personnage. Personne fictive représentée dans une œuvre, à ne pas confondre avec une personne réelle. Le physique et le caractère du personnage sont présentés soit de manière directe à travers un portrait dressé par le narrateur ou un autre personnage soit de manière indirecte : dans ce cas, le lecteur doit reconstituer lui-même le portrait du personnage en analysant les indices disséminés à travers le récit (comportement, gestes ou paroles). Voir **caractérisation**, **portrait**.

Personnification. Donne le statut d'être humain à un inanimé. Ex. : « Vous [les arbres] qui vous êtes effacés sur son chemin » (Bonnefoy).

Persuader. Action d'amener par les sentiments le récepteur de l'**argumentation** à croire à un point de vue. L'émetteur agit sur la sensibilité du récepteur, fait appel à l'émotion et mobilise les **registres lyrique**, **pathétique**, **polémique** notamment. La persuasion relève davantage de la séduction que de la raison ; elle s'appuie davantage sur le désir ou la crainte que sur la connaissance. Voir **convaincre**.

Plaidoirie. Exposé oral d'un avocat pour défendre un accusé ou plus généralement une cause devant un tribunal. **Plaidoyer** (son synonyme) désigne aussi la défense d'une opinion, d'une personne. Voir **réquisitoire**.

Poésie. Genre littéraire, le plus souvent en vers, qui combine **rythmes**, sonorités et mots pour évoquer des images, suggérer des sensations et des émotions. Ce genre emprunte de multiples formes :
- des formes traditionnelles comme la complainte (Rutebeuf), le sonnet (Nerval) ;
- des écrits en vers réguliers et obéissant à des règles strictes ;
- des formes plus modernes : vers libres (Prévert), poème en prose, calligramme (Apollinaire)...

Point de vue.
- Dans le discours descriptif, angle de vue, situation particulière d'où regarde celui qui décrit.
- Dans le discours narratif, angle selon lequel on raconte. L'expression est alors synonyme de **focalisation.** Dans la focalisation externe, le regard du narrateur est objectif et s'en tient aux apparences, il en dit moins que ne sait le personnage ; dans la focalisation interne, le narrateur ne dit que ce que sait le personnage ; dans la focalisation zéro, le narrateur en sait et en dit plus que ce que savent les personnages.
- Dans le discours argumentatif, point de vue signifie opinion, thèse que l'on défend.

Polysémie. Propriété qu'a un mot de posséder plusieurs sens.

Ponctuation. Signes graphiques (point, point-virgule, virgule, etc.) qui marquent les pauses entre phrases et éléments de phrase. **Ponctuation expressive** : le point d'exclamation ou le point d'interrogation sont des variantes affectives du point qui traduisent l'émotion de celui qui parle. Voir **mise en voix**, **types de phrases**.

Portrait. Image donnée d'une personne réelle ou d'un personnage par le dessin, la littérature. Le portrait est un travail essentiel du romancier. Il permet de se représenter le personnage (apparence, caractère, envies...). Du portrait va donc dépendre l'impression du lecteur.
Un portrait est une forme de description. À ce titre, il comporte de nombreuses caractéristiques du discours descriptif (verbes au présent ou à l'imparfait, verbes d'état, expansions du nom – adjectifs qualificatifs, propositions subordonnées relatives, complément du nom. En fonction de l'objectif de l'auteur, le lexique est valorisant ou dévalorisant. Voir **caractérisation**, **héros**, **personnage**.

Propagande. Action systématique exercée sur l'opinion pour faire accepter des idées, une doctrine. Ex. : *L'Affiche rouge*.

Prosopopée. Procédé qui consiste à « mettre en scène les absents, les morts, les êtres surnaturels, ou même les êtres inanimés ; (à) les faire agir, parler, répondre » (Fontanier). Ex. : « entre ici, Jean Moulin, avec ton terrible cortège. » (Malraux)

Réaliste. De réalisme. Courant littéraire de la seconde moitié du XIXe siècle qui privilégie la représentation non idéalisée de la réalité humaine et sociale.

Récepteur. Celui qui reçoit et interprète un message.

Récit. Énoncé dans lequel les différentes formes de discours sont mises en œuvre pour raconter une histoire.

Réfutation. Opposition. L'émetteur peut s'opposer à la thèse adverse pour mieux renforcer la sienne. Voir **thèse**.

Registres littéraires. Manifestation par le langage des grandes catégories d'émotion (joie, plainte, terreur, pitié, admiration, indignation...). Tout registre est lié à l'effet à produire et se situe au croisement d'un genre, de thèmes et de procédés qui lui sont propres. Ex. : registres comique, tragique, lyrique, pathétique, fantastique, épique.

Registre de langue. Niveau de langue : on admet en général trois niveaux de langue : le niveau soutenu, le niveau courant ou neutre, le niveau familier. Ils sont tous trois acceptables s'ils sont en accord avec la situation de communication.

Rejet. Prolongement d'un mot ou d'un groupe de mots au vers suivant (effet de mise en relief). Ex. : « Petit-Poucet rêveur, j'égrenais dans ma course/Des rimes. » (Rimbaud)

Répétition. Reprise d'un mot ou groupe de mots. Ex. : « Et certains noms de fleurs et certains noms de fruits » (Éluard). Voir **anaphore**.

Réplique. Au théâtre, partie d'un dialogue énoncée par un personnage.
Le rythme et l'enchaînement de répliques brèves mettent en valeur le duel verbal. Ex. : « Ils réclament quoi ?/Que vous aimiez Pâris. » (Giraudoux)
- Réplique parallèle : « Si Antigone. D'abord c'est horrible, bien sûr, et j'ai pitié moi aussi de mon frère, mais je comprends un peu notre oncle./Moi je ne veux pas comprendre un peu. » (Anouilh)

– Reprise d'un mot : « S'ils savent que je n'aime point Pâris, ils sont mieux renseignés que moi./Vous ne l'aimez pas ! » (Giraudoux)
– Parole coupée : « malgré ceux qu'on pend et ceux qu'on fouette à mort…/Tais-toi, Dora. » (Camus)
Voir **aparté, monologue, tirade**.

Rhétorique. Terme issu du grec *rhêtorikê* (« art oratoire »). La rhétorique, née au Ve siècle av. J.-C. en Grèce, s'est développée à Rome dans la formation des magistrats et des orateurs politiques. Aristote (384 - 322 av. J.-C.) a rédigé le premier « système complet de la rhétorique » (*La Rhétorique*), complété et enrichi par les traités de l'orateur latin Cicéron (*De Oratore, Les Topiques*).

Réquisitoire. Discours dans lequel on accumule les accusations, les reproches contre quelqu'un ou quelque chose. Voir **plaidoyer**.

Rime. Retour du même son à la fin de deux vers ; disposition : rimes suivies (aabb), croisées (abab) ou embrassées (abba) ; genre (avec une terminaison en e muet, elles sont féminines, dans les autres cas, elles sont masculines) ; qualité (pauvres – un son commun –, suffisantes – deux sons communs –, riches – trois sons ou plus). Voir **allitération, assonance**.

Roman. À l'origine, récit écrit dans la langue parlée quotidienne (*le roman*, issu du latin populaire), par opposition aux textes scientifiques, juridiques et religieux, toujours écrits en latin littéraire (Ex. : romans de Chrétien de Troyes) ; généralement en prose et assez long, il développe une intrigue complexe. Voir **nouvelle**.

Rythme. Cadence régulière imprimée à un vers ou à une phrase : le rythme binaire traduit souvent un équilibre (« Sans rien voir au dehors,/ sans entendre aucun bruit », Hugo) alors que le rythme ternaire a plutôt un effet d'amplification (« Je marcherai/les yeux fixés/sur mes pensées », Hugo). Voir **cadence** et **période**.

Rythme du récit. Tempo. Le narrateur organise les éléments de la fiction en faisant alterner les modes de narration. Il crée ainsi le rythme du récit ; la scène insiste sur les moments forts de l'action qui sont montrés et semblent se dérouler en temps réel. Dans le sommaire, l'auteur choisit de résumer en quelques lignes des événements peu utiles à l'action. Avec l'ellipse, l'auteur omet volontairement une étape dans la narration des événements. Ces deux derniers procédés créent une accélération.

Scène.

- **1.** Partie du théâtre où jouent les acteurs.
  2. Subdivision d'un acte qui correspond en principe à l'entrée et à la sortie des personnages.
- Scène d'exposition : premiers moments de l'action théâtrale qui donnent les indications nécessaires pour comprendre l'action à venir : lieux, temps, personnages, intrigue. L'exposition est le moment où le spectateur construit ses attentes et fait ses hypothèses sur l'action dramatique future. Ex. : *L'Atelier* (Grumberg).

Sophistique. De *sophisme* ; raisonnement qui n'est logique qu'en apparence et qui est énoncé dans l'intention de tromper, de leurrer le destinataire.

Strophe. Groupe de vers formant une unité déterminée par la mise en page. Par exemple, le distique comporte deux vers, le tercet trois, le quatrain quatre, le quintil cinq.

Style. La **rhétorique** classique distingue trois niveaux de style selon le sujet traité et l'effet à produire sur l'auditoire :
– le style élevé convient aux sujets graves, propre à exprimer le **pathos** ;
– le style moyen est utilisé pour exposer et expliquer ;
– le style bas ou simple est utilisé pour détendre le public (humour, anecdote).

Subjectif. Qui fait intervenir des éléments personnels dans son point de vue, son jugement. En utilisant certaines expressions qui précisent ses impressions et ses opinions, l'émetteur, qui s'exprime à la 1re personne du singulier (« je »), s'implique et montre son **adhésion** ou son **refus** : il exprime sa subjectivité. Voir **objectif**.

Symbole. Signe figuratif, être animé ou chose qui représente une idée. Ex. : La lyre donnée à Orphée par Apollon symbolise le pouvoir de la poésie sur le destin et sur la mort ; le poète chante l'amour et les regrets sous une forme idéalisée. La beauté de sa plainte lui permet d'apaiser sa douleur, de la dépasser, de la partager.

Texte. Forme concrète sous laquelle se présente un discours ou un segment d'un discours. Tout texte, littéraire ou non, a un auteur et se présente comme un tout organisé. Il mêle diverses formes de discours ; il peut arriver qu'aucune n'y apparaisse comme dominante. Voir **discours**.

Théâtre. Œuvre littéraire écrite pour être représentée devant un public. Le spectateur adhère au message de la pièce par identification avec le héros. La scène théâtrale se définit comme un lieu où s'affrontent les sentiments et les valeurs. L'action est déclenchée par un ou des conflit(s) entre les protagonistes que le dénouement résout.

Théâtre épique. Selon Brecht, mobilise le sens critique et utilise les méthodes du chœur antique pour mettre à distance les émotions du spectateur par l'interpellation et le commentaire de l'action. Grâce à cet effet de distanciation, le spectateur n'oublie pas qu'il est au théâtre ;

il peut réfléchir avec objectivité à l'expression des différentes opinions et au sens de l'Histoire.

Thèse. Opinion, point de vue que l'on défend.
Voir **réfutation**.

Tirade. Au théâtre, réplique longue prononcée sans interruption par un personnage. La tirade permet de présenter les temps forts d'une argumentation ou de rapporter des événements non représentés. Ex. : tirade de Mathilde dans *Le Retour au désert* (Koltès).

Tonalité. Atmosphère d'un texte propre à susciter une émotion chez le lecteur.

Tragédie. Pièce de théâtre dont le sujet est en général emprunté à la mythologie ou à l'histoire, destinée à susciter la terreur et la pitié : le héros tragique appartient à une famille divine ou royale. Ses devoirs font sa grandeur : nous assistons avec crainte et admiration au conflit qui le déchire et nous avons pitié de sa faiblesse humaine. L'action tragique est placée sous le signe de la fatalité qui pèse sur le héros. L'issue de ce combat inégal avec le destin est le plus souvent la mort. La tragédie a une fonction morale. En s'identifiant au héros, le spectateur se libère de ces sentiments par une prise de conscience qui le purifie et le rend meilleur. Aristote appelle catharsis cette fonction didactique de la tragédie. Voir **registres littéraires**.

Trouvère (**troubadour** dans la partie occitane de France). Poète lyrique du Moyen Âge.

Types de phrases. Classement des phrases. On distingue le type déclaratif, le type impératif, le type interrogatif, le type exclamatif. Par exemple, dans la poésie lyrique :
- les interrogations et les exclamations expriment l'incompréhension et la perte de repères. Ex. : « suis-je Amour ou Phébus ?... Lusignan ou Biron ? » (Nerval) ; « Oh ! que de fois j'ai dit : Silence ! elle a parlé ! » (Hugo) ;
- les phrases déclaratives renvoient à la brutalité de la réalité. Ex. : « Ma seule Étoile est morte, — et mon luth constellé/Porte le Soleil noir de la Mélancolie » (Nerval) ;
- les phrases impératives permettent au poète d'exprimer sa volonté d'agir sur le destinataire. Ex. : « Tutoyons-nous son espoir est vivant. » (Éluard)

Type de raisonnement. La démarche argumentative peut suivre des modes de raisonnement différents :
- le mode inductif part d'exemples particuliers pour aboutir à une conclusion générale. Ex. *La Dent d'or* (Fontenelle) ;
- le mode déductif s'appuie d'abord sur des idées générales avant de les illustrer par des exemples ;
- le raisonnement par analogie met en relation l'objet du discours avec une autre réalité ou une autre situation : « La vérité n'est pas pour le philosophe une maîtresse qui corrompe son imagination, et qu'il croie trouver partout » (Dumarsais) ;
- le raisonnement par l'absurde non seulement réfute mais tourne en ridicule la thèse adverse en montrant l'absurdité de ses conséquences : « Le nain, qui jugeait quelquefois un peu trop vite, décida d'abord qu'il n'y avait personne sur la terre. Sa première raison était qu'il n'avait vu personne. » (Voltaire) Voir **argumentation**, **organisation**.

Valeur. Ce qui est posé comme vrai, beau, bien selon un jugement personnel, selon celui d'une époque, d'une société. Ex. : Le discours de Polly Baker (Diderot), acte de foi dans la raison et dans la justice, est porteur des valeurs morales et politiques des Lumières.

Vers. Assemblage de mots mesurés selon certaines règles, en particulier le nombre de syllabes et de rimes. Ex. : l'octosyllabe « J'ai/cuei/lli/ce/brin/de/bru/yèr (e) » (Hugo) ; l'alexandrin « Le/Prin/ce/d'A/qui/tai/n(e) à/la/Tour/a/bo/li(e) » (Nerval). Le vers libre est dégagé de ces règles. Voir **alexandrin**, **mètre**, **rime**.

Visée. But, finalité d'un discours. Ex. : Dans son combat, le poète engagé pendant la Résistance écrit pour témoigner de la réalité, révéler, dénoncer et convaincre les hommes d'adhérer à une cause, de défendre des valeurs, d'agir ; rendre hommage, se souvenir, mettre en garde contre l'oubli ; transmettre un message d'espoir.

Zanni. Voir **commedia dell'arte**.

amour platonique :
à sens unique

Crédits photographiques

p. 15 : UNESCO/M. Ravassard – **p. 26** : BNF – **p. 29** : AKG Images – **p. 30** : Australian Post – **p. 49** : Leemage – **p. 50** : Sergueï – **p. 67** : Leemage – **p. 68** : Leemage – **p. 69** : Sophie Guinzbourg ; Leemage – **p. 83** : Christophe L – **p. 107** : Théâtre du Totem – **p. 129** : Leemage – **p. 130** : Leemage – **p. 160** : Robert Capa/International Center of Photography/Magnum Photos – **p. 165** : G. Blot/RMN/ADAGP Paris, 2011 – **p. 167** : Keystone France ; AFP ; Library of Congress – **p. 170** : Gérard Matthieu – **p. 185** : Leemage – **p. 186** : Leemage – **p. 189** : Leemage – **p. 207** : B. Enguérand/CDDS – **p. 213** : CDDS/Bernand Enguérand – **p. 218** : Bundesarchiv, Bild 183-W0409-300/CC-BY-SA – **p. 227** : CDDS/Bernand Enguérand – **p. 230** : Sipa Press – **p. 234** : Bundesarchiv, Bild 183-1989-1104-047/Link, Hubert/CC-BY-SA – **p. 238** : François-Xavier Gaudreault

Cahier hors-texte. p. I : AKG Images – **p. II** : Leemage – **p. III** : Leemage – **p. IV** : Leemage – **p. V** : Sophie Guinzbourg ; Leemage – **p. VI** : Leemage – **p. VIII** : Leemage

N° d'éditeur : 2011/567

Achevé d'imprimer par
l'Imprimerie France Quercy, 46090 Mercuès
N° d'impression : 10819 - Dépôt légal : mai 2011

IMPRIM'VERT
Votre imprimeur agit pour l'environnement

Imprimé en France